基礎からの
商業と流通【第4版】

石川 和男 [著]
Ishikawa Kazuo

The Commerce and Distribution
to Learn from the Basis

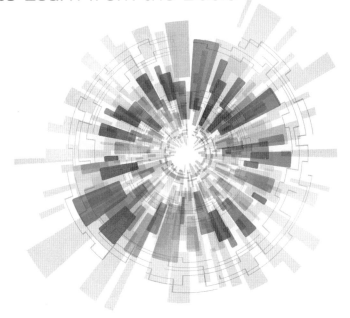

中央経済社

第4版へのはしがき

　2004年の初版発行から13年，2007年の第2版から10年，2013年の第3版から4年半が経過した。ようやく日本経済は，今秋，26年前の株価水準に戻ったと報道されている。しかし，20年前における大手証券会社の破綻ショック以降の景気低迷は，今もなお継続しているように感じられてならない。

　またわが国では，常に自然災害の恐怖を背にしながら，日々の生活が営まれている状態が続いている。常に「変化の時代」といわれるが，かつて縄文，弥生といわれた時代と比べて，われわれは1年でその時代の何年分の変化をしているのであろうか。

　本書は，売買取引である「商業」と生産者と消費者，つまり供給者と需要者を社会的に架橋する「流通」をメインとしているが，これらの活動も日々継続する部分と，変化を遂げている部分が存在する。最近は，現金を使わずに1日が終わることも珍しくない。そのうち，体内に埋め込まれたICチップや個人認証により，支払いをする時代になるだろう。ごく普通の人間の生活を見ても，前世紀後半の生活との違いが改めて感じられる。これまで商品を購入していた店舗も変貌し，他方では店舗では購入せず，インターネット経由での購入はごく当たり前のこととなった。これら商品は，まだ人間の手によって自宅や職場に届けられるが，近い将来には人間ではなく，自動運転の自動車やドローンによって届けられる日もそう遠くはないだろう。これから先，われわれの生活がどのように変化するかを考えることは楽しくもあり，急激に変化することを少し不安に思ったりもする。そのようなことができるのは人間だけである。

　ただ，売買取引や生産者（地）から消費者（地）にまで，モノが届けられ，それを消費するという人間の生活が当分の間は，変わらずに継続することは間違いないだろう。そこではモノを消費しているのか，コトを消費しているかについて考えることも必要となろう。第4版では，読者が商業や流通のこれまでの変化を意識し，少し先の将来の変化に思いをめぐらせることができるように

加筆・修正した。

　今回も，㈱中央経済社編集長の納見伸之氏には大変お世話になった。記して感謝申し上げたい。また日頃の授業で，率直な疑問をぶつけてくれる学生，消費生活を共にし，新しい情報や視点の違いをしばしば意識させてくれる家族に感謝したい。

　2018年2月

　　　　　　　　　　　　　　　雪を被る富士山が見える生田の研究室にて

　　　　　　　　　　　　　　　　　　　　　　　　　　石川　和男

はしがき

　ヒトは日々モノやサービスを買い，それを消費しながら生活している。消費者としてのヒトも，一方では，生産や製造という仕事に就くことで，生産（製造）活動を担い，生産者（製造者）の面を持つこともある。つまり，ヒトは消費者でありながら，生産者であることも少なくなく，消費者と生産者の両面を持つことが多い。この生産，消費という活動は，多くのヒトが太古の昔から何を不思議に思うことなくずっと継続してきた。

　自給自足の時代には，生産と消費はほぼ同じヒトや集団内で行われた。現在から考えると，この時代は多くの不便があったと思われるが，当時ではそれが当然のこととして継続していた。しかし，そのような生活も次第に変化した。それはヒトが自らに必要なモノを，自ら生産（製造）できなくなって以降，交換や売買取引をするようになったからである。

　この交換を継続的に行い，生業とするプロが商人であり，その商人の行う交換を中心として考える学問として，商学が形成されていった。また，貨幣と商品の交換である売買取引（＝商業）が活発化した。それを継続的にプロとして行う商業者の活動も活発化し，学問的には商業学が形成されていった。

　現在では，生産（者）と消費（者）がいろいろな意味で離れている。換言すると，先に述べたように以前であれば生産と消費が同一，近接していたものが，生産と消費が分離する（懸隔が起こる）ことで，それを橋渡し（架橋）することが必要になった。これは交換・売買取引によって売手（供給者）と買手（需要者）を結びつけることと同様である。ただ，この活動や現象を個人や一企業の視点から見るだけではなく，社会的な視点からも見ることが時代とともに多くなってきた。

　生産と消費の懸隔を橋渡し（架橋）することを社会的な視点から見るのが流通である。この生産と消費の架橋を社会的な目で見るという流通研究が開始されたのは，最近1世紀くらいのことである。

商業と流通のように同じ活動や現象も視点により，理解や考え方が異なってくる。それは商業と流通というほぼ同様のものを見ていながらも角度により，視点により解釈が異なるのと同様である。

本書では，ヒトのごく身近で繰り返される交換・売買取引を我々自身のような個人の視点からと社会的な視点から見ることを目的としている。また，古くから商学，商業学の分野で取り扱われてきたことを，改めて現在の社会に置き直し，身近に感じることで，商業による恩恵や社会的な視角である流通についても理解が深められるようにしたい。

第1章では，本書で取り扱う商学，商業，流通の意味するところを明確にしている。これらの言葉の定義や関係，また最近のマーケティングに至るまでの視点の違いについて説明している。第2章では，商業の起源から展開について，特に日本の商業の変遷を様々な視角から検討している。第3章では，生産と消費の間を社会的に架橋する流通について，その間の様々な隔たり，流通の社会的機能について言及し，流通段階の分化について説明している。そして，第4章ではこれまでの第1章から第3章を前提として，商業と流通の持つ意義について，諸説をもとに検討している。

第5章では，流通フローを細かく観察し，その中でも流通フローの中心である商的流通について電子商取引を含め，商的流通の範囲外のリースやレンタルにも言及している。第6章では，流通フローにおける物的流通について，旧来の物的流通の範囲で扱われてきたものを取り上げている。第7章では，流通フローの中に情報流通を含め，流通情報の範囲や市場調査の方法について検討している。そして，第5，6，7章を受けて第8章では流通機能を劇的に変化させている流通情報システムの進展について取り上げている。さらに第9章では，流通機能がうまく働くために流通を補助する機能や機関について，特に資金調達，危険の発生とその回避，商品取引所について取り上げている。

商業・流通を中心的に担う個人や組織として流通業，つまり卸売業・小売業がある。日頃接している消費者に近い流通業からの方が，読者には理解しやすいと考え，まず小売業を取り上げた。第10章では，小売概念，小売業の社会的機能，小売業の諸形態，小売業の集積する商業集積を取り上げている。第11章

では小売業の構造と変化について概観し，小売業態変化の仮説について検討している。また，最近の大規模小売業の活動範囲の急速な拡大と中小小売業者の将来について考えている。第12章では，卸売概念，卸売業の社会的機能，卸売業の諸形態，具体的市場としての卸売市場システムについて取り上げている。第13章では，小売業と同様に卸売業の構造とその変化を概観し，日本の卸売機構の特徴や，卸売業者に代表される中間商人の排除問題，卸売業の経営革新について検討している。

第14章では，これまであまり取り上げられてこなかった商業・流通と消費者との関わりを扱った。消費者の権利，消費者主権，消費者問題など商業の対象，流通の終点でもある最終消費者を取り巻く問題で，光が当てられてこなかった部分について検討している。第15章では，商業・流通政策に関して，商業政策と流通政策の相違を取り上げ，流通政策を中心として，競争・振興・調整政策に言及し，様々な面から商業・流通に対して考えられるようにしている。

本書の全体を通して，商業や流通を様々な角度から観察し，これまでの展開と現状，そして将来について，読者の関心や興味が出るように工夫したつもりである。つまり，日頃何の不思議もなくその有り難さについて考えてこなかった商業や流通をごく身近なものとして感じ取り，またその仕組みについて読者が興味・関心を持ってくれればと思っている。

本書は，著者にとっては初めての単著である。構想の段階から，これまで自らが勉強してきたことを書き綴ることだけに集中していた時期があった。しかし，読み返してみると，これまでの整理に過ぎず，それでは読者に何も伝わらないことに気がついた。

せっかく読んでくれる読者に伝えたいことは明白であった。私自身，商業，流通，マーケティングについて本格的に学び始めてまだ10年少しである。この期間，自分なりにこれらについて解釈してきたが，やはり現実の動きなしには考えられない。そして，ごく身近にその恩恵に与っていながらその概要や仕組みさえも知らないというのはやはり人間としてあまりにも悲しい。つまり，読者にはごく身近に接しているものをもう少し学問的に系統立てて考えて，その仕組みを知ってもらいたい。それが著者の伝えたいことである。

これから生産や流通の仕事に従事する者も一方では消費者である。その消費者の目線からと，社会的な目線から，商業や流通を見ることができるようになれば，著者としては望外の幸せである。

　本書がかたちになるまでには多くの方にお世話になった。「将来の目標は？」と聞かれても答えることができず，特に目標もなく，怠惰な大学生活を送っていた時に出会ったのが，学部時代のゼミの恩師三浦俊彦中央大学商学部教授であった。三浦先生には学際的に物事を見て，考える楽しさを教えていただいた。大学院では，林田博光中央大学商学部教授にコミュニケーションと現場に目を向ける大切さ，故及川良治中央大学名誉教授には丹念に資料を積み重ねる地道さと根気を教えていただいた。私のような者が研究・教育の道に踏み出すことができたのもこの先生方のおかげである。心からお礼を申し上げたい。

　日本商業学会など多くの所属学会では多くの先生方にご教示いただいている。また，前任校である相模女子大学の先生方，現任校の専修大学の先生方には様々な刺激を受けている。特に渡辺達朗商学部教授には拙い草稿に丁寧に目を通していただいた。さらに昨年度中央大学大学院の大学院生であった河田賢一氏，鈴木寛氏，森はるみ氏には様々な視点からいろいろと不十分な箇所をご指摘いただいた。いちいちすべての方々のお名前や機関をあげることはひかえるが，これまでお世話になった方々にお礼を申しあげたい。ありがとうございました。

　そして，本書の出版に当たっては㈱中央経済社編集次長の納見伸之氏にはいろいろとお骨折りいただいた。あらためてお礼を申し上げたい。

　最後に，好きなことをさせてくれた父文彬，母妙子，本来ならば私が継がなければならない家業を継いでくれた妹牧生夫婦，いつも笑顔で支えてくれる妻峰花，娘真友子に心から感謝したい。そして，これからもよろしくと。

2004年7月

石川　和男

● 目　次

第 4 版へのはしがき
はしがき

第1章　商学・商業・流通・マーケティング……………1
　　第1節　商人の学としての商学………………………………1
　　第2節　商業概念をめぐって…………………………………5
　　第3節　商業(学)と流通(論)………………………………11
　　第4節　マーケティング(論)と商学・商業(学)……………14

第2章　商業の誕生と展開………………………………19
　　第1節　商業の起源……………………………………………19
　　第2節　交換の促進と貨幣……………………………………22
　　第3節　商人の登場とその活動………………………………25
　　第4節　近世の商人……………………………………………29

第3章　流通機能と流通機構……………………………37
　　第1節　生産と消費の懸隔……………………………………37
　　第2節　流通の社会的機能……………………………………40
　　第3節　流通フローに対応する流通機能……………………42
　　第4節　流通機関と流通経路（チャネル）…………………43
　　第5節　商業・流通の意義……………………………………47

第4章　商的流通……………………………………………55
　　第1節　商的流通………………………………………………55

第2節　電子商取引と電子決済……………………………… 63
　　　第3節　リースとレンタル…………………………………… 69

第5章　物的流通………………………………………………73
　　　第1節　物的流通……………………………………………… 73
　　　第2節　物流活動と物流業務の外部化……………………… 76
　　　第3節　ロジスティクスと物流効率化……………………… 81
　　　第4節　サプライ・チェーン・マネジメント……………… 86

第6章　情報流通………………………………………………91
　　　第1節　流通情報……………………………………………… 91
　　　第2節　市場調査とその方法………………………………… 94
　　　第3節　流通情報システムの進展…………………………… 100

第7章　流通補助機能…………………………………………107
　　　第1節　資金調達の方法……………………………………… 107
　　　第2節　危険の発生と回避…………………………………… 115
　　　第3節　商品取引所…………………………………………… 121

第8章　小売機関………………………………………………129
　　　第1節　小売業とその機能…………………………………… 129
　　　第2節　小売機構と小売業の諸形態………………………… 136
　　　第3節　小売商業集積………………………………………… 152

第9章　卸売機関………………………………………………161
　　　第1節　卸売業とその機能…………………………………… 161
　　　第2節　卸売業の諸形態……………………………………… 168

第3節　卸売市場 …………………………………………… 175

第10章　流通業の構造と変化 …………………………… 183
第1節　小売業の現況 …………………………………… 184
第2節　小売業態変化の仮説 …………………………… 191
第3節　卸売業の現況 …………………………………… 199
第4節　流通迂回率 ……………………………………… 201

第11章　日本の流通業の課題と革新 …………………… 205
第1節　日本の商慣行 …………………………………… 205
第2節　中小小売業者の状況 …………………………… 209
第3節　卸売業の状況 …………………………………… 212
第4節　小売業の革新と課題 …………………………… 215
第5節　卸売業の革新と課題 …………………………… 217

第12章　消費者と商業・流通 …………………………… 225
第1節　消費者の権利と消費者主権 …………………… 225
第2節　消費者問題 ……………………………………… 227
第3節　情報非対称性と消費者 ………………………… 236

第13章　商業・流通政策 ………………………………… 243
第1節　商業政策 ………………………………………… 243
第2節　流通政策とその体系 …………………………… 246
第3節　政策体系における各政策 ……………………… 248
第4節　商業・流通とまちづくり ……………………… 256

補　章	現代のマーケティング……………………………………267

　　　第1節　マーケティングの誕生とマーケティング概念 …・268
　　　第2節　マーケティング戦略 ……………………………… 273
　　　第3節　マーケティング・ミックスの諸要素 ……………… 275
　　　第4節　マネジリアル・マーケティング以降の
　　　　　　　マーケティング ………………………………… 284

索　　引／291

第1章

商学・商業・流通・マーケティング

　現在では，街の大型書店，大学の講義の中でさえ，商学，商業という言葉が見られなくなっている。かつては，高校や大学の授業・講義には，商業学，商学総論，商業経営論，商業経済論，商業政策論といった科目が並んでいた。しかし，何度かのカリキュラム改訂を経て，流通やマーケティングが頭につく科目に代わるようになった。果たして，流通やマーケティングが，商学や商業の発展形なのか，それとも包含するものなのであろうか。

　いずれにせよ，20世紀のはじめから長い間展開されてきた商学・商業(学)論議が聞かれなくなって久しい。ただ，これまでの論議では，実務家や研究者が私見を提示するのみで，ある程度の時空を超えて定説となるものはなかった。そこには商学・商業(学)論議の決着を見ないまま，関心を流通やマーケティングに向けた反省もある。

　本章では，商学，商業(学)について整理し，さらに流通やマーケティングとの関係を考えていきたい。

第1節　商人の学としての商学

1　商学の発生時期

　商学という学問体系の形成時期を20世紀のはじめに求める指摘がある。そこでは，アメリカにおけるテイラー（F. W. Taylor）の『科学的管理の原則』(1911)を経営学，ドイツにおけるシェーア（J. F. Schar）の『一般商事経営学』(1911)を商学の学問としての発生としている[*1]。

　つまり，体系化された経営学と商学の形成は，20世紀になって，経営学と商

学は，ほぼ同時期に誕生したという認識である。しかし，これから考える商人についてみるならば，20世紀以前に遡ることができよう。ただ，研究者によっては商学の発生時期についての認識も大きく異なる。

2　商学の範疇

(1)　商学とは

　商学とは何なのであろうか。それはどのように体系化されるのだろうか。商学とは単純に解釈すると，商（あきない）を研究する学問である。商にはさまざまな説が存在するが，秋に収穫物・織物などを「なう（する，行う）」という意味での交換が頻繁に行われ，貨幣を媒介とする貨幣と商品との交換である売買に源流があるという指摘がある。そして，商学は「財貨および用役の交換活動を観察し記録して原理を見出して，これを表現することを内容とする科学である。すなわち，人間活動を社会的な協力と見て，その一面である交換活動を素材として交換活動にかかわらしめて記述または原理の形で表現する実践的な科学である[*2]」とされる。つまり，モノとサービスの交換を科学的に解明する学問である。このような商学の定義は，交換活動を中心に観察し，科学的に解明する学問であるとの解釈が，第2次世界大戦後の商学論議の主流であった。

　また商とは，衡平を基礎とし，それを志向する人間およびその集団の相互交流，相互交換関係であり，商学はこの原理を科学的に究明することを目的とする指摘もある。ここでは，商の本質を取引とし，取引関係の構造を解明しようとする商組織論，取引過程を解明しようとする商取引論，そして取引される対象により，商品取引論，資本（カネ）取引論，用役（サービス）取引論の体系が想定された[*3]。これらの指摘は，取引活動を商学の中心としている。

(2)　商人の学としての商学

　これまでの商学に関する代表的学説は，商や商活動の定義から始めている。これらは交換や売買という商活動を商学の出発点としている。

　しかし，商活動を出発点にするのではなく，商人は一般の人とはどこが異質な人間なのかという「商人とは何か」を出発点とすべきという指摘がある。こ

こでは，商人を商学の中心とし，それを踏まえて商人の学としての商学を構築しようとする。このように考えると，「商学は非商人である一般人の世界とは相異なるところの商人固有の世界を取り扱いの対象にする学問[*4]」となる。

商人を商学の出発点とすると，商学は商人学すなわち「商人に関する学問」「商人自身のための学問」と規定できる。この規定の始祖は，フランスのサバリー（J. Savary）であり，それをドイツのルドヴィチ（C. G. Ludovici）が継承した。彼は，商学はそれ以降にあらわれる商あるいは商活動の学ではなく，商人の学として構築しようとした。

(3) ルドヴィチの商学

ルドヴィチの商学は，商品学，商経営学，簿記といった商人の必須知識が主であった。それに商法学，地理学，工芸など，商人に必要な諸周辺知識により体系づけられていた[*5]。つまり，商学は商人を基本とするため，商人の行う売買取引だけを問題とし，一般人の交換は含まないとした[*6]。彼は，商学は商活動の学ではなく，商人の学でなければならないと主張し，商人が存在することの普遍性を強調した。そして，彼はいつの時代でも通用する商学概念の成立可能性を導こうとした[*7]。

ルドヴィチは，商学の原点を商人学のような極めて実践的性格の強い実用学問として形成しようとしたが，その後，商人の存在は軽視されるようになった。それに代わって，商あるいは商活動概念に対する関心が強調されるようになった。商学が「商人の学」から，「商あるいは商活動に関する学」へと本質的に変化したことになる。これは商ないし商活動が，研究者の関心対象となったことを意味する。本来であれば，商人や商人世界を理解し，方向付ける本来の建学精神から，商学はやがて乖離するようになったのである[*8]。

3 商人の分類

(1) 広義の商人と狭義の商人

商人は，広義，狭義に分類される。広義の商人は，わが国の商法が規定している商人とほぼ一致する。ただ，商法は，銀行業者や保険業者など資金を融通

<図表1-1　商人と非商人の違い>

商　　人	非　商　人（消費者など）
・営利のために売買取引活動（購買・販売とも）などをする。 ・「商法」的，営業人格者である。 ・売買取引活動などのプロ（玄人）。 ・その際の危険は買手もちである。つまり買手が自分で負う（caveat emptor）。 ・商人同士の取引場裡である"卸売市場"へは，素人である一般人はしばしば参加させない。	・生活・消費のために売買取引活動（主として購買）などをする。 ・「民法」的，生業人格者である。 ・売買取引活動などのアマ（素人）。 ・その際の危険は売手（＝商人）に負わせることが許される。危険は買手が負わない（caveat venditor）。 ・商人から生活物資を購入する場が"小売市場"である。そこへは万人が入れる。

（出所）　林　周二（1999）『現代の商学』有斐閣，48頁

する金融担当者は除外している。しかし，金融を行う商人を商学の基本とする立場からは，銀行や保険業者も広義の商人に含められる。

　したがって，広義の商人は，自己の経済的危険において営利を目的に行動する人格である。一方，狭義の商人は，有形財取引に携わる人格であり，卸売商人（卸売業者），小売商人（小売業者），サービス商人（サービス業者）である。そして，補助商人は物流業者，通信業者，調査業者，広告業者，販売促進業者，金融業者などがある[9]。

　他の商人定義では，「商品を自ら消費せず，利益を得て再販売することを目的として，継続的・専業的に商取引を行う者[10]」もある。これは狭義の商人概念であり，利潤を得ることを目的として商品を仕入れ，再び個人や組織（商人，生産者），消費者に販売する再販売に重点をおくものである。商人と非商人の違いをまとめたのが**図表1-1**である。

(2)　商人論議の低迷

　1970年頃までは，日本でも商人はさまざまに定義されてきたが，最近ではほとんどされなくなった。このことからも，商学の中心である商人に対する関心は希薄化したといえる。この原因は，2点指摘されている[11]。

　①　20世紀にアメリカを中心に登場した巨大組織を前提にしたマネジメント

論やマーケティング論が優勢となったため
② 商学自身が時代の流れの中で，建学精神や初心を自ら放棄した商学自体の内生的原因のため

4　商学の把握

本書では，商学を「非商人とは異なる商人世界の交換・売買取引を中心に研究する学問」ととらえる。ここで交換とは，取り替え，やりとりを中心に当事者相互間でモノが有償的に移転することを指す。また，交換は見返りとして何かを差し出すことで他者から欲しいモノを獲得する行為であり，モノを入手する方法の1つである*12。これにより，交換を行う当事者が，交換遂行により各人は，交換以前よりもよい（満足）状態になる。この交換当事者の少なくとも一方が商人であることが商学の範囲である。それは，商学には一般人（非商人）同士の交換は含まず，商人による交換を中心に形成するためである。

第2節　商業概念をめぐって

商学，商業学という時，多くの論者は明確に区別してこなかった。つまり，商学と商業学は頻繁に混同され，意識，無意識を問わず，その相違については言及していない。果たして，商学と商業学の関係は，どのような関係にあるのか。これは，商学や商業学の基本概念を問うことになる。

1　商業学の形成

江戸時代，日本にも身分制があり，士農工商的発想が強かった。その中で，17世紀後半には，庶民の師弟向けの商売入門である『商売往来』が広く読まれた。江戸時代中期には，思想家石田梅岩が倹約と正直を説く商人道に関する著書『都鄙問答』(1739) を刊行した。この時代，新井白石，荻生徂徠，佐藤信淵らも「商業論」を展開したとされるが，これらは商業はこうあるべきだという断片的な商業政策論であった。

体系化された商業研究や教育の実践は，他の学問と同様，近代以降である。日本で商業学という言葉がはじめて使用されたのは，1872年に制定された最初

の近代学校制度に関する規定(学制)においてである。しかし,学制による商業学校は実現せず,ここでの商業学の意図や内容は詳らかでない。

1884年に日本ではじめて商業学校を名乗り,1887年に高等商業学校となった現在の一橋大学の学課表には商事慣習という名称が残っている。これが1890年の学課改正で,商事要項に改称され,1896年に商業学に改められた。日本で学校の教育課程に商業学の文字が表れたのは,これが最初であった[13]。

19世紀末の商業学は,商業通論と銀行・保険・海運・鉄道・倉庫・取引所の各論から構成されていた。商業通論は最下級の学年での履修が課せられ,会社組織,売買慣習,手形・小切手の実務,売買に伴って生じる銀行・保険・会社・運送店との取引実務の解説が主内容であった。各論も通論と同じ傾向で,銀行・保険会社など,それぞれの立場から業務上の取引ないしは契約実務の説明をしたものであった[14]。

2　商業(学)の把握

(1) 海外における商業の把握

① シェーア

ドイツのシェーアは,商業は分業が行われるようになり,交換を生業とする世界経済の構成員相互間でのモノの交換であるとしている[15]。つまり,モノの交換を商業とする素朴なとらえ方である。

② ムロン

フランスの経済学者ムロン(Melon)は,商業を余剰品と必要品との交換とした[16]。自然経済の時代,地域や種族で生産物が異なり,消費しきれず生産物に余剰が生じた。それにより人類は個々に相互交換の手法を発見し,一方の余剰物により,他方の欠如を補い,各自の欲望を満たし,経済生活を満足させるようになった。ムロンの定義はこの現象から導いたものであった。

③ アダム・スミス

アダム・スミス(A. Smith)は,国内における商業を都市の工業品と地方の食料品・原料品との交換とした[17]。これは交換=商業と見てよいが,交換の原因や動機には触れなかった。

④ ケネー

ケネー（F. Quesnay）は，農民と消費者の直接交換を商人の行う商業よりも本質的姿とみなした。これは資本主義が未成熟な時代における商業の把握で，重商主義より一歩進んでいた。しかし，資本主義時代の交換の本質や商人の地位に十分な理解はなかった[18]。

⑤ メンガー

メンガー（C. Menger）は，経済の目的は，財貨の物理的増大よりも，常に人間のニーズをできるだけ満たすこととし，それを可能にするのが交換活動，すなわち商業とした。そして，交換＝商業が生産活動の基本原理と主張した[19]。

(2) 日本における商業（学）の把握

① 三浦新七

三浦新七は，商業学を「商業の社会的活動及び個人的経営法に関する原則を研究し，進んで国家が商業を発達せしむる方法及び商業に関し社会の利益と個人の利益とが相反する場合にこれが調和を計る方法を研究するをもって目的とする学問なり[20]」とした。これは個別取引ではなく，社会経済的視点，つまりマクロ経済的視点を重視した指摘である。

② 石川文吾

石川文吾は，商業とは「距離，時期，および分量の不適合なるため効用少なきものにつき，売買または交換の方法によって，これらの不適合なる事情を調和し，その効用を増すを目的とする生業なり[21]」とした。そして，商業学を「商業者をして需要供給の動機を察知するの知識を有せしめ，あわせてその営業を最有利ならしむる策を教え，かつ商業の結果起こる事あるべき公私利害の衝突を未然に防ぎ既発に鎮圧するのすべを研究するを目的とする一科[22]」とした。これはミクロ経済的視点の商業，商業学の把握である。

③ 内池廉吉

内池廉吉は，これまでの商業学説を検討し，商業経営上，直接間接に必要な学科の合計を広義の商業学とした。一方，商業者の経営上の成功を理論的に追求する学科を狭義の商業学とした。そして，広義の商業学は統一科学ではなく，

本来の商業学は狭義の商業学とした*23。この主張はミクロ経済的視点における商業者（商人）のための学としてのとらえ方である。

④　増地庸治郎

増地庸治郎は，経営経済学での商業概念を列挙し，法律上の商業概念との不一致を主張した。それは法律は概して取締の便宜上，商行為の範囲を限定し，理論的根拠を見出せないためである。20世紀の初期は，商業概念の主流は営利行為であったが，非営利活動も商業に包含している。また法律では，すべての営利行為を商行為とせず，簡単な定義で商行為の内容を明示する難しさを指摘している*24。

⑤　青山楚一

青山楚一は，商業とは配給であり，配給はモノを生産者から消費者に移動させる経済活動とした。配給は，生産的な経済活動であり，生産労働において特殊分野であり，モノの交換行為とした*25。ここでは，商業＝配給が提示された。当時，配給はモノの移動活動とされていたが，場所的利用，時間的利用，人的利用，数量的利用，一形状的利用を増加し，農業や工業と同様に生産的と主張した*26。これは，商業が非生産的活動ではないことを指摘しているが，商業と生産物の社会的移動である配給を同じ意味で扱う説明がされていない。

⑥　堀新一

堀新一は，商業は封建社会，資本制社会，社会主義社会などの社会形態で異なるだけでなく，資本主義社会でも発展過程で概念規定も異なるため，抽象的に規定すべきではないことを主張した。その上で，資本制生産下での商業を明確に把握するために，商業を商業資本の活動（G→W→G'）として把握する必要性を訴えた*27。これはマルクス経済学の視点に立った主張であり，社会体制における商業の解明を目指すものであった。

⑦　鈴木安昭・田村正紀

鈴木安昭・田村正紀は，商業には広義の商業と狭義の商業があることを前提にした。広義の商業は，交換一般を商業とし，資金取引，労働力取引までを商品の売買取引に包含し，取引を秩序立てて行う組織とした。また，生産と消費の懸隔の架橋自体を商業という場合もあるが，架橋自体は流通とした。そして，流通に与えられた生産と消費・産業用使用の懸隔を架橋する課業，その課業遂

行のための諸活動，そのための組織という流通の内容全体で大きな地位を占めるものが商業とした[28]。

3　商業概念の変遷

商業概念は，それぞれの研究者，時代によりさまざまに変化し，多様な視点からとらえられてきた。ここでは，商業概念の変遷とその誘因を，日本の代表的研究者である福田敬太郎と向井鹿松の説を中心にみていきたい。

(1) 福田敬太郎

福田敬太郎は，商業概念は固定的なものではなく，時代や場所で変化することを指摘した[29]。その理由として，商業が1つの歴史的概念であるとし，その変遷を示した[30]。

① 「交換即商業説」…商業の原始状態において，個々の商取引と体系的な商行為を経営する商業の間に区別がない時代
② 「再販売購入説」…商行為を専門に業務とする商人の活動が盛んになり，商業の最も古い形と考える商人商業の時代
③ 「売買営業説」…転売のために商品を購入し，これを他の種類の商品に加工・変形または改造するようになった時代
④ 「配給組織説」…配給機能が商業の国民経済における機能であった時代

さらにこれらの変遷は，取引対象を商品だけに限定し，営利目的の企業に限定するものであるが，サービスや非営利組織などの活動が行われるようになった社会では適当ではないことも示唆している。

(2) 向井鹿松

向井鹿松は，経済組織内部での社会労働の組織を4段階に分け，各時代の交換形式を示す商業の定義を分類し，商業概念の変遷を示した[31]。

① 「交換即商業説」…日常生活必需品の生産について分業が行われていない時代－中世から19世紀前半頃まで－
② 「再販売購入説」…分業が広範囲，かつ1つの仕事の細部にまで行われる時代－産業革命，特に19世紀後半から第1次世界大戦まで－

③ 「配給組織体説」…組織統合が広く行われるようになった時代－第1次世界大戦後－
④ 「機能統合を示すためのマーケティング概念」…機能統合，特に工業の商機能吸収の時代－第2次世界大戦前後より－

4　商学と商業学の相違

(1) 商学と商業学の相違

　20世紀のはじめ，商学・商業研究の第一人者であった上田貞次郎は，「わが商業学の現在はあたかも萩・ききやう咲き乱るる秋の野のごとく，甲は乙にそむき，丙は丁に添わずして，各部おのが向き向きの色を添えている*32」と嘆いた。これは当時も商業学のとらえ方が多様であったことを表している。
　商業学は，最近は減少しつづけているが，商科大学，商学部，商学科では中心となる個別科学という認識があった。ただ，これまでさまざまに扱われてきたため，その範囲は曖昧である。商学と商業学の相違は，「商学とは交換・取引を含むものであり，商業学とは，取引を中心として体系化を図るものである*33」としている。しかし，先にも述べたように，商学は一般人（非商人）とは異なる商人世界を中心とし，その商人の行う交換・売買取引を中心に研究する学問である。これらの関係をまとめたのが**図表1-2**である。
　一方，取引は商人同士や商人と消費者間での売買行為，営利を目的とする経済行為である。日常では，相互利益になる交換条件で物事を処理する意味でも

＜図表1-2　商学と商業（学・論）の関係＞

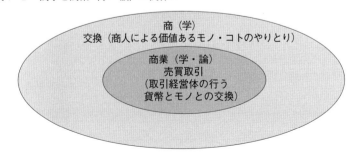

使用される。したがって，取引ではこのような行為の過程が重要となる。また，取引は当事者間での交換であり，少なくとも2者，合意された条件，合意された時期，合意された場所を含んでいる[*34]。

さらに取引は生産経営体（生産者），消費経営体（消費者）でも行われる。そして，商業学は特に取引を専門機能とする取引経営体の研究とされる[*35]。したがって，商学は商人世界を中心に，人間や集団の相互交流，相互交換関係を広く指すが，商業学はその中で取引経営体の行う貨幣と商品との交換を意味する売買取引，商業者や商人と呼ばれる個人や組織の行う売買取引を研究する。

つまり，商学は商人の行う売買取引を含む交換を中心に研究する学問であり，商業学は取引経営体による売買取引を中心に研究する学問である。そのため，商学の研究課題は，売買取引を中核とする商業を包含する。

(2) 商学・商業(学)を見る視点

先に福田，向井2人の研究者の商業概念変遷の誘因とその時代における商業概念をみたが，時代により売買取引（活動）の主体も環境も異なる。したがって，商業を机上の学問とするのではなく身近なものととらえるとき，商業概念の変遷が起こる。1つひとつの小さな取引活動そのものに視点をおくのか，取引活動が行われている社会全体の視点でそれらを見るかで，これらの事象の把握は異なる。

商学や商業に限らず，物事を観察する際には視点が重要である。これは流通（論），マーケティング（論）でも，これまで商学・商業（学）の視点で見ていたモノと同じものを見ていても視点の相違が確認できる。

第3節　商業(学)と流通(論)

1　商業と流通の把握

(1) 商業と流通

商業は売買取引を中心に構成されるものであり，商業＝売買取引ととらえら

<図表1-3　商業学の視点と流通論の視点>

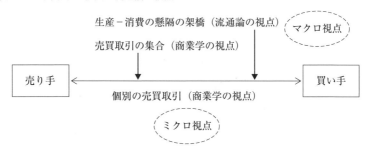

（出所）　石川和男（2007）「商学を取り巻く学問」青木・石川・尾碕・斎藤『新流通論』，12頁

れる。個別の小さな取引から，小さな取引の積み重ねにより，地域レベル，国レベルでの大きな取引集合となる。また，巨大組織が行う大規模な売買取引も存在する。つまり商業は，非常に幅広く，適用可能な概念であり，個人や企業レベルでのミクロ的なとらえ方がされることもあれば，国レベルでのマクロ的なとらえ方もされる。

一方，流通は，鈴木・田村（1980）が指摘したとおり，生産と消費の間にあるさまざまな懸隔を社会的に架橋することである。したがって，商業は，個人，企業レベルでのミクロ的視点，マクロ的視点でみることができるが，流通はマクロ経済的視点に立つ概念である。これら視点の相違を整理したのが，**図表1-3**である。

(2)　**商業者と流通業者**

生産者が消費者に対して，直接モノを販売することを直接流通というが，一般的には流通において生産者と消費者間には，生産者でも消費者でもない第三者である中間業者が介在する。このような流通を間接流通というが，その中間業者は商人の一部，商業者，流通業者ともとらえられる。商人については第1節で取り上げたので，ここでは商業者，流通業者，これらの取引相手と生産者について考えたい。

①　商　業　者

商業者は，小さな個別の売買取引を行うことを生業(なりわい)とする個人を指すことも

あれば，取引の集合が大きくなり，組織でそれを行う企業を指し，地域や国の経済数値に影響を及ぼすものまで存在する。

　また，商業者は，商業＝売買取引にしたがえば，売買取引（活動）に従事する個人や組織である。したがって，商業者は，生産者と消費者間に介在し，中間業者として専ら再販売活動に従事する者である。そのため，自ら独自資本を投下し，人格的にも生産者や消費者からは独立している。独立という意味では，生産者の所有する販売会社（販社）や消費者が組織する生活協同組合（生協）などは商業者に含めない。また，輸送，保管，保険，広告，市場調査など，商品の売買ないし流通の補助業務に従事する者も本来の商業者には含めない[*36]。つまり，商業者は，第1節で取り上げた狭義の商人とほぼ一致する者である。

　② 流通業者

　流通業者は，生産と消費の社会的架橋という視点，言い換えると，マクロ的視点で使用される。流通業者は，生産と消費の懸隔を社会的に架橋する課業を遂行する。通常，小売業と卸売業を総称して流通業といい，それを行う個人や組織が流通業者である。流通業，流通業者という言葉は，比較的新しく1960年頃から次第に使用されるようになった。

　たとえば，消費者に肉を販売する精肉店は，売買取引の側面からは商業者であり，肉の生産者から消費者への架橋を社会的に行う側面からは流通業者である。つまり，商業者，流通業者といういい方は，同じ物事（活動）であっても見る側面や視点が異なると，それを表現する言葉も異なることを示している。

　③ 生産者，製造業者，メーカー

　流通の起点であるモノを作る個人や組織を生産者，製造業者，メーカーと呼ぶ。生産者は，商品やサービスを生産する個人や組織である。生産者は生産－消費という対立（応）関係の中で，消費しない個人や組織として広くとらえられる。また，製造業者はメーカーとほぼ同じ概念であり，化学変化を含む操作過程で，原料を加工して製品とすることに従事する個人や組織である。したがって，通常は，サービスを生産している者は，製造業者やメーカーには含めず，製造業者とメーカーは生産者の中に包含される概念である。

　製造業者やメーカーに原材料を供給する個人や組織は，供給業者（supplyer）でもある。しかし，生産から消費へのモノの流れの中では，それぞれの立場で

買手にとって売手は供給業者となる。

2　商学・商業学と流通論

　商学は，売買取引を含めた交換を中心に商人世界を研究し，商業は，売買取引を中心に研究する学問である。一方，流通論は，生産と消費間の社会的な懸隔の架橋を研究する学問である。したがって，先に述べたミクロ・マクロ的視点が，商学と商業学には含まれ，流通論はマクロ的視点による分析が中心となる。

　さらに学と論の相違は，その研究が開始されてからの歴史的な経過（時間）と，他の個別学問と比べたときに，明確な理論支柱・装置を持っているかにより異なる。商業学は商業論ともいわれるが，商業学には売買取引を中心に学問的体系が整いつつあり，流通論は，生産と消費間の社会的な懸隔の架橋の体系化のためには，今少しの時間と明確な理論支柱・装置が必要なのかもしれない。

第4節　マーケティング(論)と商学・商業(学)

　日本では，商学や商業という言葉が最近使用されなくなった背景には，1970年頃からのマーケティング（論）の隆盛がある。マーケティング（論）は，商学や商業（学）と同じものを指すのか，その発展形にあるのかを本節では考えていきたい。

1　マーケティングの形成

(1)　マーケティングの誕生と展開

　アメリカでは，1860年の南北戦争以前の企業規模は小さかったが，戦争により工業生産，農業生産が急速に発展した。また，西漸運動（せいぜんうんどう）と呼ばれる約1世紀に及んだ農民の肥沃な土地を求めた移動が1880年代に終わった。この時期以前，国内市場が拡大した時代は市場競争はそれほど激しくなかった。

　20世紀になると，アメリカの大学ではマーケティング関連の講座が次々と開講された。この背景にはアメリカで19世紀末から生産地から遠隔の消費地まで

いかに農産物を移転させるかという問題や生産力向上で過剰になった農産物をいかに市場に押し込むかという問題が起こったことによる。したがって，当初マーケティングは，個別組織の問題解決よりも，社会全体での農産物の問題解決の色彩が強かった。ここに，社会的な視点で生産と消費をいかに架橋するかという流通課題と重なる部分がある。さらに，農産物の過剰生産問題と販売問題，工業の隆盛で生産された工業生産物の販売問題解決策として，マーケティングが実践的問題対処方法として誕生した。

　第2次世界大戦後は，マーケティングは社会全体の問題という視点よりも，個別組織の市場対応としての色彩が強くなった。つまり個別企業の経営者視点に立ったマーケティングであり，マネジリアル・マーケティング（managerial marketing）としてとらえられる。それらはいわゆるマーケティングの4P（product, price, place, promotion）を中心に展開された。

　他方，マクロ問題解決のためのマーケティングをマクロ・マーケティング，第2次世界大戦以後急速に個別組織の問題解決のためのマーケティングをミクロ・マーケティングということもある。

(2) 日本企業によるマーケティングの導入

　日本へのマーケティングの本格的導入は，第2次世界大戦後であった。1956年3月，当時の東芝石坂泰三社長を団長とするマーケティング専門視察団を派遣したことに始まる。視察団の帰国後，マーケティングは学ぶべき市場対策として紹介され，産業界に広がった。当時のマーケティングは，科学的，数量的な調査技法を指し，市場調査により大量宣伝により販売することが中心であった[*37]。

2 商学・商業(学)・流通(論)とマーケティング(論)の関係

(1) マーケティングの浸透

　日本への導入当初，マーケティング(論)は市場調査技術としてのとらえ方が中心であったが，次第にマーケティング(論)が商学の中心であるかのようなとらえ方がされたり，商業(学)に代位させる風潮が出てきた。

商学は，商人による交換を中心に形成されるものであり，商業とは売買取引を中心とすることは繰り返してきた。また流通は，生産と消費間の社会的な懸隔の架橋である。しかし，マーケティングは，当初の過剰農産物の生産と販売問題に端を発し，実践的対応を第2次世界大戦後の個別組織の経営に適応したという色彩が強い。

　したがって，マーケティング活動には交換や売買取引活動があるが，即それがマーケティングの中心であるととらえられるものではない。マーケティングは，個人や個別組織による市場対応の面が強い。

(2) 企業経営(学)とマーケティング

　本書では，マーケティングを商学や商業，流通という概念の中だけで考えるよりも，個人や組織のコミュニケーション（活動）を中心に，市場対応するものととらえている。また，経営（学）のとらえ方はさまざまであるが，最近では組織の経営，管理，戦略の中に，最終的な顧客（消費者，市場）対応として，マーケティングを取り込んでいる。これまで経営学は，組織内部の問題や生産重視であった。この中で，当初日本への導入時に見られた市場調査技術としてのマーケティングが導入された。それは，マーケティングが市場（顧客）対応を中心としながらも，実際は個別組織が競争組織に対抗するための1つの重要な視角としているのが現実である。

　つまり，商人による交換，売買取引という商学・商業を超えて，顧客を取り込んだ非営利組織も含めて，個人や組織のコミュニケーションによる市場（顧客）対応がマーケティングである。そのため，マーケティングは商学や商業にすべて包含されたり，反対に包含したりするものではない。ただ，実際のマーケティング活動に目を移すと，交換や売買取引が頻繁に行われ，マーケティングを商学や商業の視点からとらえても問題はないように見える。しかし，交換や取引は，市場対応活動であるマーケティングの一部である。実際，競争社会で営利組織中心に競争手段として，市場対応のために機能するのがマーケティングである。

* 1　加護野忠男（1997）「「鋭い刃物」が切り残すもの」『経済セミナー』No. 505, 14-17頁
* 2　桐田尚作（1961）「商学の研究」『現代商學事典』新紀元社, 3-4頁
* 3　荒川祐吉（2002）執筆項目, 久保村, 荒川監修『最新商業辞典（改訂版)』同文舘, 139頁
* 4　林周二（1999）『現代の商学』有斐閣, 36-37頁
* 5　林（1999）『前掲書』, 3頁
* 6　林（1999）『前掲書』, 47-48頁
* 7　林（1999）『前掲書』, 29頁
* 8　林（1999）『前掲書』, 4-5頁
* 9　林（1999）『前掲書』, 51-53頁
* 10　鈴木安昭（2004）『新・流通と商業（第3版)』有斐閣, 72頁
* 11　林（1999）『前掲書』, 3頁
* 12　P. Kotler & G. Armstrong (2001) "*Principles of Marketing*, 9th (ed.)", Prentice-Hall, （邦訳和田充夫監訳（2003）『マーケティング原理（第9版)』ダイヤモンド社, 16頁）
* 13　尾崎朔（1967）『新体系商学総論』中央経済社, 3-4頁
* 14　上田貞次郎（1930）『商工経営』千倉書房, 7頁
* 15　深見義一（1971）「マーケティングの発展と体系」古川・高宮編『現代経営学講座6（マーケティングの理論と方式)』有斐閣, 16-31頁
* 16　Melon (1742), "*Essai politique sur le commerce*", p. 9
* 17　A. Smith (1920), "*The wealth of Nations*," by E. Cannan, Vol. 1, p. 335
* 18　堀新一（1962）『理論商業学』共同出版, 9頁
* 19　C. Menger (1950), *Principles of Economics*, First, General Part, translated and edited by James Dingwall and Bert F. Hoselitz, with an Introductiion by Frank H. Knight, p 180, p.190
* 20　三浦新七（1903）『商業学本論第1巻, 商業経済学』同文舘, 4-5頁
* 21　石川文吾（1924）『商業通論』大倉書店, 22頁
* 22　石川文吾（1904）『商業学講義要項－通論及売買－』大倉書店, 9頁
* 23　小原博（1998）「内池廉吉」『マーケティング学説史－日本編－』同文舘, 46-49頁
* 24　増地庸治郎（1932）『商業通論』千倉書房, 27頁
* 25　青山楚一（1962）『商業通論』税務経理協会, 1-2頁
* 26　青山（1962）『前掲書』, 1-2頁
* 27　堀（1962）『前掲書』, 9-11頁
* 28　鈴木安昭・田村正紀（1980）『商業論』有斐閣, 9-10頁

* 29　福田敬太郎（1953）『商学入門』廣文社，11-12頁
* 30　福田敬太郎（1973）「商業概念に関する論争」久保村・原田編『商業学を学ぶ』有斐閣
* 31　向井鹿松（1963）『流通総論』中央経済社，46-47頁
* 32　上田貞次郎（1930）『商工経営』千倉書房，7頁
* 33　黒田重雄（2000）「商学の概念と体系」黒田・佐藤・坂本『現代商学原論』千倉書房，31頁
* 34　P. Kotler & G. Armstrong（2001），（和田監訳（2003）『前掲書』，16頁）
* 35　荒川（2002）『前掲書』，139頁
* 36　小西一彦（2002）執筆項目『最新商業辞典』同文舘，143頁
* 37　小原博（1999）『マーケティング』新世社，20頁

第2章

商業の誕生と展開

　売買取引である商業の起源をどこに求めるかは，論者により異なる。しかし，商業が近代や現代になって発生したものではなく，人類の歴史と同様，古くから存在したことに異論はない。

　原始の人類の生活は，いわゆる自給自足の生活であった。しかし，人類がモノとモノの交換，貨幣を媒介とする売買取引により，生活が豊かになることを発見してからは，その活動は時間の経過とともに活発化し，拡大した。

　本章では，自給自足の時代から現在までの人々の生活を振り返る。そして，商業者の活動が次第に拡大，整理され，分化していく過程やその規模の拡大を中心に商業の誕生と展開を考えていきたい。

第1節　商業の起源

1　狩猟・採集生活から自給自足経済への展開

　原始の人類は，自然界に存在する植物を採集したり，動物を狩猟，摂取して生活していた。この状況では，自然環境の変化による生活への影響が大きかった。人類はこのような不安定な生活の中で，植物を栽培したり，動物を家畜として飼育することを学んだ。そして，人類は次第に一定の場所に定住するようになった。この状況変化は，世界各地域では時間的な差がかなりあった。

　また，人類は定住生活により，農耕や牧畜に必要な道具も作るようになった。しかし，その生産性は低く，生活に必要なモノは自ら生産する自給自足段階であり，生産と消費が同一または同集団で行われていた。

　定住が始まった頃の人類は，主に血縁を中心とする集団を形成し，原始共同

生活を営んでいた。そして，時間の経過とともに共同生活では，ヒトやその居住地域の特性により，ある程度の仕事区分ができた。これが分業発生の初期段階である。この段階では，自らが生産したモノと他人が生産したモノとの交換（物々交換）や貨幣とモノとの売買取引は，まだ起こっていなかった。したがって，自給自足経済では，消費できるモノの種類と量は，現在では想像できないほど限られ，人間の寿命も非常に短かった。

2　分業の進化

　各個人が手分けして仕事をする分業（division of labor）は，各々必要なモノを生産する状況から発展し，生産効率を上げるために生み出された。つまり，ヒトやその居住地域の得意分野に特化することにより，専門性が生み出され，熟練し，生産性がさらに向上していった。

　分業概念は，経済学の父といわれたアダム・スミス（A. Smith）が『国富論』において，生産力が飛躍的に増加する可能性に言及して以降，注目されるようになった。しかし，自給自足経済での分業は，各共同体で必要なモノが，独立した共同体により，生産されるようになったことを意味している。

　もう一つの分業は，特定の工場内で特定のモノを作る工程を複数の労働者が分担する工場内分業である。つまり，多くの労働者により，1つのモノを作るために工程を分担する社会的分業である。したがって，2つの意味の分業は区別しなければならない。

3　余剰生産物と初期の交換

(1)　余剰生産物の交換

　分業は，交換経済への入口でもあった。共同体では，自然条件や文化条件によりさまざまなモノが生産された。時間の経過とともに分業が発達すると，生産性が向上し，余剰生産物が発生するようになった。

　余剰生産物が発生すると，それを交換し，別のモノを入手する共同体間での交換が行われるようになった。この交換は，農耕や漁撈，狩猟などで得られたモノだけでなく，塩や金属，装飾品も含まれていた。さらに共同体内で身分制

や階級制が生じると，それらを誇示するための奢侈品と交換するために，余剰生産物の生産性向上を目指すようになった。

　当初，共同体間での余剰生産物の交換は，秩序がなく，偶発的・臨時的形態であった。共同体間でのモノの移転は，親密さの表現である贈与や冠婚葬祭での交換，そして突然，暴力的に強奪（略奪・掠奪）されることで起こった。

(2) 沈黙交換からコミュニケーションのある交換へ

　敵対関係にあったり，それぞれの様子がわからない共同体間での交換は，「沈黙交換（silent trade）」の形態がとられた。沈黙交換は，共同体内の勇敢な者が，相手の共同体との境界線上に行き，自分たちが生産したモノを置き，遠くに下がってこの様子を見，これを見つけた別の共同体の者がこれを共同体へ持ち帰り，相手のモノと同等と思われるモノを境界線上に置き，行われたとされる。そして，沈黙交換の積み重ねで，互いの意が通じるようになり，互いが対面し，互いが交換したいモノや交換の割合が交渉されるようになった。

(3) 余剰生産物の意味

　一般的に贈与や沈黙交換は，強奪（略奪・掠奪）を除いて，余剰生産物の発生なしには成立しない。一方，個人や共同体が，自らが生産するモノよりも，他者が生産した魅力的なモノと交換するために，無理に余剰させるようになる。つまり，交換が目的化し，自然ではなく，強制的余剰物が発生する。

　これは現在に置き直すとより明確になる。一般に市場にサクランボが出回る季節（旬）は，初夏である。しかし，高級果物店では真冬にも販売している。ただ，非常に高価である。真冬にサクランボを出荷している生産者は，余剰が発生したために出荷したのではなく，おそらく生産者は一粒も食べることなく出荷している。つまり，交換のために生産しているのである。

　交換が始まった初期の頃は，自然余剰物の交換であった。しかし，時間の経過により，自らが生産するモノよりも他者が生産したモノの価値が大きな場合，自らが生産したモノは強制余剰とし，他者が生産したモノを目指し生産し，強制的に余剰させるのが当然となった。

第2節　交換の促進と貨幣

1　物々交換

(1)　物々交換（barter）の限界

　交換の発生は，海彦と山彦が引き合いにされ，塩と毛皮の交換が取り上げられる。日本では，産地が限定されている黒曜石や鏃（やじり）などの広範囲の分布は，物々交換により，時には仲介者を経て，使用者の手に渡ったことが想像できる。
　ここで，交換によりモノが動く現象を考える。ある者(A)が生産したモノ(a)と別の者(B)が生産したモノ(b)，また別の者(C)が生産したモノ(c)があると仮定する。自給自足経済では，Aはa，Bはb，Cはcしか消費できない。しかし，各々交換されると，Aは自ら生産するaに加え，b，cをも消費可能となる。B，Cについても同様である。各々が生産したモノを食物と考えると，食生活は豊かになる。こうして交換により，自給自足経済からの突破口が見出されるようになった。このような物々交換では，Aが交換したいb，cとBが交換したいa，cとCが交換したいa，bと自ら生産した交換の対象となるモノの価値が，それぞれが同様と認めなければならない状況に直面する。つまり，両者が認める価値を一致させることが困難になる。

(2)　物々交換の条件

　現在のようにモノや情報が溢れ，インターネット上で求めているモノ，求められているモノが分かる社会であれば，交換対象物を見つけることは以前ほど難しくない。しかし，交換したい相手の情報が皆無に近い環境において，果たして相互に交換したいモノは発見できたのだろうか。ここには地理的な問題もある。さらにお互いに求めるモノが見つかっても，量や価値の面でのバランス問題がある。つまり，Aは，Bが交換したいbを求め，BはAが交換したいaを求めているが，それぞれを交換するにはaの量が多く，bの量が少ないことをAとBが互いに認めると交換は成立しない。各々が求めていながら，量の面

での合意ができないために交換が成立しない。
　したがって，物々交換が成立する条件は，次の3つである。
① 交換する者相互の欲求が同時に一致すること
② 交換の対象となるモノの量や当事者の価値のバランスが一致すること
③ 交換する者同士が，互いに騙し合うことなく，また暴力によってではなく平和的に交換を遂行すること

2　貨幣の登場と商品

(1) 貨幣の登場

　モノの交換は，自らが所有しているモノを差し出し，他者が所有している特定のモノを入手することで行われる。また，別のモノが欲しくなったとき，これまで所有していた自らの（モノの）所有権を放棄し，他者が所有するモノと交換する。つまり，モノの交換は，自らが所有しているモノと交換可能な範囲に所在する者が，価値を認める特定のモノを交換し，その後，特定のモノと他の者が所有しているモノとを交換する2段階になる。これにより，1段階目の交換，2段階目の交換でも，モノは常に交換当事者が欲求するモノと交換され，相互の欲求が特定のモノを通して常に一致するようになる。この誰もが価値を認める特定のモノが貨幣である[*1]。
　次第に物々交換は，貨幣を媒介とする売買取引に移行した。この売買取引が商業である。貨幣は，直接交換ではなく間接交換により，交換手段として使用され，人々の間を流通するため，通貨とも呼ばれる。当初貨幣は，鋳造貨幣や紙幣ではなく，石や木片，農産物や家畜など，さまざまなモノがその役割を果たした。重要なことは貨幣として扱われるものが，移動する範囲のヒトに同時にそれに対し，一定の価値尺度を持たなければならない。さらに一定の価値尺度を有したものが，時間経過に耐えなければならない。
　一定の価値尺度と時間経過に耐える点から，貨幣の機能を果たす特定のモノとして，貴金属がその役割を担うようになった。これは貴金属は，供給がほぼ一定で，価値が安定し，物理的な力や自然の変化にも耐えられるからである。そして，金属貨幣の中で，鋳造技術が未発達な時期に，金や銀の純度を確認し

て重量を秤り，それが貨幣として流通していたのが秤量貨幣(ひょうりょうかへい)である。その後，鋳造技術の発達により，金貨，銀貨，銅貨，アルミ貨などの鋳造貨幣に変化した。

また貨幣は，交換や売買を終了させる決済手段の機能以外に，生産物の価値を客観的に測定する計算単位や価値尺度，価値や富を貯蔵する機能も有するようになった。

貨幣の登場で，貨幣経済へと移行し，モノの移転が量的・質的に拡大した。ただ，貨幣経済の進行には，地域的な差が存在した。そして貨幣経済の進行や生産の目的が強制的に余剰生産物を生産することになり，貨幣を得ることに変化していった。つまり，余剰生産物を交換する物々交換から，貨幣を得るための生産，そのモノを貨幣と交換する行為へと変化した。

(2) 売買取引の対象としての商品

売買取引を目的として生産されたモノは，商品と呼ばれる。買手からは，欲望を満たすことができる有償のモノであり，売手からは，他人に販売して収益を得ることを目的として生産し，現に市場に流通している経済財である。つまり，「商品は有用性と収益性を持ち，市場において貨幣と交換して売買取引される経済財」[*2]である。したがって，単純に生産されるモノは生産物（製造されたモノは製品）であるが，最初から売買取引を目的に生産されるモノは，商品と呼んで差し支えない。自家生産・自家消費されるモノは商品ではなく，交換や売買を目的として生産されたモノが商品である。

貨幣の登場と交換や売買を目的に生産される商品の登場により，貨幣や商品の移動が加速，拡大した。そして，商品価値を貨幣（数字）で表現できるようになった。交換や売買の交渉が，その都度の量や価値観の擦り合わせではなく，それらを合わせて表現できる数字の交渉へ変化した。つまり，物々交換では，交換条件の擦り合わせ（調整）が問題であったが，貨幣によりその問題が解決されるようになった。

第3節　商人の登場とその活動

1　市と商人

(1)　市の成立

　物々交換の時代，対象となるモノの量は少なかった。しかし，貨幣経済に移行するようになると，売買されるモノは飛躍的に増加した。売買されるモノが増加すると，売買する場所の問題が起こった。売買に参加する者（売手と買手）が多数になると，売買する時間の問題も発生した。そこで，売買のために場所と時間を指定し，市(いち)が立つようになった。

　日本で市が立ちはじめた当初は，物々交換であった。次第に各々の量と質を斟酌した結果，差が生じると物品貨幣として米や粟などを加えバランスを保つようになった。そして，売買の媒介手段として貨幣が用いられ，売買取引を仲立ちする商人が登場するようになった。

　当初，市は臨時的であったが，次第に市で取引されるモノが増加すると，週市や年市など定期的なものに移行した。市は，人々の集まりやすい交通の便利な場所や寺社で開かれた。市では，商品を並べる店を"肆(いちくら)"と呼び，仲立ちの商人を市人(いちびと)と呼んだ*3。奈良の平城京では，官営により東西に市が設けられ，日用品や食料品などが売買されていた。794年に都が平城京から平安京に移ると，東西の市も平安京に移った。平安初期の禁中での年中行事や制度を記した『延喜式(えんぎしき)』では，専門商人である市籍人の存在が記されている。これらの専門商人には市籍という定住地があり，現在の税金にあたる地子(じし)免除を受けた。平安京の東西には約70の市があり，米，塩，海藻，干魚，生魚，菓子などが売られた。また市での売買は，貨幣と物品が併用されていた*4。

(2)　巡回商人と定住商人

　平安時代（794～1192年）中期には，大宝律令や養老律令で規定された諸制度による律令体制はほぼ崩壊したが，商業活動は発達した。そして，貴族や寺

社が権力を握り，地方豪族が出現し，統制・秩序の退廃が自由競争へと道を開いた。官位が高く権勢のある家では，必要なモノを直接産地に求め，地方豪族は中央の工芸品を好み，その間に商業活動を行う農民が現れるようになった[*5]。

市を中心にモノや貨幣の移動範囲が拡大すると，人々の交流も以前より拡大した。そして，共同体や市の間を巡回する商人が出現した。この商人は，さまざまな地域を巡回し，特産物の情報や各々の地域文化や風習にも精通するようになった。平安時代には，巡回商人は九州の南端から陸奥まで活動し，多様な商品を扱った。その商人の中で，巡回した地域から，自らの生活に都合のよい場所を選び定住する定住商人が，平安京を中心に現れるようになった。

定住商人の販売先は，官吏や貴族，有力寺社であった。彼らは，権門や宗門に奉仕しながら，仲間同士が結束し，通行の自由，関所通過時に支払う関銭免除，裁判の特権入手などにより，自らの権益保護に努めた[*6]。こうして，生産者→消費者という直接的なモノの移動が，生産者→商人（商業者）→消費者という移動が一般化し，間接的な移動形態が現れた。

(3) モノの流れの活発化

鎌倉時代（1185～1333年）以前，平清盛は神戸の福原に都を置き，穏やかな瀬戸内海を利用し，モノの流れを円滑にする音戸の瀬戸の試みや大和田泊といわれる港を整備しようとした。これは中国地方や西日本からのモノの流れを重視したからである。鎌倉幕府の成立により，それ以前は京から大宰府までの山陽道が主要道路であったが，東海道が主要道路となった。この時代には，貴族や寺社の領有地である荘園が全国的に分布し，荘園の管理職である荘官がしばしば荘園や権門の間を往来し，年貢などの輸送をした。運搬はほとんど農民が担ったが，一部は交通業者や商人への委託も行われた。これにより，交通路がさらに開け，モノの移動は盛んになった。

また，荘園の年貢が貨幣で納められるようになった。年貢は既に荘園内で換金され，代銭を納入したり，市場性の高いところで換金されたり，農民の労働役務（夫役）が，夫銭・夫物などの貨幣やモノに変化した。そして，都市では棟別銭，軒別銭などといわれ，最初から賃銭で課税されていた。

2　卸売活動の発生

　鎌倉時代には人口が増加した。大化の改新（645年）以降，耕作すべき田を満6歳以上の男子に2反，女子にその3分の2を口分田として授けてきた班田収受が維持できず，幕府は新規開墾した土地の私有を認めるようになった。これを契機として，私有地体制を守る必要から各地に武士団が起こり，近畿地方中心に，新興階級としての商工業者が生まれた。しかし，彼らは，単独では弱小であったため，権門や寺社等に従属し，京都や奈良中心に発達した自衛組織の同業者組合である座を形成するようになった。ヨーロッパのギルド制もほぼ同じ年代に発達した。座は商工業者の自発的なものであったが，朝廷や寺社の庇護の下，独占的に商工業を営むことを目的に形成された。

　14世紀中頃から，京都の人口増加が激しくなったため，近郊の農村だけでは米調達が困難になり，遠隔地の農村に頼るようになった。そして，京都の米穀類の供給は，堺や兵庫，大津の専門の米穀商人を通じて行われるようになった。応永（1394～1427年）の頃，米の取引を円滑にするために京都の米商人により米場が組織された。これにより商人の活動は，消費者に直接販売する小売活動と消費者以外に販売する卸売活動に分かれた。米以外にも魚市，中世後期には塩・塩合物の卸売市場が生成した[7]。

　鎌倉時代から室町時代にかけて，問丸は主要な都市や淀，宇治，尼崎，堺，桑名，敦賀，博多などの港市に定住した。問丸は，年貢の現物輸送の役割から貨幣輸送を担うようになった倉敷が，輸送，保管，商品の中継ぎを行うために転身した者である。次第に彼らは，地方移出問屋へと変化し，米穀や重要物資は，地方生産者→地方移出問屋→都市問屋→都市小売業者→消費者という経路で移動するようになった。そして，これまで各地で開かれてきた従来の地方定期市場の存在意義が薄れていった[8]。

　問丸は初期の卸売商人であり，荘園の年貢を扱ったが，次第に一般商品も扱い，物資の独占購入権や徴税請負権などを得る者や日明貿易に進出する者も現れた[9]。足利時代（1305～1568年）末期から戦国時代（1467年～織田信長による全国統一）には，各領主は領域内を充実する戦時経済体制を目標とし，領域外に拡大しつつあった商業活動は，再び領域内に逆行する段階もあった。

3 新興商人の登場

　室町時代には，座以外の商業は，脇売りや振売りといわれ厳禁とされた。座の種類は18種類あり，石清水八幡宮を本所とする油座，絹座，米座，塩座，大和大乗院を本所とする魚座，桶座，薬座などが形成された。座の商人は，座の特権を守るために弱小な座を吸収し，次第に拡大した。ここでも卸売商人と小売商人が分離し，手工業者と小売商人を支配する商人が現れた。

　また，寺社は金融貸付や為替業務などを行った。この貸付債権は，御家人の困苦を救済するため，幕府が質入れの土地，質物を無償で持主に返す令である徳政を逃れる特権にも利用された。さらに寺社は生産活動も行い，薬や食品などを製造し，下級の僧侶たちが直接行商する高野聖も現れた。

　戦国時代になると，戦国大名は，商品の動きを把握しなければ勢力を伸ばすことができなくなり，応仁の乱（1467年）以降は，関所を各地に設け，商業利潤の一部を得ようとした。これにより新興商人が犠牲になり，旧来の座は関税免除の特権による利益を得た。この状態を変化させ，商品流通を管理するには，関所廃止が必要であり，今川氏（駿河，遠江，三河）や大内氏（周防）は，分国内の関所を廃止した。

　織豊時代（織田信長，豊臣秀吉の時代）になると，政治的な全国的統一が達成された。織田信長は，旧来の座の商人だけでなく，新興の商人にも営業活動の自由を与える楽市・楽座を行い，さらに関所を廃止し，座の特権を奪った。楽市・楽座は，大名の経済的利益の獲得と城下町繁栄のために新しい封建領主によって行われた。城下町では職業的分化が起こり，工人や商人が町に居住するようになった。一方，農民は町を離れ，生産活動を行うようになった。城下町の形成により，生産と消費が明確に分離した。

　織田信長や豊臣秀吉の一連の政策により，新興商人が現れることとなった。当該商人は，豪商といわれ，織田信長の時代以降，近世にかけて，時の政権と深く関係を結び，活動し，堺，住吉，平野，博多などで活躍した。

第4節　近世の商人

1　商人の機能分化

　江戸時代になると，政治的な全国統一とともに，経済面でもヒトやモノの移動範囲が拡大した。一方，大名の転封や参勤交代制により，大名単位の経済圏維持が不可能になった。つまり，大名の領域は固定していたが，転封や領域の狭さにより，経済活動単位として成立せず，全国的なヒトやモノの移動が起こった。京都，大坂，江戸の3都市には，全国からモノが集まった。そして，18世紀初頭には，江戸の人口は100万人を越え，世界一の大都市となった。各地に城下町ができ，交通の要所や寺社の門前に広がる門前町も誕生した。

(1)　金融の発達

　江戸時代，資金融通である金融を担当したのは，初期の豪商，両替商，問屋商人，質屋などであった。豪商は，商品取引に関与し，幕藩領主に対する貸付が大部分となった。両替商は，商人の分化によって発達し，17世紀後半以降は組織化された。両替商の金融は，両替商相互間や問屋商人に対して行われ，後には大名貸, 郷貸が大部分を占めた。問屋商人は，両替商からの金融を受け，荷主や生産者に前貸しし，商品の集荷と結びつけた。質屋は主として都市部で金融を担当し，農村でも早い時期から出現した。

　一般的に農民や漁民に金融を行ったのは，地主，酒屋，網元など地元の富裕層であった。土豪，地主，富農，酒屋などは小農民に資金を融通し，土地を兼併していった。また，金融を希望する人々の間で組織された無尽，頼母子講なども庶民の金融として広く行われた。

　さらに幕藩領主や寺社等も金融を行った。幕府は，時折，大名に対して恩恵的貸付をしたが，商人や農民にも行い，財政収入の増加を図った。大名領主は，掛屋，札差，蔵元などの御用商人，その他両替商などから金融を受け，その傍ら領民に対し貸し付けた。これらは救済的意味もあったが，ほとんどが収奪目的であった。

寺社の金融は，寺社の建築や修繕などに寄付する祠堂金，勧化金などの利殖を名目に行われた貸付であった。これは幕府の特殊な保護を受けていたため，大名の債権破棄に悩んだ商人はこれに参加し，債権の保証を求めた[*10]。

(2) 証券取引所の原型

江戸時代，最も重要な商品は米であった。年貢米は各藩の近くで取引され，自家消費されたが，他の年貢米は主に海路により，大坂へ運搬された。そこで，蔵屋敷に入れられ，蔵米として貯蔵され，淀屋などの米商人の手に渡った。ここで，蔵屋敷の管理人である蔵元は3分の1の手付金を支払うと，蔵米切手（蔵米手形，米手形[*11]）を発行した。当初，蔵米切手は保管証券の性格だけであったが，次第に流通証券として機能し，資金調達証券の性格も持つようになった。そして，蔵米切手の取引は，米の商品取引よりも，米手形としての証券取引の性格を持っていた。これが日本の先物取引の原型である。

1654年に幕府は，米手形取引の禁止を度々発令した。しかし，1730年には米に限定し，日本で最初の公認の米相場会所[*12]が大坂の堂島に設置され，現在の商品取引所や証券取引所の基礎が確立された。その後，明治維新まで堂島の米市場は，全国の中心的市場となり，京都・大津・江戸にも米市が立った。近世に証券取引所が成熟していたのは，ヨーロッパと日本だけであった[*13]。

2　問屋制と株仲間

17世紀後半には，荷受問屋の分化が起こり，廻船業，倉庫業，資金融通をする金融業と商品取引を専門とする問屋の区分が明確になった。また，特定商品のみを扱う商品別の専門問屋が成長した。これらは，荷主と船主間に入り，積み荷の取扱いをした廻船問屋，両替商[*14]，取扱商品が専門化した専門問屋，積送先と商品が固定化した積問屋，特定の国への商品を扱う国問屋などであった[*15]。

江戸時代には，商品量の増加により商人活動が複雑になった。生産者から生産物を集荷する仲買人が現れるようになり，その商品が問屋の手に渡り，小売商を経て，消費者へ渡る経路が形成された。

当初問屋は，生産者からのモノの保管，販売を行い，倉敷料や口銭を取って

いたが，17世紀終わりからは，問屋が生産者に注文してモノを作らせ，直接買付けもするようになった。また，問屋が生産者などへ貸し付けし，次第に生産者を動かすようになった。さらに問屋の取扱商品に専門性が現れ，米，薪，材木，油，茶などの専門問屋が出現した。その専門問屋が仲間を作り，他者の営業を妨害し，業界ごとに特権的な結合組織である株仲間が形成された。

　幕府は当初，株仲間を禁止し，商業の自由を原則としたが，17世紀中頃からは，大坂では廻船問屋，質屋，材木屋などに株仲間を公認した。したがって，仲間を通して統制する政策に転換し，株仲間は中世の座のような組織へと変化していった*16。

　1720年頃，幕府は，町奉行や代官が株仲間の年寄衆を集め，あらゆる商人に仲間作りや一種の金融組合または相互扶助組織である講を組織することを勧めた。株仲間が盛んな頃，幕府の目的は奢侈禁止であったが，物価対策上から生活必需品問屋に株仲間結成を命令し，株仲間から価格報告をさせた。一方，株仲間は，新規加入制限や仲間外営業の禁止を要求し，株仲間による市場支配を目指した。菱垣廻船問屋の仲間も，幕府へ毎年多額の上納金を納め，運送業務の仲間独占維持を図った*17。

　江戸時代の後半には，さまざまなモノの生産量と流通量の増加により，新規の競争業者が市場参入した。また，1840年頃には，幕府は株独占による弊害が大きいとし，株仲間の解散を命じた。これは三都以外では徹底せず，1850年頃，幕府は江戸の町年寄や名主らと相談し，株仲間再興令を出した。しかし，以前の株仲間とは異なり，上納金徴収は停止し，株数の固定もせず，仲間への新規参入を認めた。幕末には幕府の指令で株仲間を保証できなくなった。そして，明治新政府は，株仲間の上納金を一切廃止し，仲間自由を命じた*18。

3　輸送と情報網の発達

(1)　輸送網の整備

　幕府は，参勤交代により大名らに江戸に藩邸を置かせ，家臣を常住させた。家臣は生産活動はせず，消費活動のみになり，江戸は大消費都市になった。大坂と江戸を結ぶために放射状に各地に道路が設けられ，各藩からの物資は天下

の台所である大坂に集められた。大坂は瀬戸内海航路の起点であり終点で，モノの移動の中心地であった。このモノの移動の要所で商人が活動した。

江戸時代以前は，瀬戸内海や日本海の一部にしか海上輸送網がなかった。しかし，水上・陸上交通の便がよくなり，太平洋側にも海運網ができ，貨幣の使用が一般化し，商品移動が盛んになった。大坂と江戸の間では，年貢米，木綿，酒，油，醤油，酢などの日常品や日常食が運送された。蔵屋敷には倉庫が立ち並び，各問屋も自らの蔵で保管し，17世紀のはじめには，堺や大坂の商人による菱垣廻船や樽廻船などの定期船が，大坂・江戸間を往来した[*19]。

江戸時代は，鎖国政策により外国貿易は禁止されたが，薩摩，長州，対馬，松前藩などは外国との交易があった。また，幕府は，日本橋を起点として東海道，中山道，日光街道，甲州街道，奥州街道などの道路網を整備し，東北地方の太平洋岸の港から銚子に至る東廻り航路，東北や北陸の港から日本海，下関，瀬戸内海を通り，大坂に至る西廻り航路などの海上交通路が整備された。

(2) 特定商人の活躍

① 近江商人の活躍

江戸時代の商人の典型は，近江商人である。近江は京都に隣接し，北陸，東山，東海の三街道の入口であった。近江は農業に向かず，行商で身を立てるのが自然であった。近江商人は，鎌倉時代から現れ，室町時代には既に売買取引の行われる地理的範囲を広げた。

近江商人のうち，保内商人（ほないしょうにん）と呼ばれる商人は，牛馬を使用して行商し，強固な座をもとに，京都と伊勢を結んだ。その中に，八幡商人（はちまんしょうにん）といわれ，海外貿易に乗り出す商人もおり，鎖国政策で，活動機会を失ったが，目を国内に再び向け，京都や大坂を中心として大商人になった。また，日野商人は，関東や東北に定着し，北海道や千島まで進出し，中でも中井家のように大名貸や醸造業で成功を収めた者もいた。このように近江商人の中にはモノの売買だけでなく，製造まで手がける商人も現れた。

② 伊勢商人の活躍

近江商人の他，中世から近世にかけて，伊勢商人も活躍した。彼らは，伊勢神宮の領地からの年貢物の運送集散に携わり，航路開発の仕事へと進出した。

そして、伊勢商人は松坂特産の木綿を扱い、呉服商への転身が多かったが、その中に三井高利がいた[20]。当時の呉服商は、富裕な武士や町人を相手に商売し、各家に出向き、後日精算する約束の売買である掛(かけ)で盆暮れ2回の支払いが一般的であった。価格は高めに設定され、売手買手の駆け引きで価格が決定していた。

1673(延宝元)年、三井高利は江戸本町に越後屋呉服店を創業し、店頭(店先)売り(特定顧客相手の訪問販売からの転換)現銀掛値(げんぎんかけね)なし(付いている値札通りの販売)の販売政策を採用した。当時は反物は1反以上しか販売しなかったが、切売りや、店内の職人がすぐに仕立て、顧客が気に入らなかった場合、返品に応じる画期的な販売活動を展開した。

一方、元禄時代に、一代で豪商から没落までを経験した紀伊国屋文左衛門(きのくにやぶんざえもん)(?～1734年)は、幕府の材木商・町人として蓄財し、銅山事業も行った。没落の原因は、元禄時代のインフレ政策のため、新井白石による正徳(しょうとく)の治が、デフレ政策へ転換したことが原因とされる。彼は人情本や歌舞伎の主人公として扱われ、豪遊して紀文大尽(きぶんだいじん)と称せられた。

(3) 通信の発達

江戸時代以前、通信は官用以外の商用の通信活動はなかった。江戸時代には幕府によって継飛脚(つぎびきゃく)が、各宿駅に配置され、信書や貨物を継送し、江戸と長崎間を9日で結んだ。継飛脚に対し、継送しない通し飛脚もいた。また、1663(寛文3)年に幕府の許可を得て、町飛脚といわれる商用の通信業者が新規に生まれた。町飛脚は、江戸と京都・大坂間を6～10日で結んだ。しかし、町飛脚は、到達地の飛脚屋の店先に信書を置き、その信書を心当たりのある受取人が取りに来るというもので、地方や僻地には波及しなかった。

幕末には日本全国で経済活動が盛んになり、飛脚問屋は18世紀の後半に株仲間を結成し、排他的に事業を営む代わりに営業地域の拡大や通信速度を速めたりするようになった[21]。

4　近代の商業

明治時代になると、富国強兵策と殖産興業政策により工業生産が盛んになり、

輸送方法も発達し，大量の商品が取引されるようになった。商品移動が全国に広がり，経済は国を単位として1つのまとまりをもつようになった。江戸時代には鎖国政策がとられていたが，幕末に開国した。そして，明治期には貿易が盛んになった。江戸時代にも一部は誕生・発達していたが，流通・商業の補完機能として輸送，保管，金融，危険負担は，特定の専門業者が現れるようになった。

　輸送は，江戸時代に菱垣廻船や樽廻船(たるかいせん)などの定期航路により海上輸送が一般化していたが，1882年には，北海道海運会社が設立され，大坂商船会社，日本郵船会社なども設立された。鉄道輸送は，1872年に東京・横浜間が開通し，89年には東海道線が開通した。1882年には倉庫証券を発行する近代的倉庫業者として深川倉庫が設立された[*22]。

　江戸時代には両替商が存在し，諸藩が発行し，その領内のみに通用した不換紙幣である藩札の交換の業務以外に，預金，貸付，江戸－大坂間を中心とする為替（遠く離れた者の間での金銭上の債権・債務の決済あるいは金銭の移動を現金の輸送をせずに行う仕組み）業務を遂行した。しかし，1872年に国立銀行条例が制定されると，翌年に第一国立銀行，1876年に三井銀行など銀行制度の基礎が確立され，1882年には中央銀行である日本銀行が設立された。

　また，日本に保険制度が導入され，1879年に東京海上保険会社，1881年に明治生命保険会社，89年に東京火災保険会社が設立された。こうして近代になると，ヨーロッパ並みの商業システムが形成されるようになった。

第2章 商業の誕生と展開

*1　北島忠男（1998）『新訂流通総論』白桃書房，5-6頁
*2　水野良象（1987）『商品学読本（第2版）』東洋経済新報社，17頁
*3　十合晄（1994）『現代商業学入門』八千代出版，15頁
*4　林周二（1999）『現代の商学』有斐閣，111頁
*5　豊田武・児玉幸多編（1969）『流通史Ⅰ』山川出版社，5頁
*6　林（1999）『前掲書』，112頁
*7　十合（1994）『前掲書』，16頁
*8　十合（1994）『前掲書』，16頁
*9　林（1999）『前掲書』，114頁
*10　豊田・児玉編（1969）『前掲書』，325-326頁
*11　蔵米切手には，俵数，蔵の名前，落札人氏名，発行日，蔵出期限を過ぎると無効，水火の災難は蔵元の免責などが記入されていた。（林（1999）『前掲書』，125頁）
*12　堂島米相場会所の取引には正米取引と帳合米取引があった。正米取引とは現物（実物）取引であり，帳合米取引は実物の受渡しを伴わない全くの精算取引であった。1848年にシカゴ商品取引所が先渡し取引の安全性確保のために取引担保としての証拠金制度を導入したが，この制度は，江戸時代の日本の帳合取引制度を模範としたといわれている。（木原大輔（1984）『商品先物取引の基礎知識』時事通信社，366-385頁）
*13　十合（1994）『前掲書』，20頁，林（1999）『前掲書』，126頁
*14　都市の商業組織の機能分化により，初期の豪商が包括的に掌握していた運送，金融，商品取引などの諸機能が専門業者に移行した。この中で金融機能を担って登場した両替商は，同じ両替商とはいっても，初期の両替商とは異った。初期の両替商が多分に単純な高利貸しであったのに対して，17世紀後半以後の両替商は，商品の生産・流通の促進に金融面から寄与する役割をより強く持っていた。（豊田・児玉編（1969）『前掲書』，328頁）
*15　豊田・児玉編（1969）『前掲書』，176頁
*16　豊田・児玉編（1969）『前掲書』，13頁
*17　林（1999）『前掲書』，120-121頁
*18　林（1999）『前掲書』，121頁
*19　久保村隆祐編（1996）『商学通論（三訂版）』同文舘，22頁
*20　林（1999）『前掲書』，123-124頁
*21　林（1999）『前掲書』，122頁
*22　久保村編（1996）『前掲書』，23頁

第3章

流通機能と流通機構

　2016年の日本人の平均寿命は男性80.98歳，女性87.14歳で，世界有数の長寿国である。しかし，長寿世界一となったのは最近で，1892年は男性42.8歳，女性44.3歳，1947年は男性50.06歳，女性53.96歳と短命であった。

　平均寿命が伸長した要因は，さまざまに指摘されるが，やはり食生活を中心として衣食住が豊かになったことが要因であろう。食に困窮し，貧しかった時代，栄養さえ摂ることができれば，医薬品さえあれば，その命を保つことができた日本人は少なくなかった。

　現在，東京などの大都市では，ある程度のお金を出せば，世界中の料理が食べられる。世界の国でこのような都市がある国は少ない。このような状態になるまで，戦後の経済成長を支え，平均寿命を伸長させ，世界各地の料理を食べることができるようになったのは，モノの生産から消費までを社会的に架橋する流通の貢献が大きい。つまり，流通が機能しているからこそ，われわれは現在の豊かな生活を送ることができるのである。

　本章では，生産と消費の間にある懸隔と，この懸隔を社会的に架橋する流通機能，その仕組みである流通機構について考えていきたい。

第1節　生産と消費の懸隔

　生産者と消費者の2者のみで交換（取引）していた時代は，生産と消費間の懸隔は，それほど大きくなかった。それは生産と消費の段階やその主体が異なっても近接していたからである。しかし，時間の経過とともに生産者と消費者間には，さまざまな懸隔が生じるようになった。これらの懸隔については，各論者がさまざまに指摘しており，表現を変えただけの部分もあるが，完全に

一致してはいない。本書では，生産者と消費者間の懸隔を，所有権の懸隔，空間的懸隔，時間的懸隔，数量・品質の懸隔，情報の懸隔に区分する。

1　所有権の懸隔

　所有権の懸隔は，自給自足経済の時代には存在せず，物々交換や分業の発生と生産の専門化により，発生した。生産されたモノは，基本的に最初にそのモノを生産した者の所有物である。生産だけでなく，自然界から狩猟・捕獲する場合も同様で，それを行った者が所有権を有する。したがって，消費者がそのモノを消費しようとすれば，通常，そのモノの所有権を得なければならない。この懸隔のために，生産者は生産したモノを消費したい消費者を探し，一方，消費者は自らが消費したいモノを探さなければならない。この両者を社会的に架橋するのが流通である。

　現代社会では，ほとんどの場合，生産者は誰が消費するのかわからないまま生産活動を行っている。一方，消費者は自分が消費しているモノが誰が生産したのか知らないまま，また，知ろうともしないまま消費している。これが実際に何の不思議もなく継続されるのは，流通が生産者と消費者間の所有権の懸隔を社会的に架橋しているためである。

2　空間的懸隔

　空間的懸隔は，モノが生産される場所と消費される場所が異なるために生じる懸隔である。分業が進むと生産が一定地域に集中し，地域的特性により生産地域が限定される。朝の食卓を見ても，牛乳は北海道，コーヒーはブラジル，パンの材料である小麦はアメリカ，サラダに使われているレタスは香川県など，生産される場所と消費される場所が異なっている。最近は，生産場所を海外に設けたり，販売場所を海外に求めたりするグローバル企業が増加したことで，生産と消費の空間的懸隔がさらに拡大している。流通は，この空間的懸隔を社会的に架橋している。

3　時間的懸隔

　時間的懸隔は，生産された時点と消費される時点が異なることで生じる懸隔

である。工業製品は，年間を通して意図的に調整しなければ，生産量はほぼ一定である。しかし，自然環境の影響を受ける農水産物は，生産（狩猟・捕獲）時期が一時期に集中することもある。現在の日本人は，旬のモノを好む傾向はあるが，年間を通してほぼ同じ食生活を送ることができる。また，生産量は一定であるが，消費時期が一定時期に集中するモノも存在する。たとえば，クリスマス関連商品は需要が一時期に集中するが，生産は年間を通して行われることが多い。これは流通が，時間的懸隔が架橋しているからである。

4 数量・品質の懸隔

社会全体で生産量と消費量が一致することが最も望ましい。しかし，すべて注文生産をしない限り，生産量と消費量が一致しない。各生産者は，自らが生産可能，あるいは販売可能と思う量の製品を生産（製造）する。一方，消費者は，自らが消費可能な量のモノ（商品）を消費する。ここでは生産量と消費量との懸隔が発生する。

また生産者は，自らが信じる品質のモノの生産に努力を集中する。しかし，生産者がそのように努力して生産したモノを，消費者は受け容れられない場合がある。これは，生産者と消費者間の品質面での懸隔といえる。したがって流通は，品質・数量の懸隔についても社会的に架橋し，調整している。

5 情報の懸隔

情報の懸隔は，生産者と消費者が互いに関する情報を持っていないために起こる懸隔である。消費者は，入手した商品が誰が生産したのかわからないまま消費し，どのような状態で生産されているかさえ想像することができない。しばしば発生する生産者（メーカー）や流通業者による商品（製品）の偽装や不当表示では，この情報の懸隔について改めて考えさせられる。一方，生産者は，消費者がどのようなモノを求めているのか明確な情報を持っていない。そのため，折角生産したモノも消費されずに廃棄されることもある。流通は，このような生産者と消費者間において，それぞれの情報を社会的に架橋する役割も担っている。

第2節　流通の社会的機能

1　流通の社会的機能

流通は，所有権の懸隔，空間的懸隔，時間的懸隔，数量・品質の懸隔，情報の懸隔を社会的に架橋する。この架橋には流通機能が必要となる。

(1)　流通機能研究のはじまり

ショー（A. W. Shaw）は，商業や流通研究に機能概念を導入した。彼は，1912年の論文「Some Problems in Market Distribution（市場配給に関する若干の問題）」において，商人機能として危険負担，財貨輸送，経営金融，販売（財に関するアイデア伝達），収集・取り揃え・出荷を指摘した[*1]。これをウェルド（D. H. Weld）が修正し，商人機能を全体の流通過程に適用した。そこでは，これらの機能を商人が行うだけでなく，生産者や消費者もその機能の一部を負担しているとした[*2]。

ショーの提示した機能概念は，機能内容が粗野ではあったが，のちに多くの研究者が機能分析をする契機となった。そして，流通機能の本質的解明や精緻な分析がなされるようになり，機能論は商業学や流通論研究では不可欠なものとなった。

(2)　クラークの流通機能分類

流通機能研究は，クラーク（F. E. Clark）の貢献が大きい。流通において取り扱われる商品や担当機関が何であろうと，必要なすべての機能は遂行されなければならず，それが商人の存在理由や流通費用，特定制度や方法の発達と説明した[*3]。クラークの機能研究は，現実の諸問題解決に最も効果的な研究方法を考えた[*4]。クラークが分類した流通機能は次の通りである。

＜クラークの機能分類＞
A．交換機能（functions of exchange）
　1．需要創造（販売）（demand creation（selling））

2．収集（購買）（assembly（buying））
　B．物的供給機能（functions of physical supply）
　　3．輸送（transportation）
　　4．保管（storage）
　C．補助的または促進的機能（auxiliary or facilitating functions）
　　5．金融（financing）
　　6．危険負担（risk-taking）
　　7．標準化（standardization）
　　8．市場情報（market information）[*5]

　クラークの機能分類は，それぞれ機能が同一次元でないことが指摘されている。また，購買・販売機能とその他機能では，概念の広さが異なる。そして，クラークの機能分類が，すべて流通機能であるのかという問題もある。つまり，補助的または促進的機能は，流通機能自体ではなく，流通を補助・促進する機能であるためである[*6]。さらにクラークの，機能を見る視点が不統一であるとの指摘もある。需要創造は個別主体の視角であるが，他機能は主に流通過程全体の中での役割についての視角である[*7]。

2　流通機能研究の意義と課題

　ショーから始まった機能研究は，問題点を指摘されながらも，生産者から消費者へのモノの移転について流通過程での機能を見出し，経済における不可欠性と特質を明らかにした。つまり，流通機能を分析し，各機能を評価，分類してきた。日本では，多くの研究者が，本質的機能と付随的・副次的機能とを区別し，商業や流通の経済における地位を確立し，体系化への貢献をしたといわれる。

　しかし，機能が機構を決定する（仕事がシステムを決める）と，流通機能の分化，専門化は，流通機関及び流通機構の変化をもたらす。流通機能を流通活動とみると，モノの移転過程が技術的観察に偏る。また流通機関には，本来の流通業者（商人）以外にも多様な専門流通機関があり，流通活動は生産者や消費者も担当することがある。そして，流通機能自体も本来の流通過程を離れ，生産過程や消費過程へ移行する場合もある[*8]。

第3節　流通フローに対応する流通機能

1　流通フロー

　流通は，生産（部門）から消費（部門）間で所有権，貨幣，モノそれ自体，情報の諸要素が移動することで遂行される。そのため，これら諸要素の流れがなければならない。これをまとめて流通フローという（**図表3-1**）。

　流通フローは，モノの所有権とモノそれ自体の生産部門から消費部門への移転が中心である。所有権移転は，商的流通（商流，取引流通）という。特に貨幣のみの移転は資金流という*9。また，モノそれ自体の物理的移転は，物的流通（物流）といい，情報移転は情報流という。そして，商流，資金流，物流，情報流のように流通フローの主要素とはならないが，直接・間接的に流通を補完するものとして，流通機関などに資金を融通する流通金融や危険負担などがある。

＜図表3-1　モノの流通フロー＞

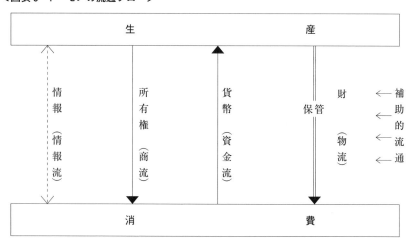

（出所）　鈴木安昭（2004）『新・流通と商業（第3版）』有斐閣，6頁，一部加筆

2 生産と消費の懸隔に対応する流通機能

　本章では，生産と消費間の懸隔として5つの懸隔を取り上げた。これらに対応する流通機能として，所有権の懸隔の架橋には所有権移転機能がある。付随して所有権を得ることで発生する危険を負担する危険負担機能がある。また，空間的懸隔と時間的懸隔を架橋する機能には，物流機能（輸送機能，保管機能）があり，数量・品質の懸隔，情報の懸隔を架橋する機能には情報伝達機能がある。ただし，これら機能は各々の懸隔を架橋するだけではなく，他の懸隔の架橋にも影響している。

　流通フローは，自然に発生するものではなく，流通フローを生じさせるための活動が必要になる。また，流通活動を担当する個人や組織などの機関も必要になる。生産者や流通業者などは流通機関の代表であるが，消費者も購入したモノを自宅に運ぶなどの物流活動を一面では担当している。したがって，流通フローの編成や，各々の流通機関での活動分担の問題もある[*10]。

第4節　流通機関と流通経路（チャネル）

1　流通機関

　経済における流通領域を流通部門と呼ぶとき，それは流通活動担当者と活動範囲から構成される。流通活動担当者は，流通機関と呼ばれる[*11]。通常，流通機関は，流通業者である卸売業者と小売業者を指している。生産が終了し，流通過程に入り，消費に至るまでの部分を流通部門と呼ぶとき，生産者，消費者も実際に流通機能を担当するため，流通部門の構成要素に入れられる。

2　流通機構

(1)　流通機構

　モノの流通をそれに関わる主体，または機関を取引関係の全体として見る場合，これを流通機構（distribution mechanism）という。流通機構を構成する

<図表3-2 流通機構の全体図>

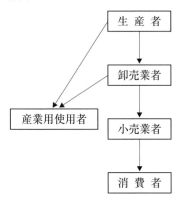

卸売業や小売業などの事業所が構成要素であり，要素間の関係，その要素と環境要因との関係に注目する必要がある。また，各要素が関係し，全体としてまとまった機能をする各要素の集合体と見るとき，流通構造，流通システムということもある。

流通機構の全体図は，**図表3-2**に示しているが，各々のモノの流通過程や，それらの全体の流通過程に含まれる構成要素の配列全体や部分を取り上げることでも認識される。つまり，一国の流通機構全体，製品別流通機構，卸売機構，小売機構，地域別の流通機構，商店街，ショッピングセンターなどの流通機構は，構成要素の配列・抽出の仕方でとらえ方が異なる。しかし通常，流通機構は，一国の流通機構全体または製品（商品）別流通機構を指すことが多い[*12]。つまり流通機構とは，マクロ経済的視点から社会的なモノの架橋を中心に見るときに使用される概念である。

(2) **直接流通と間接流通**

日常，生産者と消費者が直接取引をする場合（直接流通）と，生産者と消費者の間に中間業者である流通業者（商業者）が入る取引（間接流通）がある。

直接流通の場合，生産者もしくは消費者が，流通機能をすべてまたは分担して担当する。間接流通の場合，生産者や消費者も流通機能を分担することがある。一般的には，流通業者（卸売業者，小売業者）が流通機能を担当する。ま

<図表3-3 消費財の直接流通と間接流通>

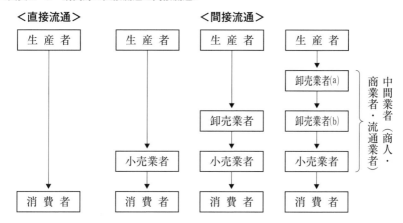

た，間接流通の場合，人格的に独立した流通業者の数が，増えたり，減ったりする場合がある。つまり，生産者→小売業者→消費者の場合は，流通業者は小売業者だけである。生産者→卸売業者→小売業者→消費者となると，流通業者として卸売業者と小売業者の2者が入る。また，生産者→卸売業者(a)→卸売業者(b)→小売業者→消費者となると，卸売段階が2段階となり，流通業者は小売業者も含めて3段階となる。つまり，ある特定の商品1つを取り上げた場合，生産者，小売業者，消費者とそれぞれ1段階であるが，卸売段階だけは複数存在することがある（**図表3-3**）。

3 流通経路（流通チャネル）

流通経路（distribution channel）とは，社会的視点から見たモノの移動経路であり，流通チャネル[13]といわれることもある。流通経路には，広義と狭義の2つがある。広義の流通経路は，商流経路，物流経路，情報流経路，資金流経路の全体である。狭義の流通経路は，商流経路であり，取引経路のみである。一般に流通経路というと，狭義の流通経路を指している[14]。つまり，狭義の流通経路は，その中心である所有権移転の連鎖で関係づけられた経路である。広義の流通経路は，売買により所有権が移転する経路である商流経路，実際の商品が移動していく経路である物流経路，販売代金が移動する経路である資金

流(決済)経路,生産者から消費者に向けた情報伝達経路である情報経路の一部などが組み合わされて編成される。

また,マーケティング経路(マーケティング・チャネル:marketing channel)という場合,マーケティングを行う個人や組織が,流通機構から自らの製品(商品)に適合する流通経路を選択し,構築するものである。したがって,同種類の製品でも銘柄(ブランド)によって流通経路が異なるのは,各々マーケティングを行う個人や組織の経路戦略が異なるためである。

4 流通における水平分化と垂直分化

リレー競技を見ていると,あるモノの流通にいくつかの流通機関が入ることにより,流通が効率化することを教えられる。つまり,400メートルや1,000メートルを1人の走者が精一杯走るよりも,4,5人の走者がその任された区間を精一杯走る方が,1人の走者が全区間を走るよりも速く走ることができる。流通段階の分化は,リレー競技に似ている。つまり,生産者が消費者への流通活動をすべて担当するよりもその間に流通業者が入り,さらに流通業者が卸売業者と小売業者へと分化した方が,一般に流通効率がよくなる。これまでの時間経過の中で,生産者と消費者間に入る流通業者は,卸売業者(卸売部門)と小売業者(小売部門)に自然分化するようになった。

(1) 水平的分化

生産段階,流通段階でも,分化が進むと専門度が強くなる。また,商品の種類や数量が増加すると,市場範囲や取引量が拡大し,さまざまな流通機関や流通機能も分化する。このような状況に対応するため,各流通業者は取扱商品の種類を次第に専門化し,得意な業種を明確にしようとする。これが流通における業種別の水平的分化である。たとえば,衣食住すべてを扱っていた商人が,衣料品,食品,住関連用品のみにまず分化し,その後,すべての衣料品を取り扱っていた流通業者が,男性用,女性用の衣料品を扱う流通業者へと分化し,さらに下着を専門に扱う者,靴下を専門に扱う者,スーツのみを扱う者と次第に水平的に細分化していく。

(2) 垂直的分化

　流通の垂直的分化とは，流通業者が卸売業者，小売業者に分化することをいう。まず，生産者が生産したモノを集荷する卸売業者，その卸売業者が集荷した品揃えの中から，消費者への販売を目的に仕入れる小売業者に分化する。さらに卸売業者も分化し，特に生産地と消費地の間に距離がある場合，その生産地で生産者が生産したものを集荷する卸売業者，分散する小売業者に商品を販売する卸売業者，その間に距離的問題がある場合，各々の卸売業者をつなぐ役割をする卸売業者に分化するようになった。

(3) 水平的分化と垂直的分化のバランス

　流通業者の分化が，流通にかかる費用の節約にならず，それを上昇させることもある。現実には，何段階にも分化した卸売業者を飛び越えた方が，流通費用が節約できることもあるため，垂直方向に何段階にも分化した流通経路を短くする動きもある。一方，水平的に専門に分化しすぎたため，消費者のニーズに応えられないとし，あらゆる商品を1店舗に品揃えし，消費者に提供する小売業も存在している。水平的分化と垂直的分化では，分化，統合には，その時代の経済状況など，環境から多くの影響を受けている。

第5節　商業・流通の意義

　商業・流通段階が，生産段階と消費段階間に入ることで，一般的に流通機構全体の流通費用が節約される。流通費用は，流通過程で流通機能を遂行するために必要な費用である。流通費用には，純粋流通費（商品から貨幣への転換のみから生じる費用），運送費，保管費などがある。しかし，流通費用は経済的価値尺度で測れるものばかりではない。

　流通機関が，生産段階と消費段階の間に存在する意義を考えるとき，これがいかに流通費用を節約しているかを考えなければならない。ここでは，商業・流通の意義の説明でしばしば取り上げられる，取引総数単純化の原理（取引総数最小化の原理），不確実性プールの原理（集中貯蔵の原理），情報縮約・整合

(斉合)の原理，規模と範囲の経済について考える。

1 取引総数単純化（取引総数最小化）の原理

(1) 取引総数単純化の原理

取引総数単純化の原理（principle of minimum total transaction）は，マーガレット・ホール（M. Hall）が提示した。流通において，卸売業者や小売業者などの流通業者（商業者）が介在することで，介在しない場合に比べ，取引総数が減少する。つまり，取引総数が減少することにより，発注から代金決済までの取引にかかる流通費用が節約される。

図表3-4は，各々別のモノを生産する生産者が5人おり，それら5種類の別のモノすべてを求める消費者が5人いるとする。このとき，各生産者が各消費者と直接取引すれば，5×5で，取引総数は25回となる。

しかし，5種類別々のモノを生産する生産者と取引し，収集する流通業者（卸売業者）がおり，その流通業者（卸売業者）が扱っている5種類の商品を直接消費者に販売する流通業者（小売業者）がいると仮定する。その流通業者（小売業者）から，5種類のものすべてを購入する消費者が5人いるとすると，生産者（A～E）と卸売業者(Y)との取引数は5回。卸売業者(Y)と小売業者(Z)との取引数は1回。小売業者(Z)と消費者（a～e）との取引数は5回となり，すべての取引を合計すると，11回となり，流通業者（卸売業者，小売業者）の介入がなく，取引する回数よりも減少する。

＜図表3-4　流通業者（商業者）介在による取引数の削減＞

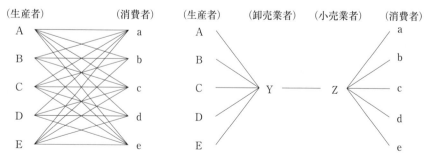

ここでは，生産者が5人，消費者も5人であるが，この数が増加すると取引回数も増加する。したがって，取引総数単純化の原理は，流通業者の仲介で取引回数が減少することを示している。つまり，流通費用が取引数により増加する正の相関関係があると，流通業者，特に卸売業者の介入により流通費用が削減され，社会的に存在意義があるとされる。

(2) 取引総数単純化の原理の問題点

取引総数単純化の原理は，流通業者，特に卸売業者の存在意義を説明する場合に取り上げられる。つまり，卸売業者は，多くの生産者（製造業者，メーカー）の生産した製品（商品）を収集し，他の卸売業者や小売業者に分散させる。生産者数が増加し，製品の種類，量，質が多様になると，消費される商品の数や種類も増加する。そうすると，規模の利益に限界が生じ，流通段階は1段階ではなく，複数段階の方が適するようになる。経済が質的・量的に膨張すると，流通業者の数は増加し，多段階になる。

しかし，流通業者が介入し，まとめることが有利でも，それは具体的な数字で示すことは難しい。最適量は，消費者の購買方法，生産者の生産方法，取引方法や輸送技術により，各時代において変化する。また，生産や輸送，情報などの技術進歩により，条件は常に変化している。さらに消費者の生活や購入方法も変化している。したがって，流通業者が介入して一定の量をまとめる最適量は，状況により変化する。

2 不確実性プールの原理（集中貯蔵の原理）

(1) 不確実性プールの原理

生産者や消費者は，日々不安を抱えている。生産者には生産したモノが売れ残ってしまう（過剰在庫）不安と，売れ過ぎてしまいせっかくの販売機会を逃してしまうという不安がある。また，消費者はいざというときに消費したいものが，家庭内になくなるという不安や，急に値上がりしてしまう不安がある。最近は，以前ほど生産部門においては製品が余ったり，足りなくなることが減ったといわれる。一方，消費者も以前ほど買いだめをしなくなっている。そ

れはなぜか。1つの理由は、流通業者が生産者や消費者が持つ不安、つまり不確実な部分を負担しているためである。

不確実性プールの原理は、流通業者（商業者）が商品を集中して貯蔵することで、流通段階の流通費用（在庫費用）が削減されるとした。たとえば、同様の商品を販売している5つの独立した小売業者があるとする。小売業者は、商品を棚に並べて販売する他、消費者需要に応えるため、棚に並べている商品の他、店頭以外の倉庫に在庫し、商品を保有しなければならない。小売業者の店頭の棚に並べている商品と、在庫として保管している商品の適切な在庫量が500(個)とすると、5つの小売業者では、500(個)×5(店)で2,500(個)必要になる。

しかし、これら小売業者からの需要があればいつでも対応できる卸売業者が存在し、各小売業者が1店あたり、100(個)の在庫で足りるとすれば、必要なときに卸売業者から仕入をすればよく、小売業者が必要な在庫量は、500(個)－100(個)で、400(個)の在庫が節約できる。また、各小売業者の仕入時点の相違により、これまで小売業者が在庫していた2,500(個)－500(個)の2,000(個)を卸売業者は在庫する必要はない。

また、卸売業者が1,000(個)在庫すれば、これまでどおり消費者需要に応えられるとすると、卸売業者の在庫分1,000(個)と各小売業者の在庫分500(個)で、これまで小売業者が分散して在庫しなければならなかった2,500(個)からこれらの合計1,500(個)を引くと1,000(個)となる。そして、全体では、1,000(個)分の在庫費用などの流通費用が削減される。これは不確実性プールの原理といわれ、特に卸売業者の存在意義を説明している。

最近は、コンビニエンスストアが卸売業をうまく利用することにより、顧客への十分な対応ができるようになったのは、卸売業が不確実な部分を吸収しているからである。

(2) **不確実性プールの原理の問題点**

不確実性プールの原理は、卸売業者が介在することの本質的部分を指摘している。つまり、流通業者の手中にある流通在庫は、生産者の操作介入が不可能である。卸売業者は、この流通在庫操作において、市場危険の軽減を図り、商

品の価格変動や需給変動の危険負担をすることで，利潤拡大機会が得られる。そして，流通在庫操作は，卸売業の本質的存在基盤となっている。このことは，流通在庫操作をめぐる卸売業者と生産者の関係変化，生産者による流通段階統合や流通業者排除の可能性にもつながる。しかし，この原理も，集中貯蔵の機能を果たすのは，卸売業者である必要はなく，倉庫業者でもよいという指摘もある[*15]。

3　情報縮約・整合（斉合）の原理

(1) 情報縮約・整合（斉合）の原理

　卸売業者や小売業者は，多くの生産者が生産（製造）した商品（製品）を仕入れ，再販売する。したがって，流通業者（商業者）が所有している商品自体や，付随情報は，複数の生産者や商品の情報を流通業者が1ヵ所に集めることになっており，流通業者は情報を縮約しているといえる。

　また，流通業者の品揃えは，仕入れた商品を再販売することが可能であるとの判断により仕入れたものであり，所有権を取得することで，さまざまな危険を負担する。再販売可能という判断は，消費市場での商品の需要情報に基づいている。したがって，流通業者の品揃えは，把握した消費や消費者に関する情報も，一方では縮約されている。

　このように流通業者が縮約した生産部門と消費部門における各々の情報は，品揃えにより表され，質的・量的に商品情報が整合される。流通業者が，生産部門と消費部門の情報を縮約・整合するため，両部門取引はより効率的になり，流通費用が節約されることになる。この節約は，縮約・整合される生産部門と消費部門の情報量が大きいときにより発揮される[*16]。

　近年，各商品につけられたバーコードにより，過去の商品の売れ筋や死に筋把握が，小売業では以前よりも飛躍的に容易になった。コンビニエンスストアでは，商品を単品単位にすることで，販売時間や顧客層分析まで可能である。つまり，コンビニエンスストアは顧客からの情報を収集し，整理することで自店舗の品揃えに利用するだけでなく，新製品企画の提案やPB（private brand）商品の開発などにより，メーカーに情報を提供する役割も果たしている。

(2) 情報縮約・整合（斉合）の原理の問題点

　情報縮約・整合の原理は，概念的にはうまく整理されている。現実に目を向けると，ある時期までは情報縮約・整合の原理が機能していたということがいえる場面が多かった。しかし現在では，果たして以前と同様に機能しているだろうか。生産者がほとんど情報を発信したり，収集する手段を持たず，消費者も同様に，情報を発信し，収集する手段を持たなかった時代には，商業者（流通業者）による情報縮約・整合機能を果たしていただろう。しかし，20世紀初期から，大規模メーカーを中心にマーケティングが行われるようになって以降は，必ずしも流通業者が情報を縮約・整合しているとはいえなくなった。つまり，生産者自身が販売促進を行うために情報発信し，消費者情報を市場調査により，流通業者（卸売業者・小売業者）を介さず，入手し始めて以降は，情報の縮約・整合は限定されたものとなった。

　消費者も，流通業者を介さなくても，生産者から直接情報を得られるようになり，消費者が自ら進んで，生産者情報を入手することも可能となった。

4　規模と範囲の経済

(1) 規模と範囲の経済

　モノを生産，輸送する活動は，大規模施設で大量に処理すると，単位あたり費用は，限度はあるが逓減する。これが規模の経済である。流通業者（商業者）が，多数の生産者から生産物を収集し，商品の品揃えを形成すると，規模の経済が働き，通常は流通費用が節約される。

　流通業者の費用上の優位性は，規模の経済の追求から生じる。これまで流通業者は，規模の経済により，多数の生産者（メーカー）の製品を扱い，単一の製品系列を販売している生産者よりも，大量で安い単位費用を達成してきた。範囲の経済により，流通業者は自らの業務の範囲を拡大させた[*17]。このように，流通業者が遂行する規模と範囲の経済が機能することで，商品単価が安くなり，消費者には，支払額が節約される面が出てくる。

(2) 規模と範囲の経済の問題点

　規模と範囲の経済も，情報縮約・整合の原理と同様，ある一時期までは流通業者の存在意義を示すものであった。つまり，生産者の規模が小規模で，自ら販売，流通させる力を持ち合わせなかった時期，大量かつ商品の品揃えの幅を持つことで，取引費用は節約できた。しかし，生産体制がある地域や世界で寡占的になると，流通業者が流通費用を節約するよりも，生産者がその機能を遂行した方が，流通費用をより節約できる面が出てきた。

　流通業者である卸売業者は，輸送や保管などの物流活動を行うことになるが，同じ活動を生産者が自ら行い，卸売業者の行う水準まで費用を減少させると，卸売業者はその優位性を失うことになる。つまり，流通業者の規模による費用上の優位性は，生産者が流通業者と同等の優位性をもたらす量まで高めたときに喪失する。したがって，関連製品の販売や輸送契約が，比較的明確で標準化されていれば，独立した流通業者でも製品の流通に含まれるすべての取引を行えるだろう。

*1　A. W. Shaw（1951）, "*Some Problems in Market Distribution*", Cambridge, Massachusetts, Harvard University Press,（丹下博文訳（1992）『市場流通に関する諸問題』白桃書房，67頁）

*2　L. D. H. Weld, "The Marketing of Farm Products," *Journal of Political Economy*, Vol. 29, Macmillan

*3　F. E. Clark & C. P. Clark（1942）, *Principle of Marketing*, Macmillan, p. 12

*4　尾崎久仁博（1993）「F. E. クラーク－機能的アプローチの集大成－」マーケティング史研究会編『マーケティング学説史－アメリカ編－』同文舘，134頁

*5　F. E. Clark（1942）, *Principles of Marketing*, Macmillan, pp. 10-28　市場情報については，1942年の版により追加された。

*6　森下二次也（1956）「配給論の Functional Approach について」『経営研究』第22号，大阪市立大学

*7　森下（1956）「前掲論文」，F. E. Clark & C. P. Clark（1942），前掲書，12頁，尾崎（1993）『前掲書』，135-137頁

*8　鈴木保良（1967）『商業学』東洋経済新報社，28-29頁

*9　鈴木安昭（2004）『新・流通と商業（第3版）』有斐閣，7頁

*10　田村正紀（2001）『流通原理』千倉書房，18-19頁

*11　田村（2001）『前掲書』，1頁

*12　久保村隆祐・荒川祐吉編（1974）『商業学－現代流通の理論と政策－』有斐閣，184頁，小宮路雅博編，兼村栄哲（2000）『現代の流通と取引』同文舘

*13　流通機構という概念が，経路・チャネルはもとより，そこで活動する商業者などの構成員の数や規模，また機能・役割分担から力関係までを考慮しているのに対して，流通経路もしくは流通チャネルというのは商品のルートに着目した概念である。（原田英生（2002）「流通と商業のはたらき」原田・向山・渡辺著『ベーシック　流通と商業』有斐閣アルマ，31-32頁）

*14　兼村（2000）『前掲書』，17-18頁

*15　三村優美子（1992）『現代日本の流通システム』有斐閣，163頁

*16　鈴木安昭（2004）『新・流通と商業（第3版）』有斐閣，129-130頁

*17　Alfred D. Chandler, Jr.（1990）, "*Scale and Scope*", Harvard University Press,（安部悦生，川辺信雄，工藤章，西牟田祐二，日高千景，山口一臣訳（1993）『スケール・アンド・スコープ』有斐閣，22頁）

第4章

商的流通

　人間が価値があるモノを得る方法には，自給自足，強要（他から盗む，強奪する），懇願（他人に請う），交換（現金や別のモノあるいはサービスなどの資源提供），貢納（政治的権力による提出）がある。これらの方法の中で，交換が最も合理的で，人間を不幸にしない方法である。

　交換は，複数の個人，個人対組織，組織間で価値あるモノを授受する過程である。交換の起源は，無理矢理奪い取る略奪（掠奪）交換説と，無償で相手方に与える贈与交換説がある。交換は目的とするモノやサービスが相手方に確実に渡る場合に発生する。交換の中で，貨幣とモノとの交換を売買取引という。

　本章では，売買取引によって行われる所有権移転である商的流通について考えていきたい。

第1節　商的流通

1　所有権移転

　商的流通は，モノやサービスの売買取引，つまり所有権移転を指す。売買取引により，モノの所有権は売手から買手に移動する。所有権移転は，流通機能の中核であり，他の流通機能は，所有権移転機能から派生するものである。所有権移転機能は，需給結合（接合）機能，取引流通機能ともいわれる。また，移転には，所有権の他に，レンタルやリースなど賃借関係の使用権移転もある[*1]。

　売手と買手の間で，モノやサービスが売買される具体的な場所または抽象的な空間を市場（しじょう）という。市場は取引対象により，生産物市場，労働市場，債券市場，外国為替市場などがある。また，取引契約と実行間で時間差が生じるこ

ともある。それにより，直物市場と先物市場（フォワード市場，フューチャーズ市場，オプション市場）に分かれる。市場は元来，狭い特定の場所と時間を意味した。それが取引の拡大により，市場規模がある狭い地域から全国，世界規模へと拡大した。さらに流通段階により，卸売市場，小売市場という区別もある*2。

　商品取引所のように，需要と供給が具体的な場所で決定される場合もあるが，実際には，多くのモノやサービスは，情報が影響し合い価格が決定される場合が多い。つまり，市場での価格形成には，情報の役割が大きい。たとえば，インターネットでのネット・オークションは，当初は売手（出品者）も買手もほとんど素人であった。その頃は，出品商品も少なく，落札価格にも幅があった。しかし，時間の経過とともに素人である売手の割合は少なくなり，一般の小売業者や生産者，卸売業者まで参加している。最近では，同様の商品が出品され，落札される場合，その価格はほとんど同一になっている。つまり，多くの商品と情報がインターネット上に集められることにより，次第に一定の価格が形成されるのである。

2　売買契約

　売買取引の交渉が妥結すると売買契約を結ぶ。売買契約には，法的性格として，2つの側面がある。1つは，当事者の約束ないし，意思表示の合致があれば成立する諾成契約の側面である。もう1つは，当事者の一方である売手が，モノの所有権を相手方である買手に移転，買手は売手に代金支払を約束する当事者双方に義務を負う双務契約の側面である。つまり，売手には買手にモノを渡さなければならない義務が発生し，買手にはそのモノの代金を支払わなければならない義務が発生する。したがって，贈与のように一方がモノを引き渡す義務が生じる片務契約とは異なる。

　売買契約は，諾成契約であるため，売手の申込と買手の承諾で成立する。売買契約書の作成は絶対ではないが，通常は，買手が見積依頼書を作成し，売手は見積書を作成する。そして，買手は注文書を作成し，売手は注文請書を作成し，売買契約の締結や内容確認をする。したがって，売買取引では，売買契約書を作成する場合，すぐに個別取引契約に移行する場合も，後日の紛争を避け

るためには取引条件を決定する必要がある。

(1) 商品の種類・品質

売買対象となる商品の種類や品質の決定には，現品（実見売買：sale by inspection），サンプル，説明書やカタログなどが使用される。また，JISやJASのような規格を含めた仕様書・銘柄・規格による方法，予め定められた基準で対象となるモノを厳重に格付けし，格付け間の価格差を予め定め，標準品の価格が決定すると同時に，各々の価格が決定する方法もある[*3]。ただし，標準品による取引は商品取引所で主に行われる取引であり，一般的ではない。

(2) 商品の数量

商品の数量は，個数と度量衡で決定する方法がある。個，ダース，グロスなどの個数単位，包装される包装単位や袋詰される袋単位，箱詰めされる場合は，その箱単位で表す場合がある。この表現は商品により異なる。また重量や容積，長さなど度量衡で決定する場合，包装や容器の重量なども考慮しなければならない。

(3) 商品の価格

商品の価格は，基本的には商品1単位当たりの価格である単価を決定する。この単位数量を建という。建は商品の種類や流通段階によって異なる[*4]。

価格決定では，運送料や保管料，保険料などの仕入諸掛（運賃諸掛）の負担者の決定が重要である。売手が運賃諸掛をすべて負担し，買手の指定場所まで商品を持ち込む価格を持込価格といい，一般に価格は最も高くなる。一方，買手が売手の指定場所まで商品を引き取りに行く場合は，現場渡価格という。この中間形態で鉄道を利用して輸送する場合，発駅貨車渡価格や着駅貨車渡価格などがある[*5]。

海外との売買取引では，運賃諸掛は重要な決定事項である（**図表4-1**）。船積み港までの費用を含む本船渡価格（FOB：free on board），本船渡価格に到着港までの運賃と保険料を含む運賃保険料込価格（CIF：cost, insurance and freight）などがある[*6]。

<図表4-1 海外との売買取引における費用負担>

▼FAS, FOB, CFR, CIF 危険負担, 費用負担の分岐点の対比表

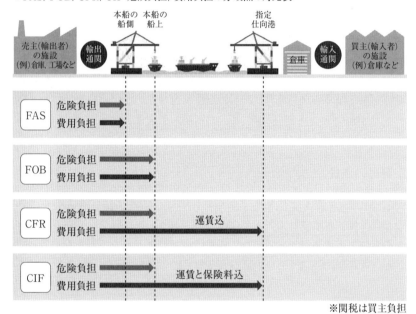

※関税は買主負担

(出所) https://b.pasona.co.jp/boueki/word/1025/

(4) 商品の引渡し

　売買契約では，商品の引渡し場所と引渡し時期を決定する必要がある。引渡し場所は，現場渡し，本船渡しなど価格条件を決める際に決定される。一般的に，買手の事業所が基準となる。その場所を基準として，商品に事故が発生した場合の責任が移行する。ただ，運賃保険料込価格の場合には，本船渡価格と同様，船積み港で商品を本船に積み込むと，売手の責任はそこで終了する。

　引渡し時期は，取引契約成立と同時に商品が引き渡される即時渡，契約成立後の比較的短期間（契約から数日後）で引渡しが行われる直渡，近日渡，予め定めた定期渡，船舶などの到着時である着渡，農作物の収穫後渡など，契約の成立後相当期間が経過したのちに引き渡される延渡などがある。

　また，買手が受け取った商品を検査し，契約通りのモノを売買契約の目的物

として受け取る過程が一般的であり,検査終了と同時に引渡しが完了する。売手に責任があり,契約の目的物が引き渡されなかった場合,買手は契約解除が可能であり,損害賠償請求もできる。しかし,不可抗力など売手に責任のない場合,売手は免責され,引渡し不能となった部分は契約が消滅する[*7]。

(5) 代金の決済方法

　代金の支払方法には,現金払である即時払,信用販売における後払,前払の3種類があり,商品引渡と決済とを組み合わせた荷為替もある。

① 即 時 払

　売買取引での代金決済方法は,現金が一般的である。日本で現金とは,日本銀行が発行する紙幣である日本銀行券,政府が発行する補助貨幣である硬貨である。小売取引の場合,現金が一般に使用されてきた。企業と企業の場合は,その取引金額が大きいため,小切手や手形,銀行振込が多い。

　小切手は,取引銀行に宛てて記載金額の支払を委託する証券であり,振出人の銀行口座から引き落とされる。小切手は多額の取引を現金で行う危険性のために使用される。そして必要に応じ,小切手を振り出して,代金決済ができることを約束したのが当座預金である。当座預金は,要求払いの預金であり,預金者である企業には便利であるが,金融機関には,預金残高が不安定で資金運用が困難なために無利息である。また預金の出し入れが頻繁なために通帳が交付されない場合もある。

② 後 払

　小売取引では現金払が多いが,卸売取引では現金をその場で受け払いせず,後払としての掛払（かけばらい）や手形払が一般的である。掛払は,継続した売買が行われるときの決済方法であり,一定期間の取引を記録し,月末や5, 10, 15, 20, 25日などの五十日（ことうび）などに,まとめての受け払いが一般的である。手形払は,商品代金や掛代金の支払に対し,買手が約束手形を振り出すのが一般的である。

　また,商品の受け取りと同時に代金を全額決済するのではなく,複数回支払う方法に割賦販売 (installment selling) がある。割賦販売法では,割賦販売は購入者から代金を2ヵ月以上の期間にわたり,3回以上に分割して受領することを条件としている。分割支払方法は,商品の受け渡し時に頭金を支払い,

残金を毎月均等払する月賦販売が一般的だが，ボーナス時の上乗せ払い方法もある。

③ 前　払

前払は，買手から見れば，商品の引取前に全額または一部支払う方法である。需要が供給を上回る売手市場の場合，買手が商品を確保，初回取引で買手の信用状態が明確ではない場合に利用される。商品代金の一部が前払されるときは内金（うちきん）という。一方，手付金（てつけきん）は，売買契約を交わす際に，当事者の一方から相手方に対して交付される。これは相手方が契約履行に着手するまでは，交付者は手付を放棄し，受領者は手付の倍額を返還し，契約を任意に解除できる。契約が履行されれば，商品の代金の一部となる。したがって，手付金額が契約の拘束力に影響を与える。

④ 荷 為 替

遠隔地の売手が商品積送の際，商品代金の一部または全部を送金回収するため，貨物代表証券を担保として振り出した為替手形を取引銀行で割り引くことがある。商品の買手が引受人（支払人）となると，為替手形を荷付為替手形または荷為替という。売手が荷為替を取り組むことで，買手は荷為替を引き受けた（引渡しの）時，または支払った（支払い渡しの）時に貨物代表証券を入手する。

(6) 所有権移転と危険負担

買手が受け取った商品の検査（検品）をし，商品の引渡しが完了したときに所有権が移転する。しかし，代金支払が手形で行われるとき，手形決済が完了するまで所有権は移転しない。したがって，手形不渡の場合，契約を解除して売手は目的の商品を取り戻せる。また，商品の引渡し時までに損害が生じた場合，買手に責任がある場合を除いて売手の負担となる[*8]。

(7) そ の 他

通常，企業と企業の取引では，売手から買手へリベート（rebate）が支払われる場合がある。リベートは，一定期間の取引高により，期末に代金の一定割合を買手に対し払い戻すことをいう。割戻しや歩戻しともいわれる。リベート

は，取引量や支払条件により，事後的に取引条件を調整する性格のものである。そして，特定製品の販売促進，再販売価格維持，新製品受け入れ，代金の回収などの目的に応じて導入できる。

　日本では，リベートは利益分を増加させ，損失を補填する意味合いがあり，多様である。自動車販売では，「リベートがディーラーをダメにした」といわれるようにリベートに依存する体質から抜け出せず，リベートを出す売手，受け取る買手側の問題も指摘される。日本の商慣行ではリベートは，当然のように出されてきたが，グローバルビジネスの時代には，契約上の問題や紛争を引き起こさないように単純化したり，明確にする必要がある。

3　取引方法の違いによる売買形態

(1)　実需売買

　実需売買（real transaction）は，日常行われる売買である。買手の実際の需要に基づいて行われる売買で，必ず現品の引渡しと代金の授受が必要であり，買手は何らかの形で実際に購入した商品を利用する。

(2)　投機売買

　投機売買（sale by speculation）は，商品の実際の消費のためでなく，価格変動から生じる値ざやを目的に行われる。卸売段階や小売段階の同じ流通段階に位置する卸売業者間や小売業者間で行われる取引であり，（段階が異なる卸売業者間，卸売業者と小売業者間とは区別される）業者が取り揃えていない商品を同一段階の業者から仕入れ，品揃えの調整をする仲間取引（dealer transaction）の大半は投機売買である。

(3)　相対売買

　相対売買（private sale）は，売手1人と買手1人の交渉により成立する売買である。当事者同士が直接契約するか，他人が仲介するかは関係がない。相対売買は，引合取引（売買）ともいわれ，一般的な取引である。売手は最低売渡価格に関心を持ちながら，高く売ることに専念し，買手は最高買入価格に関

心を持ちながら，安く購入しようとする*9。つまり，1円でも高く販売したい売手と，1円でも安く購買したい買手の駆け引きによる。

(4) 競争売買

一般に売買取引は，1人または1組の売手に対し，1人または1組の買手という1対1の関係であり，相対売買（取引）を基準としている。この相対取引に対して売買当事者のどちらか，または両者ともに複数の場合がある。売手同士，買手同士が競争しながら，取引価格を決定する競争売買（sale by competition）である。競争売買は大きく分けて，セリや入札による方法と競売買という方法がある。

① セリ売買（オークション：auction）

セリ売買は，1人の売手または買手が複数の買手または売手の間で，価格を口頭や身振り手振り*10，またはインターネット上で交渉して，価格形成し，売買契約が結ばれる競争売買の一種である。実際には，セリ買いは行われなかったために，単にセリ売りと呼ばれ，競争があることから 競 売（きょうばい（けいばい））*11ともいう。価格決定は，売手の価格提示，買手の価格提示から始められる。安値から高値に及ぶのが一般的であり，それをセリ上げ法という。また，売手が価格をいい，高値から安値になる方法をセリ下げ法*12という。

② 入札売買（tender）

入札売買は，複数の売手または買手と取引する場合，書面で価格を申し込ませ，買手は最低価格をつけた売手，売手は最高価格をつけた買手と売買契約を結ぶ方法であり，セリ売りと同様，競争売買の一種である。書面に価格を記入して申し込むことを入札といい，入札の結果，売買契約の相手が決定することを落札という。

第2節　電子商取引と電子決済

1　電子商取引

(1)　電子商取引とは

　電子商取引とは，インターネットなどのネットワークを介して，契約や決済などを行う取引形態で，エレクトロニック・コマース（electronic commerce），eコマースともいわれる。ネットワークの種類や取引内容を限定せず，かなり幅広い意味がある。これまで企業間取引の一部はEDI（electronic data interchange：電子情報交換）などで，電子化されていた部分もあるが，インターネットの普及により，消費者を直接対象とした電子商取引が拡大している。受注から決済までをネットワーク上で行うことにより，売手・買手双方が費用と時間を節約できる。電子商取引における消費者側（買手）のメリットは，次の6点である。
　① 自分の好きなときに買物ができる（ほぼ24時間年中無休）
　② 自宅にいながら買物ができる（場所を選ばない）
　③ 商品の品揃えが豊富である
　④ クリックのみで，店舗を移動できる
　⑤ 商品選択前に多くの情報に接触ができる
　⑥ 同様の買物をする人と意見交換ができる
　一方，電子商取引における企業側（売手）のメリットは，次の4点である。
　① 店舗設置費用や人件費・広告費などの経費削減が可能である
　② データが電子化されているために経営管理が容易である
　③ サービス向上に集中できる
　④ 小さな企業でも多くの顧客に接触が可能である

(2)　B to B，B to C，C to C

　電子商取引はネットワーク上での企業同士の取引である「business to

business（B to B）」，企業と消費間の取引である「business to consumer（B to C）」，消費者同士の取引である「consumer to consumer（C to C）」がある。

① B to B

B to B は，売手と買手がネットワーク上でオープンな取引を行うものである。この場合，売手と買手双方とも企業同士である。

② B to C

B to C は，ウェブサイトを介して，企業が消費者に製品（商品）を販売する電子商店（モール）経由が一般的である。ソフトウェアや画像，音楽などのコンテンツを販売したり，オンライン・ゲームやインターネット上で，人材派遣や商品売買の仲介を行うサービス，株式など金融商品をインターネットを通じて，売買することも一般的になっている。

③ C to C

C to C は，ネットワーク上でオークションを行うオンライン・オークションが一般的である。オンライン・オークションでは，オークションの作成や入札に手数料が必要な有料サービスがある。大手ポータル（玄関）サイトでは，C to C を仲介するサービスが1つの形態として確立している。

(3) 電子商取引の安全性の問題

インターネットを通じた電子商取引では，決済・流通システムや決済データのセキュリティ保護システムなど，技術的な問題が指摘される。それらは徐々に克服されつつあるが，個人情報管理の不十分さ，データ漏洩やネット詐欺など，電子商取引特有の問題もある。

2　電子決済

(1) デビットカード

デビットカード（debit card）は，店舗での買物の際，銀行のキャッシュカードで，直接支払ができるサービスである。店舗で専用端末にカードを挿入し，暗証番号を入力すると銀行口座から即時に代金が引き落とされ，決済するシステムである。クレジットカードとの違いは，預金残高の範囲でしか支払え

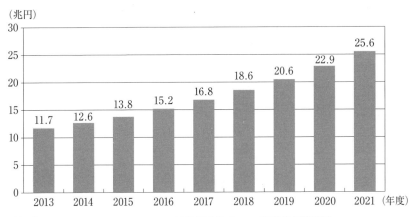

<図表4-2 日本国内におけるB to C，電子商取引市場規模>

(出所) https://www.nri.com/jp/news/2015/151125_1.aspx (野村総合研究所)

ないため，残高を超えて使用できない。また，会費や(24時間店舗の営業時間内の使用であれば)手数料も不要である。日本では，J-debitの名称で1999年1月からサービスが開始された。

(2) 電子マネー

　電子マネー(electronic money)は，電子貨幣，電子通貨ともいわれ，貨幣価値をデジタルデータで表現したものである。クレジットカードや現金を使用せずに買物をしたり，電子商取引の決済手段として使用される。電子マネーは，専用のICチップに貨幣価値データを記録するICカード型，貨幣価値データの管理を行うソフトウェアをパソコンなどに組み込んでネットワークを通じて決済を行うネットワーク型，プリペイド型がある[*13]。これら電子マネーの市場規模は**図表4-2**で示している。

① ICカード型

　ICカード型電子マネーは，ICカードに貨幣価値を表す残額データを記録し，電子モールなどでの支払いや銀行口座からの引き出しに連動して増減させる。つまり，保有する現金に連動するように作られたシステムで，クレジットカードを利用したシステムと異なり，決済データを集中管理せず，その場で即時決

済するシステムである．したがって，現実の貨幣を電子機器の組合せに置き換え，利便性が高められている．また簡単な装置で決済ができ，導入も容易であり，個人間での貨幣情報の譲渡も可能である．与信管理や決裁する中央システムがないため，カード発行数の増加によるシステム全体の負担増もなく，取引の匿名性が保持できる．

非接触技術（Felica）が開発され，利用者が電子マネーを機械に通す手間や時間が節約されるようになった．また電子マネーは，交通機関での切符購入や使用可能店舗の拡大により，一気に拡大した．独立系のEdyと交通系のSuica，Pasmo，Icoca，流通系のnanaco，WAONなどがある．各々使用可能な店舗などは拡大している．今後，相互利用をさらに進め，利用者の利便性を高める必要がある．

一方，カードを紛失すると記録されていた貨幣情報も失うことになる．また拾取したカードの悪用など，クレジットカードに比べて危険も高い．

② ネットワーク型

ネットワーク型電子マネーは，利用者が予め専用の電子財布（ウォレット・ソフト[*14]）をコンピュータに導入し，自らのクレジットカードや銀行口座などから使用する分の金額情報をウォレット・ソフトに保管する．そして，電子商店で買物をする際，ウォレット・ソフトが商店側システムに入金を通知し，同時に自らが保管している貨幣データを減少させて支払う．クレジットカードによる決済に比べ，与信管理コストなどがかからず，決済コストが安く，少額決済にも向いている．しかし，ウォレット・ソフトの導入，サービス提供者により決済方法が不統一であり，異なるウォレット・ソフトを用意しなければならない煩雑さがある．

③ プリペイド型

プリペイド（前払）カードを利用した電子マネーシステムが，プリペイド型電子マネーである．これはカード発行会社がプリペイドカードを発行し，提携店舗で販売する．そのカードでの支払いに対応したコンテンツを購入したい利用者は，取扱店でカードを購入する．そして，カード裏面に記入されている文字を決済時に入力すると，カード購入額を上限として，ウェブ上での支払いができる．プリペイド型電子マネーは，少額決済に適しており，クレジットカー

ド番号などの個人情報をインターネットに流すことなく匿名での支払いができる。また，専用ソフトや読取機も必要なく，ユーザー登録などの手続きも不要である。しかし，カードの流通経費などはクレジットカード型の決済システムに比べ，手数料率が高く，店舗でカードを購入しなければならないため，他の決済システムの完全な代替にはなっていない[15]。

(3) 仮想通貨

　われわれが日常使用するのは法定通貨である。法定通貨とは，国が法律で定め，価値を保証している通貨である。日本の円やアメリカのドルである。円は日本銀行券（紙幣）と硬貨（貨幣）で構成されている。国が決済や債務支払いの手段として認めている。しかし，仮想通貨には，①紙や貨幣などの実物がない（電子的にやりとりをするお金であるため），②世界中で取引できる（政府や中央銀行が管理する通貨ではないため，国を超えた取引が通信の世界で直接可能である），③価格の変動が大きい（円やドルは国の経済状況で価値が変動するが，仮想通貨は取引をする人の思惑で大きく変動しやすい）などの特徴がある。

　また電子マネーは，鉄道会社などの発行元に事前にお金を預けておくが，仮想通貨は発行元がなく，他人との直接やりとりが可能である。つまり，価値を認める人同士であれば，世界中の個人と取引可能である。仮想通貨には発行元がないが，取引参加者全員が取引を監視する仕組みであり，これが通貨の安定性を確保している。この技術をブロックチェーンと呼ぶ。

＜図表4-3　仮想通貨の取引の仕組み＞

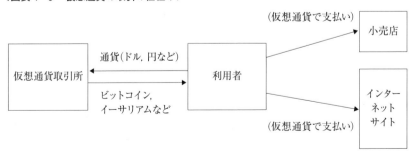

仮想通貨の代表とされるビットコインは2010年前後に誕生した。他にもイーサリアムやリップルなどの仮想通貨もある。日本には，世界最大規模とされるビットフライヤーやコインチェックなどの仮想通貨取引所がある（**図表4-3**）。最近は，仮想通貨の使用できる店舗や増加している。他方，政府は仮想通貨の存在を認め，法整備を進めており，2017年4月には改正貸金決済法では，基準を満たす登録業者のみ仮想通貨の交換を可能とした。

(4) インターネット・バンキング

　インターネット・バンキングは，コンピュータのネットワーク上での振込や預金の残高照会などの総称である。インターネット・バンキングは，1997年1月，当時住友銀行（現在の三井住友銀行）が日本で最初に導入した。当初は多くの金融機関が，専用ソフトをコンピュータに組み込む方式であったため，パソコン操作に慣れない利用者には，大きな困難があった。現在は，データを暗号化し，大半の金融機関はネット画面上ですべての操作が完結するシステムとなっている。各金融機関は，インターネット・バンキング経由のサービス拡充や，手数料優遇などをしている。

　通常の金融の場合，ネット・バンキングは既に開設している口座から，郵送やネット経由で申込みが可能であり，利用者には特別な手数料を徴収しない金融機関も多い。有料の方針をとる金融機関でも期間限定で無料にしたり，総合口座の利用状況に応じて手数料の引き下げもしている。

　ネット専業銀行などは，利用者は専用口座を開設する必要があるが，預金通帳ではなくネット上で，取引履歴管理を行っている。利用時間によってサービスに違いはあるが，残高や取引履歴の照会などは大半の金融機関では24時間対応である。また，振込手数料は店舗設置のATMよりも安価に設定されている。ネット・バンキングを申し込むと，携帯電話やスマートフォンのサービスにより，モバイル・バンキングが利用できる金融機関が多い。しかし，一旦，システム障害が起こると，インターネット専用銀行の場合，有店舗の金融機関に比べてその被害や影響が大きくなることもある。

第3節　リースとレンタル

1　リース

　リースとは，機械や設備など動産の場合，所有権移転である商的流通を伴わずに，モノの長期的な賃貸借契約で使用権または占有権を取得し，一定のリース料を支払うシステムである。このシステムを示したのが，**図表4-4**である。借手が必要な設備や機械の導入資金をその使用目的であるモノに変形して借手に融資する意味では，モノを融資する，つまり，物融的色彩がある。

＜図表4-4　リースのシステム＞

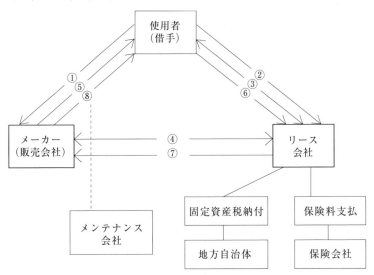

①商品の決定，②リース申込，③ファイナンス・リース契約，④売買契約，
⑤リース物件の搬入，⑥リース料支払，⑦リース物件代金の支払，⑧アフターサービス

　リース・システムを利用する使用者のメリットは，次の3点である。
①　陳腐化の早い機器などは，リース期間を実際の使用期間に応じて設定することで，常に新しい機器の使用が可能となる。

② リース料と使用料が同様のものと把握でき，原価把握が単純で，費用計算が容易になる。
③ 高額な設備や機械の場合，多額の資金を必要とせず，大きな資金の固定化を回避でき，運用資金の確保がしやすくなる。

また，生産者（メーカー）や販売会社などのサプライヤーのメリットは，次の3点である。
① 使用者に代わってリース会社が代金の支払いをするために確実に回収できる。
② リース契約の満了時に合わせて販売活動がしやすくなる。
③ 高額商品でも月々の負担により，使用者を見つけることができる。

2　レンタル

リース・システムとしばしば混同されるシステムにレンタル・システムがある。レンタル・システムは，事前にレンタル会社が，汎用性の高い設備や機械などを購入し，在庫として保有し，これらを不特定多数の使用者に数日または数週間，数ヵ月の範囲で比較的短期間賃貸するシステムである。また，リース契約は通常は2年以上，原則として中途契約の解除は認められないが，レンタル契約の場合，中途解約しても使用期間中の賃料だけを払えばよい（図表4-5）。

＜図表4-5　リースとレンタルの相違＞

	リース	レンタル
契　　約	物融であり，賃貸借類似の無名契約	民法で規定される賃貸借契約の典型
使用目的	長期使用に適する	短期使用や一時使用に適する
契約期間	契約期間を定め，長期契約	契約期間の定めがなく比較的短期
途中解約	解約不可	一定期間経過後はいつでも解約可能
中途解約違約金	違約金必要	違約金不要
保守契約	保守契約を別途申し込む必要がある	保守込契約
所有権	リース会社	レンタル会社
資産管理	リース会社	レンタル会社
支払い	長期固定均等支払い	変動支払いも可能

＊1 田口冬樹（1991）『現代流通論』白桃書房，32頁，石居正雄（1996）「商的流通」及川，呉，松木，沼野，三浦，石居『現代商業学の現状と課題（改訂版）』商学研究社，115頁
＊2 金森久雄，荒憲治郎，森口親司編（1986）『経済辞典（新版）』有斐閣，292頁
＊3 鈴木安昭（2004）『新・流通と商業（第3版）』有斐閣，22頁
＊4 雲英道夫（1997）『新講　商学総論』多賀出版，237頁
＊5 雲英（1997）『前掲書』，237頁
＊6 詳細は浜谷源蔵（1995）『最新　貿易実務（第2版）』同文舘，42-50頁参照。
＊7 雲英（1997）『前掲書』，237-238頁，鈴木（2004）『前掲書』，23-24頁
＊8 鈴木（2004）『前掲書』，24-25頁
＊9 柏木重秋（1991）『現代商学総論（3版）』同文舘，115-116頁
＊10 イギリスでは蝋燭の火が消える直前に最高値をつけた者を購入者に決定するセリがあり，日本では手振り符丁など独自の文化がある。
＊11 競売の読み方であるが，「キョウバイ」のほか「ケイバイ」という読み方をする場合があるが，これは一般に裁判所などが不動産や動産を処分する場合の法令用語として使われることが多い。1898年に施行された「競売（ケイバイ）法」という法律も存在したが，1979年に民事執行法に吸収された。
＊12 日本ではセリ売りというが，美術品の売買などでは，ハンマーの音とともに始まるオークションが一般的である。オークションは，増加を意味するラテン語が由来である。次第に価格を上げていく競り上げを英国型（イングリッシュ・オークション），次第に価格を下げる競り下げをオランダ型（ダッチ・オークション）という。
＊13 ICカード型の電子マネーは，Mondex International Co.（Master Card International Co.傘下）の「Mondex」，VISA International Co.の「VISA cash」やJR東日本の「Suica」のイオカード機能もこれに入る。ネットワーク型電子マネーは，CyberCash Co.の「CyberCoin」やKDDIコミュニケーションズの「Millicent」などがある。
＊14 電子財布は，インターネット上の電子モールなどで料金支払をするクレジット情報や貨幣情報を管理するソフトウェアである。電子財布は決済に使用するクレジットカード情報や実際の口座から引き落とした貨幣情報を保管する。
＊15 日本でのプリペイド型電子マネーには，ウェブマネー社の「WebMoney」やビットキャッシュ社の「BitCash」がある。

第 5 章

物 的 流 通

　現在の社会では，生産されたモノとそれが消費される場所（空間）の隔たりが以前より拡大している。物的流通（物流）は，生産と消費間の場所と時間の懸隔を架橋する。つまり物流は，生産過程を川上とすると，実際に生産されたモノを川下の産業用使用者や最終消費者まで移動することに関わる機能を果たす。

　モノの移動を輸送というが，モノは常に移動しているとは限らず，わずかの期間保管したり，長期間貯蔵したりすることも，生産されたモノが消費されるまでには重要な活動である。モノによっては取扱上，細心の注意が必要なものから，取り扱いが容易なモノまでさまざまである。したがって，モノの特性に合わせた物流活動が要求される。

　本章では，これまで伝統的に物的流通の範囲で扱われてきた輸送と保管・貯蔵活動からロジスティクスやSCMについて取り上げていきたい。

第1節　物的流通

1　物的流通

(1)　物流概念の誕生

　物的流通（physical distribution）は，流通（機能）の一部であるが，日本ではこれまで商業学の中では，ほとんど触れられなかった。商業経営論では輸送や保管・貯蔵などが取り上げられるが，物流機能ではなく，単なる活動として扱われ，各活動がバラバラに存在していた。物流という機能概念や言葉の誕生

は1960年代に入ってからである。

1960年代の日本は，消費財分野で急速に工業化が進み，生産分野では大量生産が行われるようになった。そこで，大量の生産物を物理的に移動させる問題に直面した。しかし，輸送する道路網や鉄道，港湾や倉庫などの社会的基盤（インフラ）が未整備のままであり，多くの労働力を必要とした。この分野の近代化が遅れていたために人件費が高騰し，モノの移動に支障が出るようになった。

このように1960年代には社会経済や個別企業において，モノの移動に関して看過できない問題が顕在化した。このような状況に対応するため，モノを物理的に扱う活動を統合的に考える必要があった。そして，アメリカの物流状況を視察した団体が，アメリカでの"physical distribution"という考え方を導入した[*1]。この物流概念の導入により，日本の物流は大きく変化することになった。

(2) 物流概念の浸透

日本で最初に物流概念が適用された分野は，荷役であった。荷役は，工場，倉庫，港湾などでのモノの積み込み，積み下ろし，積み換え，仕分け，荷揃え，運搬，移送等の作業を指す。1960年頃までは，この作業の多くは，人力に頼るのが一般的であった。このような労働集約的な仕事を機械化し，自動化することで，急増する荷役作業を効率化しようとした。機械化し，荷役作業を標準化するため，モノを乗せ，一定の大きさにユニット化する台であるパレット（pallet）の標準化が試みられた。

パレットの大きさは，保管棚の大きさや輸送するトラックの荷台の大きさにも影響し，輸送機器の大きさは道路幅や建築構造物の規格とも関係する。自動化には，荷役を起点とした関連輸送や保管の作業全体を統合化・標準化しなければならなかった[*2]。したがって，荷役という作業の合理化や自動化で始まった物流活動は，個別活動の合理化ではなく，物流システム全体の合理化につながっていった。

2　物流の種類

物流は，社会経済的視点でのマクロの物流と，個別企業視点でのミクロの物

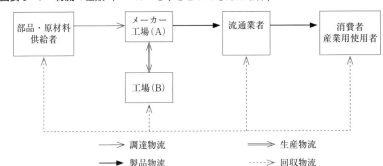

<図表5-1　物流の種類（メーカーを中心として考えた場合）>

⟶ 調達物流　　⟹ 生産物流
⟶ 製品物流　　┄┄> 回収物流

（出所）石川和男（2007）「流通機能と流通機構」青木・石川・尾碕・斎藤『新流通論』創成社，31頁

流に分けられる。通常，商業学で物流が取り上げられる場合は，ミクロの物流である。また，マクロの物流は交通論などで扱われる。

物流の種類は，モノの物理的・場所的・技術的移転，流通段階でのさまざまな過程に分類される。物流の種類も起点と終点により，調達物流，生産物流，製品物流，回収物流の4種類に分類される。メーカーを中心として考えた場合の物流の種類は，**図表5-1**に示している。

(1) 調達物流

調達物流は，生産者（製造業者・メーカー）を起点とすると，原材料やモノの購買にかかわる物流である。流通業では，卸売業者には生産者や川上の卸売業者，小売業者には生産者や卸売業者などからモノを調達する活動である。

(2) 生産物流

生産物流は，生産者であれば工場内や生産者の支店などにモノを供給する物流であり，企業内物流ともいわれる。最近は，大規模小売業者が独自の流通倉庫（流通センター）を所有し，生産者からの商品搬入は，流通倉庫経由で行うことが多いが，流通センターから，その小売業者の店舗までの物流も生産物流に含められよう。

(3) 製品物流

　製品物流は，顧客に納品するために生じる物流であり，販売物流または市場物流という。

(4) 回収物流

　回収物流は，一般的な川上から川下へという物流の流れとは反対に，返品，コンテナやパレット，包装資材，産業廃棄物，一般ゴミなどを回収するための物流である。回収物流は，行われる場合もあれば，行われない場合もある。近年は環境保護意識の高まりにより，リサイクルや再利用の面から急速に増加している。現在では，スーパーの店頭でのトレイや牛乳パックの回収，家電製品の廃棄での回収費用の徴収など，消費者を巻き込んだ回収物流の重要性が取り上げられている。回収物流によるリサイクルシステムは，日本は他国よりも進んでいる。

第2節　物流活動と物流業務の外部化

1　物流活動

　物流は，活動面では包装（packaging），荷役（materials handling），輸送・配送（transportation, delivery），保管（storage），在庫管理（inventory control），流通加工（processing for distribution），物流情報管理（data processing for physical distribution）に分けられる。しかし，すべてのモノの物流に，これらの活動がすべて必要ではなく，他の活動が必要なこともある。また，各々が単独の活動として成立せず，各活動が関係し，物流活動を効率的に進めることができる。

(1) 包　　装

　包装の目的は，モノが消費・使用時点で，理想的な状態で届けられるようにするため，衝撃，温度や湿度変化，害虫などから内容物を保護することである。

モノは一般的に完成すると包装される。生産の後，包装は流通過程や消費・使用場面で，取り扱いのしやすさのために行われる。また日本人にその傾向が強いが，包装されていないモノよりも包装されている方が見栄えがよいため，モノの価値を高める効果もある。

包装の種類は，個々のモノを包装する個装，個装されたモノを物流の段階で取り扱いやすくするための外部包装である外装，外装と個装の中間的な活動で，内容物保護のため，衝撃吸収材や防湿の材料などを入れる内装に区分される。

包装材料は，米を入れていた俵や穀物を入れていた麻袋は見られなくなった。かつてリンゴ箱は木製であったが，現在ではダンボールや発泡スチロール製が主流となり，包装材料が変化した。また，形状の規格化が進み，大きな単位を均等に分割し，小さな単位にし，隙間なく詰め込むことも可能である。他方，包装の省略が行われ，船やトラックに，直接，積み込むことも行われている。また，コンテナのように規格化された大型容器に，個装のままで収容する場合にも包装の省略がある[*3]。

近年は，環境保護のため，これまでの過剰包装の見直し，簡易包装が叫ばれている。他方，使用した包装材のリサイクルも進み，同じ用途での使用や，化学変化を加えて別のものとして包装材料を使用する動きが進んでいる。

(2) 荷　役

荷役は，物流過程での橋渡し的役割を果たす活動の総称である。場所（倉庫荷役，港湾荷役，空港荷役，屋外荷役など），輸送手段（貨車荷役，船舶荷役，トラック荷役，航空機荷役など），荷姿（バラ荷役，ケース荷役，パレット荷役，コンテナ（container）荷役など）に区分される。

これらの場所，輸送手段，荷姿を連続・連携し，効率化し，一定のユニットとしてまとめ，物流活動の機械化や，規格化を行うユニット・ロード・システム（unit road system）が注目されている。ユニット・ロード・システムには，パレットを使用するパレチゼーションとコンテナを使用するコンテナリゼーションがある。最近は，アパレル製品は，生産地から日本へ輸送する際，既にハンガーにかけられた状態で，店舗に送られるとすぐに店内に並べられる状態になっていることもある。

(3) 輸送・配送

　輸送は，モノを異なった地点間，たとえば生産地と消費地間を移動させる活動である。配送は，輸送の中に含まれ，顧客の注文に応じてモノをトラックなどで納品する場合など，短距離で小口のものを一般に指す。現在の輸送手段では，鉄道，自動車（トラック），船舶，航空機が代表である。
　輸送手段が複数あるのは，輸送されるモノの特質やコストによる影響のためである。

　① 陸上輸送

　陸上輸送は，鉄道，自動車（トラック），パイプラインによる輸送が主である。鉄道は，長い間，陸上輸送の主流であった。長所は，安全性・正確性が高く，天候の影響を受けにくく，大量・遠距離には輸送費用が安い点である。短所は，鉄道レールが敷かれている距離には限界があり，その末端でトラックなどに積み換える必要があり，柔軟性に欠ける点である。また，輸送時間が長くなるために輸送費用は安いが，販売時点で在庫水準が上昇し，生産拠点では大量輸送のために作りだめが行われ，結果的に在庫水準を上昇させる面もある[*4]。
　自動車輸送は，ほとんどがトラックであるため，トラック輸送といってもよい。トラック輸送は，戸口から戸口への輸送が可能で，機動性や迅速性に優れている。また，小口・近距離輸送には経済的であり，輸送するモノの温度管理が必要な場合，冷凍車，冷蔵車，あるいは1台のトラック内部で，別々に温度管理ができるようになり，機動的になった。さらにトラックの大型化と道路網の整備により，遠距離輸送も可能となった。
　しかし，トラックはほとんどがディーゼル・エンジンであるため，排気ガスの環境への影響は甚大である。これまでトラックは，比較的安価な輸送手段であったが，環境負荷を少なくする装置をつけなければならない義務も生じている。さらに交通渋滞や環境汚染の激しい地域に入る自動車に課金するロード・プライシングなどが実施されると，それらが輸送費に転嫁される可能性もある。
　パイプラインは，原油や石油製品，ガスなどの危険物を安全，低コストで輸送するのに用いられる。長所は荷役が不要であり，正確に輸送される。短所は，パイプラインが設置されている範囲に限られ，1種類のモノしか輸送できない

ことである。また，輸送商品の特性により，緊急の場合には制約を受け，安全性は高いが，一旦事故が発生すると，その危険性は大きく，被害も甚大になる可能性がある。

② 水上輸送

水上輸送は，一般的に海上輸送が多いが，大きな淡水の河川などを輸送することもある。水上輸送は主に船舶を利用した輸送が主流である。日本のように資源がなく，ほとんどを海外からの輸入に頼らなければならない国や地域には，重要な輸送手段である。長所は，大量・遠距離の輸送が可能で経済的なことである。特に船舶の大型化により，原材料輸送などに適している。短所は，輸送に時間がかかり，安全性や正確性は他の輸送手段に劣り，天候など自然環境の影響を受けやすいことである。さらに輸送費用自体は他の輸送手段に比べて経済的であるが，港湾での荷役はいまだに人力に頼るところもある。

③ 航空輸送

航空輸送は，近年，取扱量が増加している。長所は，迅速性に優れ，輸送中の振動が少ないため，損傷が少なく安全性が高い。また，荷造や包装が容易で，輸送信頼性も高い。短所は，生産拠点から販売拠点への輸送時間が短縮化できるため，在庫量も全体的に減少するが，輸送費用が相対的に高くなる。規制のため夜間発着が困難な地域があり，輸送能力の限界，空港周辺以外への輸送には別の輸送手段によらなければならないために機動性に欠ける面もある。

(4) 保　　管

保管は，生産と消費間の時間的な懸隔を架橋する流通機能であり，モノを物理的に保存する活動である。保管の理由は，生産時期や消費時期の集中，価格調整のためである。旬のある野菜が1年中食べられるのは，生産時期の集中を分散した保管活動のためである。また，感謝祭時期に七面鳥の消費が急拡大するが，これも消費時期の集中に合わせて保管されているためである。さらに多少の価格変動はあるが，ほぼ一定価格で肉や魚が食べられるのは，保管により価格が調整されるためでもある。ただ，グローバルな商品調達の影響もある。

保管する場所を倉庫という。倉庫には，大量のモノを長期間保管し，温度管理や盗難防止など，保管に必要な配慮がされている貯蔵倉庫（storage warehouse），短期間の保管だけで，検品や流通加工，出荷先別の仕分け，品揃え，包装などを行う流通倉庫（distribution warehouse）がある。

(5) 流通加工

流通加工は，モノの基本的機能を変換して価値を生み出す生産とは違い，基本的機能は変化させず，買手の欲求や用途に合わせて軽度の加工を加えることをいう[*5]。具体的には，切断，塗装，組み立て，小分け，再包装，袋詰，パック詰め，値札付け，ラベル貼りなどである。アパレル製品は海外で生産されることが多いが，製品の検品，商品のタグ付け，検針がある。また，器具機械の組み立て，化粧品セットの加工，教材セットの梱包・仕分け，海外向けに商品を加工し，輸出なども最近は頻繁に行われている。

流通加工は，流通倉庫，船舶など輸送中の船内，店舗，店舗バックヤードなどで行われる。流通加工は，最終需要により適合させ，無駄を最小限にとどめ，モノの形状の最終的な決定延期のためである[*6]。

流通加工が行われる産業の特質では次の3点が指摘されている[*7]。
① 加工度が高いこと
② 最終需要における嗜好の異質性が高いこと
③ 加工活動が労働集約的であるため加工生産者の規模が小さいこと

物流活動で流通加工が重要になったのは，全体の流通費用が節約可能となり，生産から消費までの時間短縮が重視されるようになっているためである。

2　物流業務の外部化

商業活動（流通活動）が行われ始めた頃は，物流活動も商人がほとんど行っていた。しかし，所有権移転を伴わない物流分野では，早くから経済性，効率性，安全性，専門性の面から物流専門業者が出現した。つまり，物流活動は，本来の商的流通を行う主体ではなく，それとは異なる業者の活動により発展したともいえる。

最近，さまざまな産業分野で業務の外部委託（アウトソーシング）が行われている。物流領域の外部委託は，輸送や保管など個々の物流活動を委託することではなく，物流管理業務全体を専門業者に一括して外部委託することを意味

する。それは，物流業務は専門的な活動が多いために荷主が管理するよりも，高度な経験とノウハウを持つ外部の業者に任せる方が効率的だからである[8]。これに対応するのが，サード・パーティー・ロジスティクス（third-party logistics：以下，「3PL」と略）と呼ばれる物流管理手法である。

 3PLは，ヨーロッパで浸透した契約物流方法である。商社や物流業者など第三者が，荷主から物流機能を請負う。3PLの業務は，荷主から委託された配送手配など2種類以上の物流業務を遂行する者から，荷主の物流システムの構築や効率化も含め，かなりの戦略的なアウトソースを請け負い，さまざまな機能を果たしている者まである。アメリカでは，物流のアウトソーシングは，規制があり困難であったが，1980年代に行われた輸送業の規制緩和に先立ち，規制緩和を契機として国際物流分野では3PLプロバイダーが現れるようになった[9]。これまでは欧米中心に拡大していた3PLであるが，日本では，運輸会社や生産者子会社の物流会社，商社系の3PLが現れたことで注目されている。

第3節　ロジスティクスと物流効率化

 現在，物流活動にかかる費用の高さが問題となり，物流の効率性と物流費用の低減化が問われている。これらの解決は，ロジスティクス（logistics）やSCM（supply chain management）という物流の新局面を示すものである。

1　ロジスティクス

(1)　ロジスティクスの由来

 最近は，先に触れた調達物流，生産物流，販売物流を統合的にとらえる動きが広がっている。これがビジネス・ロジスティクスまたは単にロジスティクスといわれる。かつてロジスティクスは，「戦略物流」と訳されることが多かった。ロジスティクスという用語は，アメリカで使用されていた軍事用語である「兵站」（へいたん）（前線で戦う部隊に向けて後方で車両，軍需品，食料，情報などの前送・補給・修理や後方連絡線の確保などを行う，戦略的活動や機関を指す）に

由来している。

　ビジネス分野でロジスティクスという用語は，1960年頃に使われ始めた。その後，アメリカで経営思想や経営技術として，ビジネス・ロジスティクスやマーケティング・ロジスティクスという言葉が使用された。ロジスティクスは，原材料，部品，完成品在庫の動きと，戦略的な在庫を企業の利潤拡大と適合するように管理する企画管理システムが，経営上の責任をどの程度果たしているかを明確にする包括的用語である[*10]。ビジネス・ロジスティクスの基本目的は，必要なときに望ましい立地で，適正数量で，できる限り費用を節約し，最終在庫品及び各種原材料を配達することである[*11]。

(2)　ロジスティクスの構成

　ロジスティクスは，調達，生産，販売に関するモノやサービスの組織的移動（付加価値在庫流）と，それを維持する情報流通（需要情報流）で構成される[*12]。モノやサービスの組織的移動には，輸送，在庫，保管，荷役，包装などがある。

＜図表5-2　ロジスティクス・マネジメントの概念図＞

モノの流れ（付加価値創造過程）

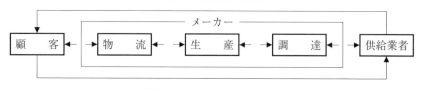

情報の流れ（情報伝達過程）

- 需要管理
- 配送日程管理
- 延期

- 基本生産管理
- JIT
- 伸縮性

- 供給管理
- 所要日程
- 反応性

統合データベース

- 顧客サービス成果
- 在庫圧縮

- 物流波動の平準化

- トータル・コスト最小化
- 製品の品質管理目標

（出所）　D. J. Bowersox, P. L. Carter & R. M. Monczka (1992), "*Materials Logistics Management*," M. Christopher (ed.), Logistics : The Strategic Issue, Chapman & Hall

また，情報流通には，顧客サービス管理，需要予測，調達計画，生産計画の立案などもある[*13]。つまり，これまでの物流範囲は，モノやサービスの組織的移動である付加価値在庫流であったが，ロジスティクス概念の導入で，物流が戦略的に考えられ，実際の活動範囲も拡大するようになった（**図表5-2**）。

したがって，ロジスティクス・システムの中で，原材料供給者，生産者，卸売業者，小売業者は，モノの流れに対して効率的で最適なシステムの構築と実践が要請される。ロジスティクスの考え方の導入により，モノの流れ全体が体系的に管理されるようになった。

日本で，ロジスティクスが紹介されたのは1965年以降で，物流が全体システムとして注目されるようになったのは1980年代，ロジスティクス戦略としてとらえられたのは，1990年代になってからである[*14]。最近では，○○物流に代わり，××ロジスティクスなど企業名に使用されることも増えた。

2　物流効率化を支える技術

(1)　EDI

EDI（electronic data interchange：電子データ交換）は，異なる組織や企業間で通信手段を共通化し，発注・在庫・納品・検品・請求などのデータを即時に標準規約に基づき，さまざまな文書を交換や調整をペーパーレスで行うことである。この作業により段階間で受発注データがオンライン処理され，受発注データから出荷指図，納品，代金請求などの関連伝票処理が自動的に作成される。EDIにより，受発注作業が省力化され，費用節約が可能となる[*15]。

(2)　ECR

高度ロジスティクス・システムの応用例が，ECR（efficient consumer response：効率的な消費者対応）である。ECRは，売手と買手が消費者欲求の効率的充足という共通目標のもと，協働関係を結び，モノの流通において川下から川上への需要データと，反対に川上から川下への在庫という2つの流れを調整し，統合するシステムである。

ECR導入の背景は，アメリカでの小売業の競争激化にあった。加工食品市

場でホールセール・クラブ（wholesale club : WC）やウォルマート（Wal-Mart）などのディスカウント・ストア（discount store : DS）が台頭し，スーパーマーケットのシェアを奪った。WC や DS が，日用雑貨品の顧客ニーズに迅速対応するクイック・レスポンス（quick response : QR）で効率化を達成し，加工食品でも効率化を実現した。そこでスーパーマーケットも QR を加工食品業界へと適用することになり，小売業者が ECR を始める動機となった[*16]。

ECR は日本にも移入され，情報を媒介とする企業間での協働により，消費者の欲求に対応，提案するようになっている。EDI やそれに連動する形で，ベンダー管理在庫方式，カテゴリー・マネジメント，クロス・ドッキングなどのいくつかの ECR 支援システムが構成されている。

① ベンダー管理在庫方式

ベンダー管理在庫方式（vender management inventory : VMI）は，納入業者に小売業の発注業務を委任するシステムである。自動在庫補充システムともいわれる。小売業とメーカーが需要予測をし，小売業から販売情報と店頭在庫の量がメーカーに伝達されると，店頭在庫の補充量が算出され，出荷を指示する。そして，事前に両者で決めた在庫管理目標により，在庫補充を自動的・継続的に行う。これまでの取引では毎回交渉が行われていたが，事前に決め，ルーチン化することで，取引費用の削減につなげている。

VMI は，1989年にウォルマートと P&G の紙おむつへの導入で始まった[*17]。日本では，花王とイオンの間で行われているのが有名である。花王製品の受発注，新製品導入や旧製品のカット，代金決済などを EDI により行い，VMI が店舗別の販売情報により受発注が管理される。つまり，イオンは，受発注業務が軽減され，ペーパーレス化や在庫の圧縮が可能となる。一方，花王は納品業務の計画性などが向上する。両社のみで取引が行われるだけではないため，販売情報漏洩の問題は残るが，両者のさまざまな費用削減とパートナーシップが強化されることになる。

② カテゴリー・マネジメント

カテゴリー・マネジメント（category management）は，小売業において消費者行動に基づき，商品をグループ化し，そのカテゴリー単位で費用分析や売場管理をし，収益性を向上させようとする。つまり，単品レベルでも部門レベ

ルでもないカテゴリー単位での管理となる。消費者行動に基づくため，小売業者特有のマネジメント色が強い。しかし，小売段階でのカテゴリー・マネジメントの成否は，卸売業者や生産者との協働行為であるため，それらとのパートナーシップに大きくかかわっている。

③ クロス・ドッキング

クロス・ドッキング（cross docking）は，荷合わせともいい，商品保管の機能を持たずに仕分け，転送のみを行う小売業の物流施設を指す。それは各生産者からの製品が，在庫を持たない中間拠点で荷合わせされ，小売業者などに配送するシステムである。この作業効率化には，生産者によるパレットの構成変更，発注・事前出荷明細の通知（advanced shipping notice：ASN）などのEDIデータ転送が必要となる（**図表5-3**）。

クロス・ドッキング・システムは，輸送費用を削減することが可能で，生鮮食料品では，納品リード時間の短縮，工場集約型の在庫管理が可能である。しかし，クロス・ドッキング用施設の設備投資には費用がかかり，規模の経済性を働かせるには，少量の場合，費用が余計にかかる場合もある。

<図表5-3　クロス・ドッキング・システムの概念図>

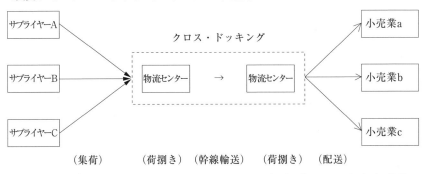

（出所）http://www.ichimiya.co.jp/tran/business/cross.html（一宮運輸ウェブサイト）（一部改）

第4節　サプライ・チェーン・マネジメント

1　サプライ・チェーン・マネジメント

　ロジスティクス概念が入ってきた頃の物流管理には，流通経路戦略と生産管理上の目標であるジャスト・イン・タイム（JIT）という目標があった。SCMは，ロジスティクス体系を調達市場から販売市場に至るまでの流れを1つのチェーンとし，その中で在庫配分，移動を費用とサービスを基準として，情報によって，経営レベルで高度に管理するものである。ロジスティクス・マネジメントでの活動管理というマネジメントの性格が，体系管理に変化し，そこにSCMの思想・方法が加わり，体系の明確さが求められるようになった[*18]。し

＜図表5-4　SCMの概念図＞

物　流

部分最適　→　全体最適

柔軟でよどみのないモノの流れ

サプライヤー ― メーカー（開発・資材調達・生産・販売・配送） ― 卸（流通） ― 小売（入荷・陳列・販売） ― 顧客

統合された情報技術によるリアルで精度の高い需要の共有

在庫量の計測／生産量の計測　　　　　　需要量の予測／市場情報の計測

（出所）　塩見英治（2003）「SCMの構築と課題」『企業研究』第2号，中央大学企業研究所，2頁（一部改）

たがって，サプライ・チェーンは，高度に統合化されたロジスティクス・システムであり，供給業者，顧客，関連業者が必要な情報を共有し，生産，販売，配送，在庫，情報処理などの計画を調整し，一貫したモノの流れを作り出すことを目的としている[*19]。

サプライ・チェーンが供給業者主導で管理・運営されるとき，SCMと呼ばれる。逆に消費需要に対応するように顧客主導で管理されるときにはQRと呼ばれる[*20]。

また，需要者側から見た場合，DCM（demand chain management）といわれることもある。つまり，SCMは，顧客に価値のある製品を提供するために，原材料供給業者，生産者，卸売業者，小売業者，顧客などが，企業や組織の壁を越え，全体で情報共有し，流通におけるモノの流れ全体を最適化するマネジメント・システムである。

2 SCMの進展と課題

アメリカでは，1990年代中頃を境にSCMの見方が変化した。それ以前のSCMは，企業間におけるロジスティクス機能統合の見方が強かったが，ビジネス・プロセスの統合として，顧客サービスの向上を重視する傾向が強くなり，企業連鎖の共通認識が形成されるようになった。日本では依然として，物流効率向上の視点からとらえることが多く，事業活動レベルでもロジスティクスの取り組みはアメリカよりも遅滞している[*21]。

マネジメント・システム効率化のためにサプライ・チェーンは，特定製品の原材料や部品供給者から顧客に至るまで，流通全体の在庫削減を目標にしなければならない。在庫が削減されるとモノの保管，荷役，陳腐化，在庫ロス，保険，管理に関する費用削減につながる。それにより商品回転率が上昇し，市場変化に対応した継続的な新製品の市場導入が可能となる[*22]。そのためにサプライ・チェーンでの情報共有化の推進が重要である。

一方，SCMの課題も3点指摘されている[*23]。
① いかにコラボレーションを構築し，全体調整を図るかという問題（相互にオープンで共生的なパートナーシップ確立の条件整備）
② いかにリーダーシップを発揮し，全体最適を図るかという問題（リー

<図表5-5 サプライ・チェーンにおける情報共有の進展段階>

情報共有の進展	• POSデータ	POSデータのリアルタイムでの共有
	• 共同在庫管理システム	全供給時点での原材料,仕掛品,完成品の在庫情報の共有
	• 継続的自動補充	需要変動幅の少ない定番商品や需要予測の立てやすい商品の自動補充システム
	• 消費者情報の共有	POSデータや,顧客カードなどのデータマイニングで得られた消費者情報の共有
	• 商品情報の共有	マーケティング情報(販売促進,新製品開発,価格設定,原価,ロジスティクス)の共有
	• 共同製品計画	新製品,製品改良についてのコラボレーション

(出所) 田村正紀(2001)『流通原理』千倉書房,307頁(一部改)

ダーシップ,調整のシステムの主体としての第三者,協同機構,集合組織,パートナーとの協調や連携の問題)

③ 日本的取引慣行の障害克服(物流拠点の多さと日本の流通費用の高さ)

こうした日本での系列取引の慣行をどの程度解決できるかということにかかっている。

第5章 物的流通

* 1　中田信哉（1993）『商業学の講義』白桃書房，194頁
* 2　橋本雅隆（2002）「物的流通」宮原義友編著『商学概論』同文舘，110頁
* 3　鈴木安昭（2004）『新・流通と商業（第3版）』有斐閣，38-39頁
* 4　矢作敏行（1996）『現代流通』有斐閣，100頁
* 5　矢作（1996）『前掲書』，28頁
* 6　鈴木（2004）『前掲書』，46頁
* 7　田村正紀（2001）『流通原理』千倉書房，151頁
* 8　八ツ橋治郎（2000）「物流業」小宮路雅博編著『現代の流通と取引』同文舘，87頁
* 9　宮下國生（2002）『日本物流業のグローバル競争』千倉書房，21頁
* 10　D. F. Wood, A. Barone, P. Murphy & D. L. Wardlow (1995), *International Logistics*, Chapman & Hall, pp. 2-3
* 11　D. J. Bowersox (1974), *Logistical Management*, pp. 13-14（ここでは，個別企業の視点からロジスティクスを①物的流通管理（physical distribution management），②材料管理（material management），③ロジスティカル管理（logistical management）の3つの主要な管理的業務に区分している。及川良治編（1997）『マーケティング通論』中央大学出版部，210頁）
* 12　D. J. Bowersox, D. J. Clooss & O. K. Helfrich (1986), *Logistical Management*, Macmillan, pp15-20, D. J. Bowersox & D. J. Clooss (1996), Logistical Management, *The Integrated Supply Chain Process*, McGraw-Hill, pp. 33-39
* 13　宮下國生（2002）『日本物流業のグローバル競争』千倉書房，1頁
* 14　西澤脩（1991）『物流費の会計と管理（改訂版）』白桃書房，八ツ橋治郎（2000）「物流業」小宮路雅博編著『現代の流通と取引』同文舘，81頁
* 15　矢作敏行（1996）『現代流通』有斐閣，105頁
* 16　尾崎久仁博（1998）『流通パートナーシップ論』中央経済社，186頁
* 17　矢作（1996）『前掲書』，105-106頁
* 18　中田信哉（2001）『ロジスティクス・ネットワークシステム』白桃書房，2-4頁
* 19　矢作（1996）『前掲書』，103頁
* 20　B. Lowson, R. King & A. Hunter (1999), *Quick Response : Managing the Supply Chain to Meet Consumer Demand*, Wilkey，消費多様化に対応するために速度の経済の実現がQRによって可能となるため，QRが流通機能行為の加速化をさらに進めた流通システムであることから，QRをサプライ・チェーンという言葉の意味で使用している。（田村正紀（2001）『流通原理』千倉書房，306-307頁）
* 21　塩見英治（2003）「SCMの構築と課題」『企業研究』第2号，中央大学企業研究所，

2-3頁
*22 田村（2001）『前掲書』, 307頁
*23 塩見（2003）「前掲論文」, 11-12頁

第6章

情報流通

　流通フローには，商的流通，物的流通と並んで，情報流通がある。所有権移転やモノの移動や保管には必ず情報が付帯する。情報流通は，これまでは商流，物流に付随する活動ととらえられることが多かった。特に商業学や流通論では，情報流通を第7章で取り上げる流通補助機能の1つとして位置づけられることもあった。しかし現在では，情報流通によって，所有権移転やモノの移動，保管においても大きな影響を受けるようになった。つまり，情報により商流や物流が生まれたり，さまざまな価値が生み出されているといえる。

　本章では，情報伝達機能を流通機能を構成する重要な機能とし，生産者（製造業者，メーカー）や流通業者が情報を得る方法について考えていきたい。

第1節　流通情報

1　情報の特性

ここでは情報の一般的特性を9点に整理しておく[*1]。

① 消費における共同性

　他人が同様の情報を消費することを妨げられず，一旦入手した情報は誰でも消費可能である。

② 品質の事前確認が不可能

　情報は作られ，使用される場合も，その価値は事後的に明確になる。

③ 非減少性

　使用により量的に消滅・減少しない。

④ 複製可能性

一旦入手した情報は，ほとんど特別な努力を必要とせず複製可能である。
⑤ 不可分性
部分的に分割されると本来の価値が減少，消滅する可能性がある。
⑥ 累積効果性
他の情報と組み合わされることで新たな効果を生む。
⑦ 不可逆性
取引により移転され，公開された情報は元の状態に復元不可能である。
⑧ 外部性
情報共有の程度により価値が高まる場合と低下する場合がある。また，時間経過により，価値が低下することがある。
⑨ 相対価値性
情報価値は，それを利用する者との相対関係により決定し，情報の価値は最終的にはそれを理解する者の能力に規定される。

2 流通情報の種類と特性

生産者，流通業者，消費者間で伝達され，蓄積される情報は，取引情報，物流情報，市場情報[*2]，プロモーション情報に大別できる。

(1) 取引情報

取引情報は，所有権移転に関する情報であり，次の4つがある[*3]。
① 交渉情報
　特定商品の買手や売手を探索し，条件について交渉し，説得することに関する情報
② 受発注情報
　買手が購入を決意し，売手にその意思を伝達するための発注情報，売手が発注に受諾したことを示す受注情報
③ 所有権移転情報
　販売契約や売買契約の締結，実行，所有権の移転を確認する情報
④ 代金支払情報
 a) 出金（支払）・入金（受領）に関する情報

b）金融機関などへの支払指示情報・金融機関からの入金情報
c）売掛金，買掛金に関する情報

(2) 物流情報

物流情報は，物流に関する運送，保管，荷役，包装などに関する情報である。特に在庫（入出庫）情報，現在高（店頭・倉庫）情報，輸送（a. 発送・着荷，b. 輸送業者との間の輸送指示・着荷）情報などがある[*4]。

これまで物流情報は，消費者にはそれほど身近ではなかった。しかし，個人や企業が，個人に荷物を送る宅配便が発達し，各々の荷物伝票の番号を電話で問い合わせたり，パソコンに入力することで，個別の荷物について輸送状況や保管状況がわかるようになり，物流情報は身近なものとなった。

(3) 市場情報

市場情報は，流通する商品の最終市場に関する情報であり，広義には取引情報や物流情報を含む。つまり，取引情報のうち買手から売手への情報と重複し[*5]，物流情報でも重複する部分がある。しかし，生産者や流通業者が，独自に市場から情報を得ることもあり，それらは商流や物流の方向とは逆の情報である。市場調査機関による消費者や使用者の需要調査，競争相手や競争商品に関する競争情報も市場情報である。

取引情報・物流情報は，広告代理店，民間放送社，新聞社，出版社などの市場調査機関が行う流通情報との相違点として4点指摘されている[*6]。

① 大量自然発生（販売データや受発注データ，在庫データは日々の流通活動で発生し，膨大な量のデータがレジ業務の副産物として発生する）
② 情報更新速度が速く，日々の流通活動により古い情報は更新される
③ 収集，処理，伝達はネットワーク構造の中で行われる（流通業者や生産者など情報発生源は多数分散しているが，それらの情報は中央で集中して収集分析している）
④ 定量情報（販売情報や受発注・在庫情報は流通活動を量的にとらえており，機械処理に適しており，情報技術の導入が容易である）

一方，狭義の市場情報は，消費者ニーズのように，取引情報や物流情報とは

対照的な性格がある。たとえば，需要情報はデータ収集の必要があるために情報量が少なく，収集には時間と費用を要する。また，日々の取引情報や物流情報とは異なり，更新速度も遅い。競争相手の行動や競争商品に関する競争情報は，販売実績や受発注・在庫情報のように大量に自然発生したり，情報更新は速くはない[*7]。

第2節　市場調査とその方法

1　市場調査

(1) 市場調査

　市場調査とは，「供給者から需要者の手中に商品ならびにサービスが渡り，使用・消費されるまでの商品の流通過程を調査対象とし，その質的側面ならびに量的側面に関しての調査研究であり，さらにその変化を研究するものである[*8]」とされる。

　取引情報と物流情報は，情報整理に時間と費用がかかるが，一度システム化されると，収集者が特別の努力をしなくても，取引や物流活動に付随して入手できる。他方，市場情報は，時間と費用をかけて入手しなければならない。特に，消費者の需要情報は，マーケティング全体に関連する問題として調査する必要がある。

　市場調査と同義語のように使用される言葉にマーケティング調査 (marketing research：マーケティング・リサーチ) がある。1987年にAMA (American Marketing Association) が，マーケティング・リサーチを「消費者，顧客，及び公衆を情報を通して，マーケティング経営者にリンクする機能である。情報とは，マーケティングの機会と問題を確認し，明確にするのに用いられる情報であり，マーケティング活動の生成，洗練そして評価であり，マーケティング実績のモニターであり，1つのプロセスとしてマーケティングの理解を改めるものである」とした。その調査手続きとして，「情報収集のデザイン，データ収集方法の管理と実施，結果の分析，その調査の含意の伝達な

ど，これらの諸々の点の説明」をあげた。つまり，マーケティング・リサーチは，個別企業がマーケティング活動のために行う調査であり，市場調査は個別企業の枠にとらわれず，マーケティング・リサーチを含めたさらに広い概念である。

(2) 1次データと2次データ

利用したいデータが，既に官公庁や民間の調査会社などが調査している場合，信頼でき，企業や組織が入手したいものであれば，改めて調査する必要はない。それは新たに調査するよりも安価なためである。このような既存データを2次データという。ただデータの採用は，正確性，信憑性，的確性，適時性に注意する必要がある[*9]。2次データがない場合，時間と費用をかけて調査する必要がある。特別の目的により収集するデータを1次データという。つまり，1次データは利用者の直面する問題に直接関係するデータである。

2 市場調査の種類

(1) 調査対象の数による分類

市場調査は，その種類によらず，調査対象全部あるいは，一部を調査対象とするかで区分される。全部を対象とする調査を悉皆調査または全数調査，一部のみを調査する場合を標本調査という。

① 悉皆調査

悉皆調査とは，調査対象すべてを対象とする調査である。悉皆調査の代表は，日本で4年毎に全世帯を調査している国勢調査がある。調査対象が限定される場合，全対象を調査した方がより正確性が得られる。

② 標本調査

標本調査は，調査対象の一部を切り取り，その結果に全体を反映させる調査であり，サンプル（sample）調査ともいわれる。標本調査では，切り取った一部が全体を代表するように注意しなければならない。全調査対象を母集団といい，母集団から一部の標本を抽出する。抽出方法には，作為的に特定の標本を抽出する有意抽出法もあるが，一般的には無作為抽出法が採用される[*10]。最

近は，消費者や小売店などでは特定の標本に対して一定期間，時間的間隔をおいて時系列データをとるパネル調査も行われる。

(2) 調査方法による分類

調査方法には，大きく分けて観察法（observation method），質問法（survey method, survey research），実験法（experimental method）の3つの方法がある。

① 観 察 法

観察法は，被調査者を観察する方法である。これは建設機械などの使用状況など生産財などに見られる。消費者が被調査者となる場合は，グループ・インタビューなどにより，消費者が話しているのをマジック・ミラー越しに見たり，小売店舗内での行動を店舗カメラを通して観察する。長所は，消費者に直接質問しても得られないような微妙な行動が調査でき，費用もそれほどかからない。しかし，行動に現れる表面しか見ることができないため，観察した後に面接して質問することもある[*11]。

② 質 問 法

質問法は，被調査者に質問用紙，面接，電話やインターネットなどで質問し，データを収集する方法である。質問法には，個人面接法（personal interviews），電話調査法（telephone interviews），郵送調査法（mail survey），留置調査法，インターネット調査法などがある。

　a．個人面接法

個人面接法は，調査者が被調査者を訪問するなど，直接面接し，調査する方法である。これは消費者調査に限らず，市場調査や社会調査でも採用される。長所は，被調査者本人を確実にとらえられ，他人と間違うことが少なく，他人が本人になり代わっての回答もない。調査者が優秀であれば，調査票の不備を調査過程で指摘でき，調査票にはない重要情報を被調査者から引き出すことも可能であり，他の調査に比べ回答率も高い。短所は，費用がかかり，良質な調査員を集めるのが困難であり，調査員が調査せずに書き込む不正が起きたり[*12]，調査員の質問方法で回答が影響される面である。

　b．電話調査法

電話調査法は，電話により被調査者に質問し，回答を得る調査方法である。

長所は，費用が安く，回答をすぐに引き出せ，1ヵ所に調査者を集めて調査ができ，その管理が容易なことである。短所は，固定電話（有線電話）で行う場合，固定電話を使用しない世帯の増加により，全体を標本とする場合には偏りが生じる。また，簡単な質問しかできず，勧誘の電話と思われたりなど，協力が得られないこともある。

　c．郵送調査法

　郵送調査は，被調査者に質問表を郵送し，回答，返送してもらう方法である。長所は，費用が安く，調査対象地域を広範にとることができ，調査員を必要とせず，簡単な手順で調査が可能であることである。短所は，返送に対して謝礼などのインセンティブ（誘因）がない場合，調査票の回収率が低く，被調査者自身が回答したかどうかが分からないことである。また，回答漏れが発生しやすく，調査内容が表面的，形式的なものになり，回収に時間と手間がかかる[*13]。

　d．留置調査法

　留置調査法は，予め調査者が被調査者の家庭や職場などに質問表を配布し，記入方法を指示，回答してもらい，後日指定日時に回収する方法である。長所は，面接調査では回答しにくい内容でも実施でき，回収率が非常に高いことである。短所は，被調査者が回答したか不明であったり，個人を対象としているのに家族等と相談しながら記入したり，回答の記入漏れが生じやすいことである[*14]。つまり，他者の影響を受けやすい面がある。

　e．インターネット調査

　インターネット調査は，インターネットにより被調査者に質問し，回答してもらう方法である。長所は，費用が非常に安く，調査対象地域が広範囲に及び，回答者は時間を問わず回答でき，結果を早く回収できることである。短所は，インターネットを介しての調査であるため，被調査者の標本に偏りが生じやすくなる。また，回答者が不明であったり，信憑性にも問題がある。さらにインターネット調査が増えているために調査に飽きていたり，回答者のプライバシー保護の問題も生じる。

　③　実　験　法

　実験法は，実験により調査対象の反応を観察し，情報を得るものである。新製品を一定地域限定で販売した後，その結果がよいと判断した場合，製造ライ

ンを確保した上で，全国発売する。一般にテスト・マーケティングと呼ばれる。小売店では，商品の陳列方法を変化させ，その売上変化を見る場合がある。たとえば，食品は野菜，肉，魚などに売場が分かれているが，冬場のおでんの季節になると，必要な具材を1ヵ所に集めたりしている。これらは実験法で得られた陳列の反映である。

(3) プロモーション情報

　プロモーションの種類には，人的販売（personal selling），広告（advertising：AD），販売促進（sales promotion：SP），パブリシティ（publicity），製品（product），パッケージ（package），ラベル（label），CI（corporate identity）などがある。

　プロモーションには，広義のプロモーションと狭義のプロモーションがある。AMAの定義によると狭義のプロモーションは，「消費者の購買やディーラーの効率を刺激するマーケティング活動のうちで，人的販売，広告，パブリシティを除くもの」とされている。したがって，広義のプロモーションはこれらすべてを含んでおり，狭義のプロモーションは，販売促進（セールス・プロモーション）を意味する。

① 人的販売

　人的販売は，営業担当者や販売員など人を介し，売手が買手となる消費者などに口頭で行う販売活動である。買手の反応を見ながら行う販売活動なので柔軟性がある。この場合，売手（説得者）の能力が高いほど，その効果が期待できる。販売員には，新規顧客の獲得を目指して行うオーダー・ゲッター（order getter），既存の取引関係の維持と強化を主とするオーダー・テイカー（order taker），受注活動よりも顧客支援や販売支援を主とするミッショナリー・セールスマン（missionary salesman）がおり，各々役割がある[*15]。

　人的販売は，販売する商品やサービス，その場の状況に影響されることがしばしばある。日用品や食料品などは，広告に大部分のプロモーション予算を割くが，産業財などはほとんどが人的販売に予算を割いている。そのため，人的販売はその性質上，購買頻度が低い高額商品や産業財に向いているプロモーションである。

高額な商品や産業財などを販売する場合，パートタイマーやアルバイトでは十分機能しないため，常勤販売員を長期間雇用しなければならない。そのため，トレーニング費用や報酬などが，長期間にわたり発生するため，雇用は慎重にならざるを得ない。

② 広　　告

AMAによる広告の定義は，「明示された広告主によるアイデア，商品，もしくはサービスについての有料形態の非人的提示及び促進活動[*16]」とされている。詳しい定義では，「非人的メッセージの中に明示された広告主が所定の人々を対象にし，広告目的を達成するために行う商品・サービスさらにはアイデア（考え方，方針，意見などを意味する）についての情報伝播活動であり，その情報は広告主の管理可能な広告媒体を通じて広告市場に流されるものである。広告には企業の広告目的の遂行はもとより，消費者または利用者の満足化，社会的・経済的福祉の増大化などの機能をも伴うことになるのはいうまでもない。企業の他に，非営利機関，個人などが広告主となる場合もある[*17]」がある。

③ （狭義の）セールス・プロモーション

セールス・プロモーションは，対象では消費者，流通業者，販売員がある。

　a．消費者向け

消費者に対するセールス・プロモーションは，試供品（サンプリング：sampling）の提供，景品（プレミアム：premium），懸賞（contest），商品購入時にプレミアがもらえるトレーディング・スタンプ（trading stamp），ポイント・カード利用によるポイント・プログラム，実演販売（demonstration），増量パック（個数や容量で増加される），展示会などがある。最近，食品メーカーなどは，安全性強調の面から製造現場を消費者に公開している。そのための工場見学などもセールス・プロモーションに入れてもよい。

　b．流通業者向け

流通業者向けセールス・プロモーションは，展示会や見本市，店内の陳列を競わせるコンテスト，多様なリベート，販促用品提供，小売店での作業などを手伝うディーラー・ヘルプス（dealer helps），特別出荷，アローワンス，価格引下げ，特別陳列などがある。

c．販売員向け

販売員には，販売技術や販売量を競うコンテスト，プレミアム，セールス時に用いる説明用具の提供などがある。また，販売員に新製品に関心を持たせるための販売促進会議もセールス・プロモーション機能がある[*18]。

④　パブリシティ

パブリシティは，企業が主に新聞やテレビなどのマス・メディア（媒体）に対し，企業の活動や新製品などの情報を提供し，メディア側がニュース価値があると判断した場合，情報として取り上げるものをいう。広告と似たような形で消費者に伝達されるが，その費用負担と管理権はメディア側にある。広告との決定的な違いは，広告は管理権が広告主にあり，費用も広告主が負担する。パブリシティは，通常は費用はかからない。また情報を提供した企業にメディアでの管理権はなく，メディア側もその情報に管理責任を持つ必要がない[*19]。最近は，パブリシティとして取り上げられることを期待し，情報の提供者（企業など）が広告代理店に依頼し，記者会見の設定や情報をメディアに伝達してもらう有料パブリシティ（paid-publicity）もある。

⑤　その他

その他に販売促進になるものとして，①製品それ自体，②パッケージ，③貼付ラベル，④企業らしさを外部に対して訴求するCI（Corporate Identity：コーポレート・アイデンティティ）などがある。

第3節　流通情報システムの進展

流通情報システムを支持するものでは，POS（point of sales）システム，EOS（electronic ordering system：電子発注システム），ICタグなどがある。

1　POSシステム

(1)　POSシステム

POSシステムは，日本語では「販売時点情報管理システム」といわれる。POS（ポス）という呼び方が一般化しており，商品のバーコード[*20]を読み取

第6章　情報流通

るためスキャニング・システム（scanning system）ということもある。バーコードに含まれる情報は、**図表6-1**に示している通りである。

旧通産省ではPOSシステムを「従来のキーイン方式のレジスターではなく、自動読取方式のレジスターにより、商品単品ごとに収集した販売情報、ならびに仕入、配送などの活動で発生する各種情報をコンピュータに送り、各部門が有効に利用できるよう情報を加工・伝達するシステムで、いわば小売業の総合経営情報システム」としている。

POSシステムは、小売店などの店頭で販売した商品の販売数量をその時点で把握し、すべての取引ごとにSKU（stock keeping unit：在庫管理の最小単位）でPOSデータを瞬時に管理するシステムである[21]。POSシステムは、小売業の総合経営情報システムだけではなく、生産者（メーカー）や卸売業の生産や経営情報にも大きな影響を与えている。

POSシステムから得られるPOSデータは、顧客が購入した商品を単品毎にコンピュータに蓄積した情報である。販売時点で生産者や小売店が行ったプロモーションや、その日の温度や湿度など天候情報などが付加されることも多い。販売条件に関するデータは、コーザルデータ（因果データ）と呼ばれ、POSデータと組み合わされ、商品の価格設定や店頭でのプロモーション活動、受発注作業の効率化に利用されている[22]。

＜図表6-1　バーコードの図・説明＞

日本における標準的バーコードの規格…JAN（Japanese Article Number）

　POSによる商品管理は、標準的には右図のような13桁の数字を表すバーコードを利用して行われる。光学式読みとり装置でバーコードの線が読み取られ、その線の太さにより、数字が認識される。
　13桁の数字の内で、最初の2桁の数字が国名、次の5桁の数字が会社名、その次の5桁の数字が商品名を表す。最後の1桁の数字は、それの前の12桁の数字のエラー・チェックをするための数字である。

(2) POSシステムの活用

アメリカでは，POSシステムの導入は，レジ作業の効率化，レジ作業員のトレーニング期間の短縮，チェッカーの打ち間違いや，従業員による万引き防止のためであった。日本では，POSデータを小売店の商品品揃えに活用し，売れ筋商品や死に筋商品の把握に利用している。POSの活用により，商品が単品単位で把握できるようになり，マーチャンダイジングに貢献している。

POSデータ分析により，価格効果，陳列効果，インストア・プロモーション効果，特にチラシ広告などの広告効果の把握などの検証も可能にしている。また特定の顧客情報をスキャンパネル[23]情報として登録し，関連購買分析，ブランド・スイッチ状況やマス広告効果の把握などの検証も可能である[24]。

しかし，取扱商品ではない商品は，どれほど売れている商品でも売れ筋商品とはならず，消費者の求める商品の品切れや取扱いがない場合，代替的に選択された商品が売れ筋とみなされることもある。つまり，POSシステムも万能ではなく，勘や経験などによる人間的な意思決定も必要となる。

2　EOS

EOSは，小売業者や卸売業者が発注する際，以前のように伝票や電話，FAXではなく，コンピュータや通信回線により，発注データを企業内だけではなく取引企業間のネットワークでオンラインで交換するシステムである。小売業ではPOSの導入が進展したが，現在はさらに発展させ，EOSとPOSを組み合わせた総合的な小売情報ネットワークの構築が目指されている。

EOSの普及理由は，次の5点が指摘されている[25]。

① 多品種少量ニーズから商流と物流のローコスト化が不可欠となったこと
② 他の情報システムと比較してコスト評価が容易であること
③ EOS化を支援する関連システム事業が登場したこと
④ EOS用のビジネス・プロトコル（企業間でのデータ交換に必要とされる伝票，商品コード，企業コード，バーコード，データ交換フォーマット，伝送制御手順などの取り決め）の標準化及び整備が進展したこと
⑤ 卸売業や生産者の小売業に対するEOS，POSシステムなどの導入，運

<図表 6-2 セブンイレブンの第 6 次情報システム>

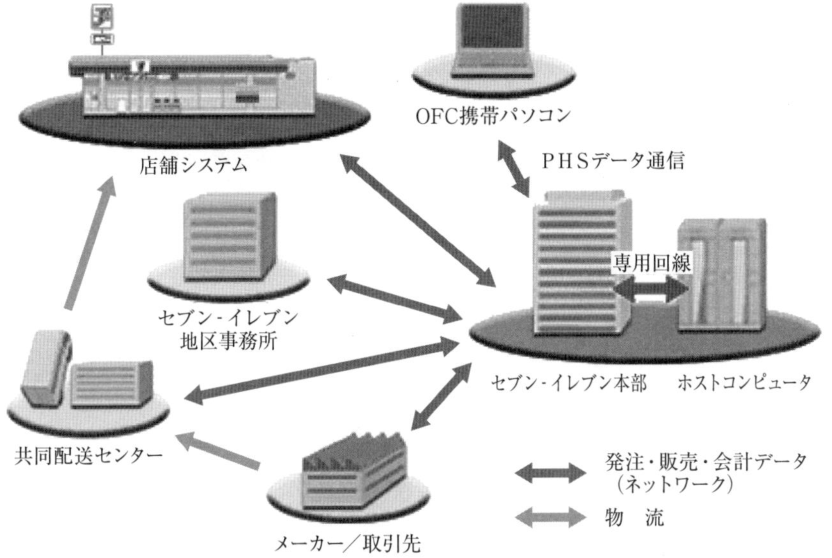

（出所）http://www.sej.co.jp/company/aboutsej/info_01.html（セブンイレブン・ジャパンウェブサイト）

用支援体制の整備が進展したこと

EOS は，大量の受発注処理を，正確に短時間で行い，品切れの解消により，販売機会の喪失を減らすことができる[*26]。小売店では品切れによる販売機会損失をなくすため，店舗と本部間だけではなく，取引先ともネットワークを構築し，生産者，卸売業者，小売業者を含めた企業間のオンライン受発注システムが普及している[*27]。**図表 6-2** は，先進的とされているセブンイレブンの第 6 次情報システムの全体図である。

3　IC タグ（RFID）

IC（integrated circuit）は，極小の IC チップとアンテナにより構成され，チップ内の情報を無線通信で読み取るものである。生鮮品の産地証明，万引き防止などに幅広く利用可能である。現在，タグ付きシールを生鮮品に貼り付け，生産履歴追跡（トレーサビリティ）などに利用する実験が行われている。

<図表6-3　ICタグと他の認識システムの比較>

	非接触ICタグ	バーコード	二次元コード	共振タグ
最大情報量	数1000桁	数10桁	1000桁程度	14パターン
書き換え	可能	不可	不可	不可
大きさ	比較的大きい	小さい	極めて小さい	小さい
耐環境性（汚れ）	強い（封止材選択）	極めて弱い	極めて弱い	強い（封止材選択）
複数同時認識	可能	不可	不可	不可

（出所）http://www.dnp.co.jp/ictag/ictag basic/ictag.html（大日本印刷ウェブサイト）

　ただ，現在POSシステムを支えるバーコードが普及しており，ICタグの普及には，バーコードよりも安価で優れたシステムとする必要がある。ICタグは，複数同時に読み取ることができ，バーコードを付した製品（商品）のように1つひとつを読み取る手間が省ける。

　短所は，読取段階で，読み残しが起きたり，タグを商品から外さなければ，商品情報を他人に知られ，プライバシーが侵害される可能性があることである。また水や湿気に弱いことも指摘され，その場合は生鮮品や日配品では適さない。したがって，製品（商品）流通上は優れているが，消費段階での短所がある。

　ICタグと他の認識システムの情報量などの比較は，**図表6-3**の通りである。

* 1　堀良（1996）「情報流通」『現代商業学の現状と課題（改訂版）』商学研究社，195-196頁
* 2　矢作敏行（1996）『現代流通』有斐閣，117頁
* 3　鈴木安昭（2004）『新・流通と商業（第3版）』有斐閣，52-53頁
* 4　鈴木（2004）『前掲書』，53頁
* 5　鈴木（2004）『前掲書』，53-54頁
* 6　矢作（1996）『前掲書』，118-119頁
* 7　矢作（1996）『前掲書』，119頁
* 8　出牛正芳（1990）『市場調査入門（第16版）』同文舘，5頁
* 9　柏木重秋（1993）『マーケティング（4版）』同文舘，54頁
*10　無作為抽出法は，①単純無作為抽出法（母集団に番号をふり，乱数により標本を選択する），②等間隔抽出法（一定の間隔で標本を選択する），③集落抽出法（母集団をその縮図であるいくつかのグループに分け，そのグループを抽出し，悉皆調査する），④層化抽出法（母集団を性別，年齢，収入などによりいくつかの層に区分し，それぞれの中から各層の大きさに比例するように標本を抽出する）などが代表的である。
*11　柏木重秋（1991）『現代商学総論（3版）』同文舘，169頁
*12　柏木（1991）『前掲書』，169-170頁
*13　柏木（1991）『前掲書』，170頁
*14　柏木（1991）『前掲書』，171頁
*15　恩蔵直人（2001）「コミュニケーション対応」『マーケティング戦略（新版）』有斐閣アルマ，219頁
*16　"Report of the Definition Committee (1948)," *Journal of Marketing*, XII, No. 2, p. 202
*17　小林太三郎（1983）『現代広告入門』ダイヤモンド社，10-12頁
*18　柏木重秋（1992）「プロモーション」及川良治編著『マーケティング通論』中央大学出版部，225頁
*19　大友純（2002）「プロモーション戦略」澤内隆志編著『マーケティングの原理』中央経済社，112頁
*20　この商品コードは，製造段階で商品そのものや包装につけたもので，ソース・マーキングという。また，小売店などの店舗でつけられる場合は，ストア・マーキングといわれる。バーコードは，1978年にJISに制定されて以降は国際的にも互換性を持つコードであるJANコード（Japanese Article Number Code）がPOSシステムではよく用いられるものである。
*21　岩本勇（2000）「流通情報システム」小宮路雅博編『現代の流通と取引』同文舘，

94頁
* 22　小川孔輔（1993）「POSとマーケティング」法政大学産業情報センター，小川孔輔編『POSとマーケティング戦略』有斐閣，2頁
* 23　店頭での生産時に購入品目をスキャニングする店頭スキャン方式の他，消費者の購買履歴を入手するため，家庭内で調査パネルが購入店舗や購入品目等を入力するホームスキャン方式もある。
* 24　柏木重秋（1991）『現代商学総論（3版）』同文舘，195-196頁
* 25　浅野恭右（1990）『流通VANの実際』日本経済新聞社，60頁
* 26　田口冬樹（2001）『体系流通論』白桃書房，75頁
* 27　田口（2001）『前掲書』，75頁

第7章

流通補助機能

　金融は，資金のある個人や組織が資金を必要とする個人や組織に融通する活動である。このような活動は，日常のさまざまな局面で見られ，個人レベルでも，企業レベルでも行われている。

　流通において金融が必要になるのは，商品の受渡し日時と代金の支払い日時が一致しないときである。売手が後払を認め，代金回収を一定期日まで猶予することは，買手には購買の誘因となる。この時間的な差は，以前は商人が担当していた。その後，商人の金融活動が，拡大・分化し，銀行など各種金融機関が担当するようになった。

　流通活動では，さまざまな危険が発生する可能性がある。流通過程で発生する危険は，在庫を生産，卸売，小売の各段階に分散させ，危険を社会的に分担する方法もある。本章では，資金調達の方法，危険の発生と対応・回避，商品取引所の機能について考えていきたい。

第1節　資金調達の方法

1　資本の充実

(1)　自己資本の充実

　企業は，出資者による一定資本により成立する。これが企業における自己資本の原型である。企業経営の基盤を充実させるためには，自己資本の充実が重要である。零細企業の場合，出資者が単独の個人でも事業活動は可能である。しかし，個人の出資能力には限界があり，大規模事業では複数の出資者が参加

し，多額の資本が必要となる。そのための企業形態として，株式会社などの制度がある。出資者が企業に出資する動機は，主に事業活動による利潤分配である。

　株式会社は，多数の出資者（株主）を集めるため，会社の信用を高める必要がある。また規模が拡大すると，発行株式が有価証券にふさわしく証券市場で円滑に流通するようにしなければならない。証券取引所に上場すれば，一般から投資家を集め，多額の運転資金を賄える。会社が得た利潤は，利益配当金として株主への分配割合を適度に抑え，内部留保することが自己資本の充実には重要である。

(2) 他人資本への依存

　自己資本で賄いきれない資金は，他人資本に依存することになる。他人資本は自己資本に比べ，一定期限での返済義務や固定的な金利負担などのマイナス面がある。しかし，自己資本に優先して他人資本が利用されることもある[*1]。他人資本による資金調達では，取引先の利用，金融機関からの借入，社債の発行などの方法がある。

　流通業者にとって頼りになるのは，主に商品の仕入先であり，掛取引（商品売買と同時に代金支払が行われず，後日特定した日に決済する方法）や手形払（一定時期・場所・金額が支払われることを明記した有価証券）による仕入が通常行われている。一般に企業間信用といわれる。ここでいう信用は，商品の掛売や貨幣の貸付で生じた債権・債務の関係であり，日常使用される言葉の意味とは異なる。

　日本には，中央銀行として日本銀行があり，三菱UFJ銀行，みずほ銀行，三井住友銀行など民間金融機関，政府系金融機関がある。民間金融機関は，資金量が他の金融機関と比べ大きく，流通金融の中心的役割を担っている。また，普通銀行と各々専門の役割を持つ金融機関に区分され，預貯金の受入れ，債券発行などで広く一般から資金を吸収し，これらを資金源として融資している。一方，政府系金融機関は，政府資金により，一般の金融機関による融資対象にはなりにくい特定目的のため，政策的見地から低利かつ長期で融資する金融機関である。

2 流通金融の方法

(1) 流通金融の対象と範囲

　流通金融の対象は，流通機能を担当する機関である。流通金融は，商品流通のために金融機関が融資をする。その対象は，消費者の支払延期を受容するための資金の他，流通上必要な資金調達である。ただ，流通金融とそれ以外の金融を明確に区別することは難しい。

　流通金融の範囲は，卸売業者や小売業者に対するものと，流通に関係するという点から，生産者（メーカー）や消費者，輸送機関，倉庫会社，広告代理店などの流通補助機関も含まれることがある。一般的に流通補助機関は除外し，生産者や流通業者に商品流通のために必要な資金を融通し，消費者に商品を購入資金を融通することを流通金融という。流通金融は，流通以外の目的のための金融と同様，銀行などの金融機関が主に担当する。

(2) 運転資金の調達

　商品の仕入代金や原材料の購入代金，人件費，営業費などに充てる運転資金は，商品販売により比較的短期間に回収されるため，金融機関からの供給は主に短期金融で賄われる。その方法には，商業手形の割引，手形借入，当座借越がある。

　① 商業手形の割引

　売買取引に対して振り出された手形は商業手形という。手形支払人や手形期間など，銀行の融資条件に合致する受取手形を所持する企業は，満期以前に手形を取引銀行に裏書譲渡し，資金が融通される。銀行は，貸出金から利息相当額（割引料）を先取するため，これを割引という。約束手形による後払の普及は，売掛債権とは違い，銀行で期日前に割引ができ，法律上の債権関係が明示されているためである。

　② 手形借入

　手形借入は，受取手形を所有しない場合，手形があっても手形支払人の信用が確実でなく，手形期間が長すぎて割引が受けられない場合に行われる。

企業は，手形借入により，銀行から融資を受けることが可能である。銀行には，手形貸付となる。この方法では，借入企業は借用証書の代わりに銀行宛てに約束手形を振り出し，銀行に提出する。この方法は，銀行にとって，金銭消費貸借契約上の債権のほかに手形債権が取得でき，債権の行使が確実となり，手形期間を通常2〜3ヵ月とし，長期化の場合でも書き換えの都度，貸付先の内容が再検討でき，利息の前取りができるためである[*2]。手形割引の場合も銀行から融資を受けるには，通常は担保としての定期預金証書，有価証券，不動産などの差し入れが必要である。

③　当座借越

当座借越は，当座勘定の取引者が銀行と予め契約し，自己の勘定口座から随時預金残高を越えて一定限度額まで資金を引き出せる形で融資を受ける方法である。銀行には当座貸越となる。返済は，当座勘定への預入により，自動的に行われる。通常，利息は年2回の一定時期に当座勘定から徴収される。当座貸越は銀行には，資金計画を立てにくく，利息も後取りになるために，必ずしもメリットとはならない。そのため当座借越を認めても，通常は，担保や金利などの条件を厳しくしている[*3]。日本のように企業の主要取引銀行であるメインバンクがある状況は，当座借越は長期的関係性を結ぶ上で，銀行にはデメリットもあるが，全くメリットがないともいえない。

(3)　設備資金の調達

設備資金は，回収に比較的長期間を必要とする。その供給を銀行に託すことになれば，長期金融に依存することになる。融資方法は，借用証書（金銭消費貸借契約証書）を用いる証書借入が一般的である。銀行には証書貸付となる。これには担保や保証人が必要であり，短期金融に比べて金利は高くなる。元金の返済は，一定期間据置後の分割払が多く，利息は一般に元金返済の都度それまでの分を支払う後払方法がとられる[*4]。

(4)　直接金融と間接金融

金融には直接金融と間接金融という方法がある。直接金融は，借手が貸手から，直接資金を融通してもらう方法である。企業などの借手が，有価証券（株

式や債券など）を発行し，貸手（個人や企業）から直接的に資金を調達する。つまり，直接金融は，借手と貸手間に，銀行や信用金庫，保険会社などの金融仲介機関が介在しない取引である。直接金融を行う代表的金融機関には証券会社がある。証券会社は，仲介しか行わず，借手が債務を返さない場合の責任は負わない。

　一方，間接金融は，貸手と借手間で銀行が仲介し，間接的に資金を融通してもらう方法である。銀行が預金の形で個人や企業から資金を集め，銀行の責任により，借手である国や企業に貸し付ける。つまり，間接金融は，借手と貸手の間に，金融仲介機関が介在する取引である。直接金融と間接金融について示したのが，図表7-1である。

　最近では，企業の資金調達は，間接金融から直接金融へと移行している。この移行は，貸手である個人や企業が投資先のリスクを直接負わなければならなくなったことを意味する。

＜図表7-1　直接金融と間接金融＞

（出所）http://www.fsa.go.jp/fukukyouzai/nyuumon/01_02.html（金融庁ウェブサイト）

(5) 中小企業の資金調達

中小・零細規模の企業が，多額の設備資金を民間金融機関から長期間借り入れると，金利の支払いに追われる。また中小企業は，市中の金融機関から長期金融を受けにくい事情もある。この状況に対し，長期かつ低利の設備資金や運転資金を調達するため，日本政策金融公庫など政府機関が存在する。中小企業が，銀行など金融機関から融資を受ける場合，各都道府県に設けられた信用保証協会に債務保証してもらい，信用力を補い，借入れしやすい環境が整備されている[5]。ただ，このようにして受けた融資をこれまで借入れしていた民間金融機関に貸し剝がしされる事例もある。

3 信用販売

(1) 信用販売

信用販売は，販売先を信用し，代金の後払を認めることである。信用販売には，掛払，手形払，分割払がある。信用販売は，企業に資金負担を強いるため，資金計画において信用販売の占める割合と機関，対象商品，信用供与先と限度額を決めて管理する必要がある。貸倒れが発生すると損失や資金繰りに困るため，信用供与先の調査，取引保証金，担保物件の受容，支払遅延先に対する回収努力が必要である。

(2) 消費者信用

消費者信用は，消費者の商品購入費用や生活資金を融通することである。流通金融の対象は，消費者が商品を購入する場合の費用の融通である。これには，小売業者などが消費者に対して直接信用を供与する後払による販売信用と，金融機関が消費者に対して購入資金を貸し付ける消費者金融がある。現在の消費者信用の状況について示したのが，**図表7-2**である。小売業者自身が消費者に対する信用販売資金などの負担ができない場合，クレジットカード・システムの加盟店となり，クレジットカード会社に手数料を支払い，消費者に対する信用業務を専門のカード会社に委託する方法もある（**図表7-3**）。

第7章 流通補助機能

<図表7-2 国内総生産（GDP）と販売信用供与額の推移>

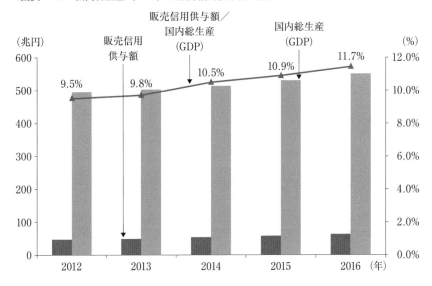

（単位：億円，%）

項目 \ 年別	2012	2013	2014	2015	2016
販売信用供与額	472,177	491,762	541,564	579,826	625,831
クレジットカード信用供与額	406,863 ※1	417,915	462,663	498,341	539,265
ショッピングクレジット信用供与額	65,314	73,847	78,901	81,485	86,566
国内総生産(GDP)※2	4,949,572	5,031,756	5,136,980	5,299,537	5,368,198
販売信用供与額／国内総生産(GDP)	9.5	9.8	10.5	10.9	11.7

（資料）　内閣府「国民経済計算年報」国内総生産：名目
（※1）　2013年より集計方法の見直しを行っているため，2012年以前の数値との連続性はない。
（※2）　国内総生産（GDP）については，平成28年の国民経済計算の作成基準の改定に伴い，数値が修正されている。
　　　　また，国内総生産（GDP）の数値は，2014年までは確報値。2015年及び2016年の数値は，四半期別GDP速報2017年1-3月期2次速報値（2017年6月8日公表）。
（出所）　日本クレジット協会（2017）『日本のクレジット統計（2016年版）』日本クレジット協会，32頁

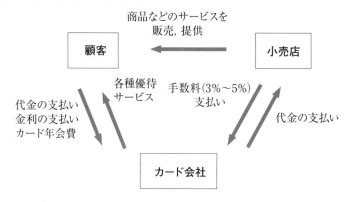

<図表7-3　クレジットカードの仕組み>

　消費者信用は，小売業者（商人）による掛売から始まった。現在では，割賦販売，クレジットカードによる支払が一般化している。割賦販売は，基本的には商品購入時点で，頭金として代金の一部を支払い，残金を毎月の均等払いとする月賦販売が一般的である。月賦販売は，生産者（メーカー），流通業者，専門の信販会社によるものがある。月賦販売は，商品先渡方式が一般的であるが，一部に前払式もあり，消費者から商品購入の予約代金を分割して受け入れることもある。これは消費者が流通金融を負担する例であり，生産者や流通業者の資金繰り援助にもなる。

　信用販売の長所は，消費者の商品購入資金が総額に足りなくても入手しやすくなり，日常生活で一時期に出費が集中した場合，負担分散が可能である。また，多額の現金を持ち歩く危険性から解放される面もある。しかし，カード1枚とサイン（最近はサインレスでカード払いが可能な場合もある）で手軽に商品を手にできることから，魔法のカードと勘違いし，浪費したり，家計を破綻に導く恐れもある。2016年の裁判所への自己破産の個人申立件数は，約7万1千件であった。2002年から2004年にかけて20万件以上で推移していた（2003年が242,377件でピーク）ので，減少したといえる。しかし，いわゆるバブル経済崩壊後の1992年から1995年には年間4万件台で推移していたことと比較すると，景気の動向の影響もあるが，やはり大きな社会問題である。

第2節　危険の発生と回避

1　危険の発生とその種類

(1) 危険の発生

　所有権移転（商的流通）には必ず危険が伴う。つまり、所有権を得ることと危険を冒すことは、コインの表裏のような関係にある。高級腕時計を所有することを考えてみよう。高級腕時計を購入すると、他人から羨ましがられたり、所有者自身もその腕時計を持つことで得られる満足は、時刻を知るという時計の基本的機能以外にも多くある。一方、その時計を不注意から紛失したり、盗難などの危険も同時に発生し、壊れたり、傷がついたりすることもある。

　所有することで起こる危険は、所有権を移転させたからこそ発生するものである。つまり、所有権を移転させなければ、このような危険はそもそも起こらない。したがって、危険を回避しようとすれば、所有しないことが最善である。現在では、レンタルやリースにより、所有しないで使用する方法もある。しかし、すべてをレンタルやリースで済ませられないため、所有権を得たモノの危険管理が重要となる。

(2) 危険の種類

　危険はさまざまな次元で分類されるが、主に投機的危険と純粋危険に分類される。投機的危険はビジネスリスクともいわれ、損害発生とともに利得の可能性もある。株式投資、新製品開発、海外進出などに伴う危険である。これらの投機的危険は、利得の可能性があるため、通常は保険対象にならない。

　純粋危険は、自動車事故、火災、洪水、地震などのように損害のみをもたらす危険で、利得機会のない危険である。純粋危険には、保険可能な危険と保険不可能な危険があるが、可能な危険には次の3つがある[*6]。

　① 人的危険
　　死亡、病気、ケガ、失業、老齢など個人の生命や健康の全損失を含む。

② 財産的危険

自動車事故,火災,地震など,財産にマイナスの可能性が発生する。
③ 責任危険

自動車事故で他人の身体や自動車に損害を与えた場合,損害賠償責任が問われる。このような他人の財産あるいは身体に与えた損害に対し,損害賠償の義務が法的に課せられる可能性による。

これまで,投機的危険と保険の対象となる純粋危険は明確に区分されてきた。最近は,企業が製品を製造,新製品開発をした場合,その製品に問題があると製造物責任を問われることもある。

2 流通における危険とその対応

危険には,自動車事故のように発生自体が不確実であるもの,死亡などのように発生自体は確実であるが,いつ発生するか不確実なもの,地震など発生形態や規模が不確実であるものがある。次に,流通における危険の種類とその対応を5つに整理し,その対応をあげる[*7]。

(1) モノの選択と購入条件による危険

モノの選択と購入条件による危険は,購入決定したモノが所期の目的を果たすのか,他の店舗ではその購入条件がさらによい条件であるなどの危険である。この危険への対応は,情報収集が重要となる。

(2) 購入後の経済条件の変動による危険

購入商品の価格は,購入時点や仕入時点よりも下落することがある。また市場価格は,景気変動,需要動向,自然条件で変動する。競争商品が存在する場合,競争により価格が下落することがある。これらは購入後の経済条件の変動による危険である。経済条件の変動は,需給変動や不確実性から生じる。さらに,購入したモノは販売されなければ,在庫として所有権者の手許に残る。ここでは在庫管理が必要となる。適切量の在庫は必要だが,過剰在庫や少なすぎる在庫は,その所有権者には問題である。特に過剰在庫とならないように適切在庫量を調節する必要がある。ただ在庫は,生産者,卸売業者,小売業者,

各々の思惑や利害が対立する。この問題は，SCM や「延期―投機」問題として取り扱われている。

(3) 物的損失による危険

火災や地震，暴風や洪水などの自然災害，倉庫などに保管している間に害虫や湿度によって，質や量が変質する可能性がある。また，飛行機や船舶，トラックなどでの輸送中に事故発生の可能性もある。これらを物的損失による危険という[*8]。この危険には，予防的手段が有効である。火災は，耐火性・耐熱性のある建材の使用，消火栓・消火器・防火扉・火災探知機などの設置・整備が重要である。

(4) 紛失による危険

紛失による危険は，所有権を得ていたものが紛失する危険である。強盗や万引，従業員の抜き荷やスウィート・ハーティング（レジ係が知人などに，商品をレジスターを通さずに袋に入れる）がある。盗難は，警報などの防犯装置・民間警備会社への委託がある。スウィート・ハーティングは，従業員採用時の面接の厳格化や採用後の従業員教育が重要である。

(5) 信用延期による危険

信用延期による危険は，債務者の最終的な支払不能や支払拒否による危険である。信用付与と勘定の取り立てを効率的に管理することが重要である。

3　保険の要件と機能

保険とは，特定の偶発事故に遭遇する危険に晒される大人数（多組織）を集め，加入者から事故発生率に応じて算出金銭を拠出させ，共同の資金を形成し，事故に遭遇した加入者にその資金から給付する制度である。

(1) 保険の要件

保険の要件には，次の5つがある。
① 保険事故（偶然性を有する特定事実）

②　保険金（保険事故への経済準備）
③　保険団体（社会的な経済準備）
④　保険料（合理的かつ公平な負担）
⑤　経済施設

(2)　**大数の法則（Law of Large Numbers）**

　保険の成立には，多数の経済主体（加入者，契約者）が必要である。これは分担し，負担軽減を目指す。大数の法則の適用が可能となり，これで偶然事故が予測，負担の公平化が可能になる。ここで保険の特徴である確率による合理的事前拠出が可能になる。

　サイコロは，振る回数を増やせば増やすほど，ある目の出る確率は，限りなく6分の1に近づく。保険は統計学の確率に基づき，サンプルを増やせば増やすほど，その確率が高くなることを示している。つまり，ある独立的に発生する事象を大量に観察すると，ある事象の発生する確率が，一定値に近づくという大数の法則に基づいている。したがって，個人やそれぞれの企業には偶発的な事故でも，大量に観察することにより，その発生率を全体として予測可能となる。保険料算出の基礎数値の1つである保険事故の発生率は，大数の法則に立脚した統計的確率である。

　具体的な数字をあげて説明しよう。世帯数20,000軒の町があったとする。その町で，1年間に平均20件の火災が発生したとする。1軒あたりの損失額が2,000万円だとすると，その町では火災により年間に4億円の損失が発生する。各世帯がこの損失を負担しなければならないとすれば，1世帯あたりの負担額は重くなるが，火災はどの世帯にも起こるものではなく，一定の確率で発生する。つまり，世帯数20,000軒の町でおよそ年間に20軒であるとすれば，20（軒）×2,000万円（1軒あたり平均損失額）を乗じた価格が20,000軒の町で共同負担すれば，4億円÷20,000（軒）となり，1年間に1軒あたり，火災の危険には20,000円を負担すればよい。大数の法則は，このような火災保険に限らず，生命保険など純粋危険に対して適応可能となる。

(3) 保険価格の原則

① 保険価格と構成

保険価格の決定要因は，保険金（事故が生じたときに支払われる金額）と保険料（当該保険金額を受け取る契約締結に必要とされる金額）である。しかし，保険金＝保険金額ではない。保険金は，実際に受け取る額，保険金額は，当該保険料を支払った際に受け取れる保険金の上限額となる。保険料は一般に掛け金と呼ばれ，保険料はまた保険料率とは異なる。保険料率は，保険金額1単位に対して支払う金額であり，

$$保険料率 = \frac{保険料}{保険金額}$$

と表される。保険価格は，この保険料率に該当する。

② 保険価格の3原則

保険は，保険料受取りから保険金支払までに時間差が生じる。そのため，価格競争となった場合，引下げ競争が過剰になる可能性がある。つまり，原価が確定していないため，契約時点では下げる際限がない。そのため，過当競争になった場合，事後的健全性を損ない，最悪の場合は破綻する可能性がある。そのために，「高すぎず，低すぎず，不当に差別的であってはならない」という保険価格の3原則がある。

(4) 保険の特性

政府統計での貯蓄としての保険は，貯蓄残高のほぼ4分の1に達する。定期性の預金に次いで多いのが保険である。ただ，保険料すべてを貯蓄額とはみなせない。現在では，火災や死亡など何らかの事故に備えて貯蓄する必要があり，それらの事故を担保するには多くの資金が必要となる。つまり，保険は，少ない資金で多額の保障を受けることができる制度である。

保険と預金の違いは，保険は支払保険料累積額にかかわらず，支払われる保険金は一定である。しかし，預金は，積立累積額に応じて金利分が上乗せされる。また，保険の成立には多くの契約者を集める必要があるが，預金にはその必要がない。つまり，預金とは異なる保険の特徴がいくつかある[*9]。

① 条　件　財

条件財は，財としての価値が生じるものである。保険では，その条件は事故発生である。すなわち，事故が発生しなければ財としての価値はなくなる。

② 長期性，無形性

特に生命保険は，取引の有効期間が非常に長期であり，しかも，取引期間中にあらわれるのは売買時だけである。

③ 価値循環の転倒性

現代の保険では，前払確定法が採られている。前受対価として，将来の保障を約束する。ただ，保障供与は事後的になされ，通常取引とは逆である。

④ 原価未確定性と将来債務性

損害の度合いで損失額は大きく異なり，その損失額は事後的に決定される。保険者は，損失の可能性は大数の法則で予測ができても，損害額の予測は不可能に近い。

⑤ 商品差別化が困難

保険商品はソフト部分で開発されるため，金融技術は必要でも開発に大規模投資の必要はなく，簡単に競争者の商品が模倣できる。特許等もなく，模倣防止もできず，商品差別化は事実上不可能である。したがって，競争は価格競争もしくはサービス面での競争となる。

⑥ 情報の偏在

契約者は保険会社の経営や，自らの被保険者としての扱われ方が把握できない。逆に，保険者は被保険者の危険，保険契約後の行動が変化するかを正確に把握できない。このように双方に情報の非対称性がある。

⑦ 供給の無限性

保険財は無形で各人の危険を大量の契約者を集めることによって平準化することを目的としており，ある程度の容量はあるがほぼ無限に供給される。

第3節　商品取引所

1　商品取引所とその機能

(1)　商品取引所

　商品価格の変動により発生する危険は，取引過程で発生する危険であり，市場危険ともいわれる。価格は，需要変化，嗜好変化，生産変化，競争激化，景気変動，制度変更や自然災害などの影響を受ける。相場変動による危険の一部は，商品取引所で先物取引される商品に限り，回避できる場合がある。

　商品取引所は，商品取引所法に基づいて開設され，商品先物取引を行うための会員制度の非営利法人である。商品取引所は，生鮮食料品以外のいくつかの商品について，売買取引を集中させる具体的市場として存在している。

　通常の取引では，売手は契約した商品を渡し，買手はその代金を支払い，決済し，契約が履行される。他方，商品先物取引は，売手と買手が，将来の一定時期に商品取引所での受渡しを認めた商品と，代金を各々受け渡す契約で売買取引を行う。そして，期日が到来したときに通常の取引と同じように受け渡して決済したり，期日到来前に反対売買，つまり，買い契約をしてあったモノを転売，売り契約をしていたモノを買い戻し，各々の販売価格と購買価格の差額を授受し，決済を終える取引である。

　商品取引所の会員は，取引所に上場している商品の売買や仲介などをする者であり，一定の資産要件を備えなければならない。商品取引所は公開された市場で誰でも売買に取引参加できるが，会員制を採用し，市場で直接売買取引できるのは会員だけである。会員は，自己の取引だけを行う（自己ディーリング）一般会員と，委託者からの注文を受託することの許可を受けた商品取引員（商品先物取引会社）がいる[*10]。

(2)　商品取引所における価格

　商品取引所での価格は，当該商品価格に興味がある多くの売手と多くの買手

が，一堂に会して形成された価格であり，信頼のある価格指標となる。また，ある程度将来の価格を明確に表示するため，関係当事者には，生産，仕入，販売などの長期計画の参考価格にもなる。生産者，流通業者，加工業者などは常に価格変動の危険を負っているが，商品取引所での先物取引により，価格変動の危険を一部回避できる。

(3) 商品取引所の機能

商品取引所の機能はファイナンス機能，公正な価格形成機能，危険回避機能の3つがある。

① ファイナンス機能

商品取引所では商品取引会社を通じ，価格が高ければ売り，反対に割安であれば買うことで誰でも売買に参加できる。商品を持たなくても売ることもでき，価格が下がった時点で，適当な価格であると思えば買い戻し，その値下がり分が利益となる。一方，買手は適切な時期に売れば，契約は解消され，商品を引き取る必要はない。

② 公正な価格形成機能

適正な商品価格の形成は，多数の参加者による取引により，需給調整され，先物取引による価格の平準化が促進される。

③ 危険回避（リスク・ヘッジ：risk hedge）機能

価格変動する商品を扱う企業は，その値動きで危険に晒される。産地で買付けた商品が到着後すぐに暴落し，購入価格より安くなることがある。この場合，買付けと同時に商品取引所の先物を売り，荷物が到着したときに，商品取引所の先物を買い戻すと現物の値下がり損は，商品取引所相場の利益で補填できる。この間，値上がりしても商品取引所で損失の出た分は現物の値上がり益で相殺でき，危険回避できる。これを売り繋ぎというが，他に買い繋ぎという方法がある。たとえば，加工業者が注文を受けた後，原材料が高騰し，加工費を節約しても注文通りの価格では納品できないことがある。この場合，納期が先で原材料を手当する必要がなくても，商品取引所で原料の先物を買っておくと危険回避が可能となる[*11]。

商品取引所で回避できる危険はごく一部である。売買参加者には異なった危

険もあるが，さまざまな情報を収集，分析し，変動を予測し，危険を少なくする努力がされている。つまり，商品取引所という機関の存在は，生産者，流通業者の危険回避手段となる。

2　商品先物取引の流れと市場・商品

(1)　商品先物取引の流れ

　先物取引では，買ったモノを売って決済する反対売買をし，取引が終了する。商品先物取引は，最長1年前後に限定された取引であり，どの銘柄にも決済期限がある。その期限までに原則として決済する必要がある。期限の月を限月といい，最終取引日を納会日という。先物取引ではその限月の納会日までに，原則決済の必要がある。納会日までに決済しなければ，当該商品の総代金を支払い，購入することになる。限月と納会日は，銘柄ごとに各取引所で決められている。納会日を迎えた限月は，そこで取引が終了となる。

　商品先物取引に期限が存在するのは，商品先物取引は基本的には実際の商品を受け渡す取引ではないためである。それには次の3つの理由がある。
① 納会日までは実際の商品は必要がないこと
② 納会日までは実際の商品を購入するための多額の資金が必要ないこと
③ 取引を保証する証拠金（取引時に取引の健全性を保つために商品取引所にその取引を保証する資金[*12]）を商品取引所に預ける必要があること

　しかし，商品の受渡しを行う場合もあるが，それは納会日まで決済を行わなかった場合である。つまり，納会日にはじめて商品の受渡しが行われ，それ以前には実際の商品は必要はない。そのため，商品先物取引には，商品の受渡しを行う日を決めるための決済期限が必要となる（**図表7－4**）。

(2)　商品取引所における上場銘柄

　商品取引所は，商品取引所法に基づいて設立される法人として設定された。2008年12月に会員商品取引所から株式会社商品取引所に組織変更した。これにより株式会社東京工業品取引所となり，2013年2月には金や原油などの工業品と農産品を上場する総合商品取引所として株式会社東京商品取引所が発足した。

＜図表7-4　商品先物取引の流れ＞

契約
商品先物取引業者から「受託契約準則」などの書類の交付・説明を受ける。
「約諾書」「通知書」等を差入れ，商品先物取引業者と契約を結び，準備を整える。

取引証拠金の預託
「取引証拠金」を預託し，取引に備える。
※預託の時期や額は，商品先物取引業者によって異なる。

注文の発注
注文を発注する。
取引の結果は「売買報告書および売買計算書」で確認する。

　　　反対売買による決済　　　　　　　　受渡しによる決済
　　　　（差金決済）　　　　　　　　　　　（受渡決済）

仕切注文の発注　　　　　　　　　　　**受渡手続**
反対売買（転売・買戻し）を行なう。　　　売り方は商品を，
　　　　　　　　　　　　　　　　　　　買い方は代金を差し入れる。

清算　　　　　　　　　　　　　　　　**受渡し**
売買損益金の授受を行なう。　　　　　　買い方は商品を，
また，預託証拠金が返還される。　　　　売り方は代金を受け取る。

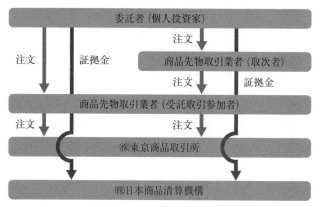

（出所）　http://www.tocom.or.jp/jp/guide/nyumon/kojin/flow01.html（一部改）

<図表7-5　日本の商品先物市場>

```
┌─────────────────────────┐      ┌─────────────────────────┐
│     東京商品取引所       │      │   大阪堂島商品取引所     │
│ （東京工業品取引所を改称） │      │  （関西商品取引所を改称） │
└─────────────────────────┘      └─────────────────────────┘
```

```
┌─────────────────────────┐      ┌─────────────────────────┐
│ 東京工業品取引所（工業品）│      │    関西商品取引所        │
│ 金，銀，白金，パラジウム天然│      │ トウモロコシ, 米国産大豆, 小│
│ ゴム, ガソリン, 灯油軽油, 原油│    │ 豆, 粗糖小豆, 粗糖, コメなど│
│ など                     │      │                          │
└─────────────────────────┘      └─────────────────────────┘
┌─────────────────────────┐
│ 東京穀物商品取引所（農産品）│
│ 一般大豆, トウモロコシ, 小豆,│
│ 粗糖                     │
└─────────────────────────┘
```

　東京商品取引所は，東京工業品取引所が東京穀物商品取引所の大豆やトウモロコシなど4商品を引き継いで誕生した。また，東京穀物商品取引所は，経営不振に陥り，解散した。したがって，新たに誕生した東京商品取引所は，工業品と農産品を取り扱うことで経営の安定を目指しての発足といえる。ただ，日本国内の商品市場は縮小しており，いかにこの市場を拡大するかが課題である。さらに関西商品取引所を2013年2月に大阪堂島商品取引所と改称し，これまで東京穀物商品取引所で取り扱っていたコメを移管した。同取引所は，会員商品取引所であり，業務運営は，会員総会で選出された理事らによる理事会が行っている（**図表7-5**）。

　商品先物取引は，各取引所に上場されている銘柄を売買する取引であるが，先物市場で大量取引が行われ，公正な価格形成がされるには，すべての銘柄が上場するわけではない。また，買占めなどの価格操作が行われないように，大量取引に適する商品でなければならない。その理由は，少量生産の商品は，価格操作が行われる危険性があるからである。大量取引に適する商品は，大量生産，流通している商品で，かつ品質にバラツキがなく，相互代替性を有するものである。

(3) 先物取引の市場規模と取引方法

投資家や当業者から委託を受け、商品取引所での取引を行ったり取り次ぎをする事業者を商品取引員といい、開業には主務大臣の許可が必要である。商品取引員には、取引所の会員として自ら取引を行う取引員（受託取引員）と委託者からの注文を受託取引員に取り次ぐだけの取次取引員がいる。

また、**図表7-6**のように出来高や総取引金額についても、全体として増加傾向にあったが、最近は減少傾向を示している。

商品取引所での取引方法には、日本の商品先物市場ではザラバ取引と板寄せ取引という2つがある。ザラバ取引[*13]は世界標準の取引方法であり、東京工業取引所の貴金属・アルミニウム・石油及びオプション市場が採用している。一方、板寄せ取引[*14]は日本特有の取引手法であり、日本のほとんどの商品先物市場で採用されている方法である。また、商品取引所では、急激な価格変動による混乱防止の意味から、銘柄ごとに1日の値動きの幅を制限している。

＜図表7-6　商品先物取引　出来高推移＞

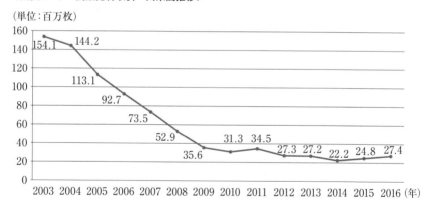

（出所）㈱日本商品清算機構「品目別出来高速報」

*1 雲英道夫（1995）『新講商学総論』多賀出版，268頁
*2 加藤一郎・吉原省三編（1991）『銀行取引』，150頁
*3 雲英（1995）『前掲書』，272頁
*4 雲英（1995）『前掲書』，272頁
*5 雲英（1995）『前掲書』，273頁
*6 上田和勇（1997）「私たちの生活を取り巻く危険」鈴木辰紀編著『保険論（第7版）』成文堂，5-6頁
*7 鈴木安昭（2004）『新・流通と商業（第3版）』有斐閣，31-32頁
*8 http://www.osamex.com/basic/index.html
*9 http://raducioiu.hp.infoseek.co.jp/economic/insurance/tokusei.htm
*10 及川・呉，松木，沼野，三浦，石居共著（1996）『現代商学の現状と課題（改訂版）』商学研究社，127-128頁
*11 http://www.fuji-ft.co.jp/story/b1p.html
*12 http://www.fuji-ft.co.jp/story/a3p.html
*13 ザラバ取引の取引時間は，前場午前9時～11時，後場午後12時30分～3時30分である。取引は，価格優先の原則と時間優先の原則により取引され，市場に出された注文の中で売りと買いの価格と数量が，1対1の関係で合致する部分ごとに取引が成立し，個々に約定価格が形成されていく。したがって，一般的に売買成立ごとに約定価格が形成されるために，同一商品の同一限月に複数の約定価格が存在する。
*14 板寄せ取引の取引時間は，寄付から大引けまでの間の決められた時間（場節）に，各銘柄の各限月ごとに複数回の取引が行われる。取引は，複数対複数の取引により約定価格が決定するが，1日複数回，所定時刻（立会時間）に立会場に取引員の市場代表者（場立ち）が集まり，商品取引所職員の提示する仮の約定価格に対して市場代表者が取引希望枚数を手振りにより提示する。このときに，買い枚数が売り枚数を上回ると，仮の約定価格を引き上げ買い枚数が減るように調整し，逆に買い枚数が売り枚数を下回れば，仮の約定価格を引き下げ買い枚数が増えるように調整する。調整は売りと買いの枚数が一致するまで続けられ，一致した時点で取引所が取引を終了させると，その時点の価格が約定価格として決定する。板寄せ取引は，各銘柄の各限月ごとに単一の約定価格が決定される。

第8章

小売機関

　販売は，同じ商品でも買手により，卸売活動と小売活動に分かれる。たとえば，人がコンビニエンス・ストアでペンを購入する場合，自ら使用する（私用の）ために購入すると，その人は（最終）消費者となる。購入したペンは消費財である。通常，コンビニエンス・ストアは主に消費者相手に商品を販売するために小売業，小売業者，小売店と呼ばれる。

　一方，企業や公的機関でもペンは使用される。その場合，企業や公的機関は，生産や公サービスのために購入するので，それは生産財（産業財）である。企業や公的機関に販売する活動は卸売活動である。つまり，同じモノでも，消費者，企業や公的機関に販売する。流通業者のうち，全体の売上高の半分以上が企業や公的機関に対する場合，卸売業，卸売業者と呼んで差し支えない。しかし，売上の半分以上が消費者への販売で場合，その個人や組織は小売業（者）と呼ばれる。これは日本の産業分類上の取り決めであり，消費者または消費者以外への販売のうち，どちらが主かという「メインの法則」により，小売業あるいは卸売業に区分される。

　本章では，小売の概念，小売業の機能，小売業の諸形態について考えたい。

第1節　小売業とその機能

1　小　売

(1)　小売概念

　アメリカ・マーケティング協会（AMA）は，小売（retailing）を「最終消

費者に直接販売することに含まれる諸活動*1」としている。マーケティング学者であるコトラー（P. Kotler）は「最終消費者の個人的・非営利的使用のために財ならびにサービスを直接販売する活動*2」としている。これらの定義は，小売を消費者を取引相手とし，その販売に含まれる活動や過程を重視している。したがって，消費者への商品販売のためのさまざまな活動や過程が小売活動である。そして，消費者へ販売する個人や組織を小売商または小売業者と呼び，最近では，大規模なものを小売企業と呼ぶ。また，小売活動は，生産者や卸売業者も行うが，消費者への販売を主とし，実際にその活動成果による売上が，全体の過半以上を占める者が，真の小売業者である。

(2) **商業統計調査における小売業**

日本の商業統計調査では，次の事業所を小売業として分類している。
① 個人（個人経営の農林漁家への販売を含む）または家庭用消費者のために商品を販売する事業所
② 産業用使用者に少量または少額に商品を販売する事業所
③ 商品を販売し，かつ，同種商品の修理を行う事業所*3
④ 製造小売事業所（自店で製造した商品をその場所で個人または家庭用消費者に販売する事業所）
⑤ ガソリンスタンド
⑥ 主として無店舗販売を行う事業所（販売する場所そのものは無店舗であっても，商品の販売活動を行うための拠点となる事務所などがある訪問販売または通信・カタログ販売の事業所）で，主として個人または家庭用消費者に販売する事業所
⑦ 別経営の事業所（官公庁，会社，工場，団体，劇場，遊園地などの中にある売店で他の事業所によって経営されている場合は，それぞれ独立した事業所として小売業に分類する）

2 小売業の社会的機能

(1) 消費者に対する小売業の役割

　小売段階は，流通機構の一部を構成し，生産者（製造業者，メーカー），卸売業者，消費者，そして地域社会に対しての役割を担っている。ここでは小売業が直接販売対象としている消費者に対する機能を考えていきたい。

　消費者は，商品を購入するためにさまざまな買物費用を負担する。小売店までのバス代や電車代，自家用車を使用すれば，ガソリン代や劣化費用を負担する。また消費者は，買物の往復時間や探索時間，これらの時間を他のことに使えたかもしれない時間も負担する。さらに消費者は，移動や探索などによる肉体的な疲労，買物自体や移動で起こる心理的疲労なども経験する[4]。

　消費者の買物費用は多少にかかわらず発生するが，小売業はこれらの買物費用を軽減する役割を担う。消費者の近隣に立地し，長時間営業し時間的便宜性の提供ではコンビニエンス・ストアのような小売業が成立する。また，消費者の肉体的疲労の緩和のために商品を配送し，小型トラックを貸し出し，商品を探索しやすく店舗内のレイアウトを工夫する。さらにアミューズメント施設を備えたショッピングセンターの建設，駐車場への出入りがスムーズになる導線なども設置している。

　小売業には，生活の福祉との関連から次の6点が指摘されている[5]。

① 販売する消費財の品質と組み合わせ（消費者の満足が高まるような品揃え）
② コミュニケーション活動（商品選択にあたっての必要な情報や購入した商品の消費について，役に立つ情報の伝達とフィードバック）
③ 立地・営業時間（消費者の生活条件への適合化）
④ 店舗その他の物的施設（安全かつ快適に買物ができる施設）
⑤ 付帯サービス（代金決済，包装，配達，リフォーム，返品，アフターサービスなど商品特性と消費者の状態に適合したサービス）
⑥ 価格（一般にいわれるリーズナブルな価格での商品提供）

　最近は，食品の安全性への消費者の信頼が揺らぎ，小売業自らが商品を検査

し，生鮮品の産地開示など消費者への安全な商品の提供も重要となった。

(2) 消費者以外に対する小売業の役割

小売業の生産者や卸売業者に対する役割は，直接消費者に販売するため，消費者情報を川上の生産者や卸売業者に伝達し，新商品の需要動向のアンテナ的役割を担っている。特にPOS情報を提供することで，メーカーや卸売業の商品政策や品揃え政策への貢献は大きい。生産者には，メーカー・ブランド品（NB商品）だけではなく，小売業者の名前を付したブランド（PB商品）を企画し，製造を委託するなど，工場や機械の回転に寄与する面もある。

小売業は，消費者に直接販売するため，消費者の居住場所近くや，交通の便利なところに立地する。そのため，顧客対応だけではなく，地域住民である消費者への対応も必要になる。そこでは対象とする地域は異なっても，小売業の集積である旧来の小売商業集積（いわゆる商店街）は，地域社会の中心的役割を担ってきた[*6]。

3 小売業が主に担当する流通機能

小売業は，流通機構の一部を構成し，流通機能の一部を担当する。しかし，卸売業と同様，小売業特有の機能として明確には区分できない。それは卸売業や小売業の機能は，モノや状況で変化するためである。一方，生産者や消費者が流通機構の中で果たす役割も時代とともに変化している。

小売業が主に担当する流通機能は，商的流通機能，物的流通機能，危険負担機能，コミュニケーション機能，企業の維持・管理である[*7]。

(1) 商的流通機能（所有権移転機能，需給結合機能）

① 商品品揃え

小売業者による所有権移転は，一般に仕入活動に伴い行われる。小売業者は，商品の種類と品質を吟味し，市場から調達することで，適正な品揃えを形成する。また消費者ニーズだけでなく，消費者の生活がより豊かになるように，この商品であれば消費者に受け容れられ，消費者の生活が豊かになるだろうという提案もしなければならない。小売業は「マーチャンダイジング[*8]にはじま

りマーチャンダイジングに終わる」といわれ，品揃えが小売業の生命線である。小売業者には，生産者や卸売業者にとって販売を代理して行う（販売代理人）性格と最終消費者のために代わりに購買を行う（購買代理人）性格がある。

② 小口分売

個々の消費者の購入量は，生産単位に比べると少ない。しかし，商品流通ではある一定量（ロット）にまとめて流通させる方が効率的で，流通費用も節約できる。ここでは流通チャネルの最終段階で商品量を細分化し，販売する機能が重要になる。そこで小売業は，大口で仕入れて小口で分売する煩雑な業務を担う[*9]。そして小口分売の結果として，販売代金を受け取る。

③ 販売価格の決定

販売価格の決定は，仕入原価などの費用に基づく価格決定方法，消費者の需要に基づく価格設定方法，他の小売業者との競争に基づく価格設定方法などがある。また，値引による価格決定も重要である。

日本では生産者（メーカー）が希望小売価格として実質的に価格を拘束してきた建値制があった。しかし，小売業が次第に価格決定権を握るようになり，オープン価格へ移行している。そのため，小売業者の販売価格の決定がより重要になっている。

(2) 物的流通機能

① 商品の場所的移動に関する活動

売買取引は，商品が買手に渡って完結する。売手と買手が空間的に離れている場合，商品を売手から買手に物理的に移動させなければならない。流通機構での小売業者の位置からは，通常，川上の卸売業者から仕入れるが，直接生産者から仕入れることもある。そこでは商品の物理的移動を伴うが，この移動に小売業者が関与することがある。仕入活動での配送・保管は，卸売業が得意としてきた分野である。これまでのように卸売業者が行い，小売業者と生産者との直接取引でも生産者が行い，消費者が自ら運搬すれば，小売業者が行う物的流通活動は発生しない。

小売業者にとって，物流活動が必要となるのは，現金問屋（cash and carry）から仕入れる場合，自ら当該活動を負担しなければならない。最近では，大手

小売業者は，自ら流通センター（流通倉庫）を建設し，生産者や卸売業者に流通センターまでの物流を担当してもらい，流通センターから各店舗までは，自らのトラックや契約した運送業者が輸送することが一般的になっている。さらに別の小売業者と差別化するため，消費者への配送サービスも増加している。

② 商品の時間的移動に関する活動

生産と消費間に時間的な懸隔が存在するが，商品需要と供給間にも時間的な懸隔が生じる。そこで，時間的懸隔を架橋する機能が小売業にも求められる。具体的には，保存・貯蔵，流通在庫，在庫管理などである。時間的懸隔を架橋するのは，主に保存・貯蔵と流通在庫で行われるが，在庫管理は，これらを円滑化させるための活動であり，補助的位置付けとなる[*10]。特に生鮮品を扱い，需要変動の激しい商品を扱う小売業では重要である。

③ 商品の物理的移動に付随して発生する活動

商品の物理的移動で発生する活動には，商品の積み込み，積み換え，荷下ろしがある。これらの活動は，商品の場所移動や時間的懸隔の調整により発生する。これらの活動は，生産者や卸売業者，そして消費者も行うことがあるが，小売業者も行うことがある。

④ 商品の物理的移動を前提として発生する活動

商品の物理的移動を前提として発生する活動には，外装，内装，個装，流通加工という活動が発生する[*11]。これらの活動は通常，生産者や卸売業者が担当するが小売業者も担当する。小売業者にとっての包装は，商品の物理的取扱いや破損等の危険回避よりも消費者への商品価値の向上などのために行われる場合が多い。また，スーパーマーケットなどでは，流通加工は野菜や肉，魚などを消費者の使い勝手に合わせ，切ったり，パック詰めにするが，消費者満足を高めるための活動の色彩が，卸売段階よりも強くなる。

(3) 危険負担機能

小売業は消費者に掛で販売，分割払の受容により信用供与をする。信用供与は，小売業における危険負担を意味する。

(4) コミュニケーションに関する機能

　小売業のコミュニケーション活動は，消費者，生産者や卸売業者など仕入先，社会に対してである。
　① 消費者とのコミュニケーション活動
　消費者とのコミュニケーション活動は，小売業者から消費者には，一般にプロモーション活動により行われる。スーパーや衣料品店のチラシはその典型である。消費者はチラシによって情報提供される。また，百貨店では展示商品（ショー・ウィンドー），販売員の接客，店内の装飾，包装紙，パブリシティなどでも情報提供される[12]。一方，消費者からは，小売店頭でのアンケート，意見箱の設置や電子メールなどで消費者の不満や苦情を吸い上げ，消費者から情報を得ようとしている。
　② 仕入先とのコミュニケーション活動
　商品情報や販売情報の情報が仕入先から提供され，小売業からは店頭での販売情報や消費者から直接吸収した情報を仕入先に伝達するなどのコミュニケーション活動が行われている。これらの情報は，以前は口頭だったため，単発分散的であった。しかし，コンピュータ・システムなどの導入により，即時に店頭での販売情報が仕入先へ伝達され，仕入先から情報が伝達されている。
　③ 社会とのコミュニケーション活動
　小売業に限らず，店舗の立地は地域に何らかの影響を与える。店舗設置により，当該地域の消費者の買物利便性が向上し，反対に店舗が撤退することで利便性が減少する。つまり，小売業は何らかの影響を地域や社会に対して与え，受けながら営業している。小売業は，当該地域や社会からさまざまな情報が提供され，提供しなければならない。たとえば，車が渋滞したり，若者が夜遅くまで店舗周辺で騒ぐなどの苦情に対応し，小売業自身の社会的活動を発信しなければならない。
　イオングループは，税引き前利益の1％を環境保全，国際的文化・人材交流，地域文化・社会の振興のために拠出している「イオン1％クラブ」の活動によって社会貢献し，社会とのコミュニケーション活動を行っている。

(5) 企業の維持・管理のための活動

　流通機能を遂行するために小売業は，企業として組織され，継続して活動することで社会的役割を果たすゴーイング・コンサーン（going concern）の体裁を整えなければならない。そのため，企業の経営管理が必要となる。一般的にいわゆる経営の4要素であるヒト，モノ，カネ，情報（ノウハウなど）の管理である。この活動は，小売業に限らず，他の業種でも重要である。

第2節　小売機構と小売業の諸形態

　小売機構は，「一般に流通機構の末端に位置していて，最終消費者に生活に必要な商品を供給することを基本機能とし，最終消費者の商品選択，購買を容易にする役割を果たしている[13]」。そのため，小売機構は消費者に商品やサービスを提供するために存在する。つまり，消費者への商品やサービス提供に関係するあらゆる事物や，それらが展開する諸活動で構成される仕組みが小売機構である[14]。

　現在の小売機構は，さまざまな小売機関で構成されている。小売業が多角的にとらえられるのは，小売業の多様性と多側面性のためである。本節では，小売業を営業形態，経営形態（企業間組織），企業形態（所有形態）から考える。

1　小売業の営業形態

　小売店舗の形態は，取扱商品の種類による分類である業種と営業戦略に基づく業態が代表的である。小売業態は，品揃え，店舗規模，立地，販売方法，付帯情報・サービスなど，小売業の顧客への対応である小売ミックスによる小売マーケティングにより類型化される。個別小売業のマーケティング戦略により形成するフォーマットと，各小売業者の類似したフォーマットをある程度の枠組みによって集約したのが小売業態である。

　消費者ニーズへの対応のため，マーケティング政策上，商品の品揃え以外にも立地や価格，情報提供，時間的便宜性などの対応により，同業態に属する小売業でありながら，多様な営業形態がある[15]。これらは，百貨店やスーパー

とコンビニエンス・ストアを比べても分かる。食料品を品揃えしながらも，それぞれの小売マーケティングが異なっているためである。

　三越，髙島屋，伊勢丹，大丸を百貨店（デパート）と呼ぶが，それぞれの店舗は大きさ，店舗レイアウトも違っていれば，商品品揃えや商品点数，プロモーション活動も，その本部や各店舗の意思決定も異なる。しかし，一般の消費者にこれらの店舗が百貨店として認知されているのは，消費者側でも，これらの百貨店と呼ばれる業態の小売マーケティングが似ているため，その経営形態が認知されるからである。一定の呼称で呼ばれる小売業態の分類は，各小売業者のマーケティング戦略の変化，時間の経過により，フォーマットも変化するため，一定時点で把握しなければならない。

(1) 百 貨 店

　① 百貨店の定義

　百貨店（department store）は，これまでさまざまに定義されてきた。ナイストローム（P. H. Nystrom）は，「多方面の商品を取り扱う小売制度であり，各方面がその店舗内の位置においても，またその店舗の会計及び管理の制度においても，他と分離すなわちいわゆる部門化がされているもの[16]」としている。コープランド（M. T. Copeland）は，「その言葉の在来の用法によれば，部門制度の下に組織され，主たる部門の1つが呉服類（dry goods）である小売商店[17]」としている。日本では戸田海市は「大規模の小売商業にして，商品取り扱い上若しくは消費の目的上必ずしも密接の関係を有せざる多種類の商品を取り扱うもの[18]」としている。これらの定義で取り上げられる要素は，「衣料品を主として部門に分け，管理する大規模店」である。

　② 百貨店の歴史

　百貨店は，早くから人口が集中し，経済的に豊かであったパリで，19世紀の半ばに開店したボン・マルシェ（Bon Marche）がその嚆矢である。衣料品を中心に，不特定多数の消費者に定価で低マージン・高回転による薄利多売で大量販売した。当時は，定価販売，現金販売，品質保証，返品自由という営業方針に基づいていた。

　日本では，1904年に当時の三越呉服店が株式会社に組織変更し，新聞紙上で

「デパートメントストア宣言」をし，呉服だけではなく雑貨を取り扱い，百貨店業態を志向した。三越呉服店以降，呉服商であった白木屋，高島屋，伊勢丹，大丸などが開店し，百貨店の営業形態が浸透した*19。

③　百貨店のとらえ方

商業統計調査では，百貨店を「取扱商品において，衣食住のそれぞれ10％以上70％未満，従業員50人以上，売場面積では大型百貨店が3,000㎡以上（都の特別区，政令指定都市は6,000㎡以上），その他の百貨店が500㎡以上3,000㎡未満（都の特別区，政令指定都市は6,000㎡未満），販売方法として，セルフ方式ではなく対面販売によるもの」を条件としている。

日本百貨店協会の会員資格は，「その店舗の位置が6大都市（東京都の特別区，横浜市，名古屋市，京都市，大阪市及び神戸市）にあっては，3,000㎡以上，その他の地にあっては1,500㎡以上の売場面積を有する百貨店事業者であって，理事会において入会を承認したもの」としている。つまり，同協会の会員資格は，商業統計調査での百貨店の面積基準とは異なっている。

④　百貨店の特徴

百貨店の特徴は，幅広い商品品揃えと部門別管理である。部門別管理は，経営者の販売方針に基づき，品揃えや価格，品質を当該小売店舗のイメージと合致させ，各部門が個別に商品の仕入，管理，販売をし，各々が責任を負うシステムである。本部は，各部門の総合的な管理，施設管理，顧客への信用供与と信用管理，配送業務，プロモーション活動を行う。

⑤　日本の百貨店の特徴

日本の百貨店は，生産者（メーカー）や卸売業者などの納入業者に委託仕入と，派遣店員（百貨店社員や百貨店が雇用したパートやアルバイトではなく，納入業者の社員やアルバイト。人件費は納入業者負担）を要請し，返品を前提としている。これらの取引慣行は，百貨店が危険と費用負担をしないため，長い間批判されてきた。また，百貨店独自の品揃えができず，他の百貨店との差別化ができないという指摘もある。一方，百貨店はこのような取引慣行に支持されているため，さまざまな商品を深く品揃えできるメリットが指摘されることもある。

日本の百貨店は，伝統的に外商活動が百貨店の売上では大きな割合を占めて

きた。外商活動には，贈答品や制服，事務用品などの大量購入など企業や官公庁対象の法人外商，所得の高い顧客層に高級絵画や呉服などを個人販売する家庭外商がある[20]。外商活動は，バブル経済崩壊以降，法人を中心に贈答の中止，制服や事務用品などの百貨店以外の業態との取引への変更により，縮小傾向が明確になっている。家庭外商も1ヵ月に100万円以上購入していた顧客層が少なくなり，伝統的な外商活動も曲り角にある。

百貨店は，これまで衣食住関連品を幅広く取り扱い，消費者に商品を販売するだけではなく，さまざまな生活提案を行ってきた。これは百貨店のスタート時からの使命であった。しかし，時間の経過により，消費者ニーズの変化や新しい生活提案が難しくなってきた。それがバブル経済崩壊後の経済状況の悪化も伴い，売上は伸び悩んでいる。特に都市百貨店では，そごうの経営破綻や他の百貨店の店舗撤退，地方百貨店の経営破綻や大手百貨店との資本・業務提携が目立ってきた。そのため，百貨店は，これまでのマーケティング政策を変化しなければならなくなっている。

(2) スーパーマーケット

① スーパーマーケットの定義

スーパーマーケット（supermarket：以下「SM」）は，肉，野菜，魚介などの生鮮食料品や乳製品，非食品など最寄品を中心に品揃えしている。消費者には，セルフ・セレクション，セルフ・サービスを担当してもらい，大量仕入，大量販売，高回転を実現し，低価格訴求を可能としている。

② SMの起源

SMの起源は，1930年にミカエル・カレン（M. Cullen）が，ニューヨーク州ロングアイランドのジャマイカで開いたキング・カレン・ストア（King Kullen Store）がはじまりとされる。一方，1932年12月にニュージャージー州エリザベスで，オティス（R. Otis）とドーソン（R. Dawson）が開店したビッグ・ベア（Big Bear）を起源とすることもある[21]。ビッグ・ベアは，大量，大規模，セルフ・サービス，部門化，現金持ち帰り主義を採用した[22]。アメリカでのSMの生成と発展は，1929年の大恐慌により，低価格志向の消費者を取り込んだことにあった。

③ 日本での展開

日本では，1953年12月に東京・青山の青果物食料品店紀ノ国屋（売場面積110㎡）が，セルフ・サービス店として最初に開店した。ただ，総合食料品店ではないため，本格的SMではない[23]。本格的SMは，1956年3月に福岡県・小倉で開店した丸和フードセンター（売場面積396㎡）とされる[24]。その後，山口県から起こった主婦の店運動により，各地で主婦の店を看板に掲げる小売店が出現したが，1957年9月に大阪・千林でのダイエー薬局・主婦の店開店により，日本のSMの本格的展開が始まった。

日本のスーパーの歴史は，高度経済成長における日本の経済成長とその歩みを一にしてきた。戦後復興が終わり，成長過程に入る段階で誕生し，消費者の生活に食料品など最寄品中心に提供してきた。1972年にダイエーの売上が三越を抜き，小売業日本一となったが，それは当時の消費者に適合した小売マーケティングの実践によるものであった。1980年代には，食品以外の幅広い品揃えにより，総合スーパーへと変身したスーパーも現れた。

④ SMの種類

いわゆる日本のスーパーは，食料品，日用雑貨，衣料品を低価格で販売する小売業である。取扱商品により，食品スーパー，衣料品スーパー，総合スーパーという呼び方がされてきた。したがって，日本ではスーパーマーケットという言葉よりも，和製英語としてのスーパーという呼び方が一般的である[25]。チェーン展開では，全国スーパー（4都道府県以上で東京，大阪，名古屋のうち2大都市圏以上で展開しているスーパー），地域スーパー（4都道府県以上に出店しているスーパー），地方スーパー（3都道府県以内に出店しているスーパー）に分けられる[26]。

特にスーパーは，大規模小売店舗法（大店法）が施行された1974年3月からは，各地で商店街（中小零細小売店）との利害対立の問題に悩まされた。消費者も旧来の商店街ではなく，郊外大型店へ移動した。現在は，商店街や隣接地における中小スーパーの経営不振による撤退により，街全体の魅力度が欠如するという問題が起こっている。

(3) 総合スーパー

① 総合スーパーの定義

総合スーパー（general merchandise store：以下「GMS」）は量販店[27]ともいわれる。買回品中心に衣食住に関連したさまざまな商品を幅広く品揃えし，百貨店に近い営業形態の小売業である。これはアメリカのシアーズ（Sears）やJ. C. ペニー（J. C. Penney）などがモデルであった。アメリカのGMSは，食料品の取扱いが少なく，PB商品比率が高いという特徴がある[28]。

② 日本での展開

日本では，GMSは主に大規模店舗を構え，消費者にワンストップ・ショッピングの利便性を訴求している。百貨店とは異なり，多店舗展開で大量販売し，セルフ・サービスにより消費者に低価格を訴求している。イトーヨーカ堂，イオン，ユニーなどが，この営業形態で展開している。これらは食品スーパーから，営業形態を展開させることで成長してきた。

イトーヨーカ堂やイオン，ダイエーの成長は，食料品や衣料品，医薬品からその取扱商品を拡大し，他の衣食住関連商品の充実により，成長した。これが1990年代半ばまでの成長を支えた。しかし，バブル経済崩壊後の消費者の低価格志向と専門的品揃え，低価格訴求する営業形態の台頭により，以前のように消費者の支持が得られなくなっている。それが一部GMSの経営破綻や経営状況の悪化，外資との提携につながっている。一方，小売業中心の事業形態，着手したさまざまな事業の経営状況の悪化が，本業を魅力のないものにしたという見方もある。

(4) コンビニエンス・ストア

① コンビニエンス・ストアの定義

コンビニエンス・ストア（convenience store：以下「CVS」）は，食料品を中心として日常生活に必要な最寄品を品揃えし，年中無休，長時間営業，住宅地や住宅地への近接，利便性の高い場所に立地する営業形態である。CVSは，これらの利便性を提供する代わりに，商品やサービスの価格は，同様の商品を販売する営業形態の小売店舗よりはやや高く設定されている。

② CVSの歴史

CVSの歴史は，1927年に開店したアメリカ・テキサス州のオーククリフの氷の小売店に遡る。当時は，冷蔵庫が家庭に普及しておらず，毎日のように氷を買いに来る消費者がいた。同年に設立されたサウスランド・アイス社（現在のSeven-Eleven, Inc.）で，この小売店を任されていたジョン・ジェファーソン・グリーン（J. J. Green）が，夏には週7日，毎日16時間の営業を始めた。次第に卵，牛乳，パンなどの取扱いを始め，1946年には，朝7時から夜11時まで営業するチェーンとして店名を「7-ELEVEN」とした[*29]。この店舗は，店頭開放型，ドライブ・インの店舗であり，朝早くから夜遅くまで週7日営業，氷，冷たい飲み物，グロサリーおよびドラッグ商品を販売した[*30]。これらの特徴が明確化され，現在のCVSの形態が1950年代の中頃に確立された[*31]。

③ 日本での展開

日本では，アメリカのCVSの営業形態を導入し，1969年に大阪・豊中市に開店したマイショップをはじめ，各地にCVSの営業形態による店舗が誕生した。現在の大手CVSでは，1973年，埼玉・狭山にファミリーマート，1974年，セブンイレブンが東京・江東区，1975年，ローソンが大阪・豊中市に開店した。

日本のCVSは，これまで酒屋，米屋，（製造せず，仕入のみの）パン屋などの業種店からの業態転換が主であった。CVSは，1970年代の誕生から都市圏中心に急速に拡大した1980年代半ばまでの時期，地方都市や郡部へ浸透した1990年代初め，1店舗あたりの売上が停滞した時期もあったが，大手中心に拡大し続けている。

④ CVSの情報化とサービスの充実

日本のCVSの場合，POSシステムを活用し，徹底した消費者ニーズの把握により，それを品揃えに生かしてきた。アメリカのCVSとは異なり，生鮮食料品や弁当や惣菜などの商品を充実させ，公共料金の支払いや宅配便の受付，チケット購入，ゲームソフトや音楽ソフトの販売，コピーサービス，ATMの設置，本格的なコーヒーの提供をしてきた。

日本のCVSが浸透した理由は，次の5点である。

　a．POSシステムの活用による消費者ニーズに対応する品揃え
　b．フランチャイズ・システムによる店舗運営

c．消費者のライフスタイルの変化に適合する営業形態
　　d．業態転換に差し掛かっていたパパママ・ストアの効率的転換
　　e．大規模小売店舗法の対象外

(5)　ディスカウント・ストア

　①　ディスカウント・ストアの定義
　ディスカウント・ストア（discount store：以下「DS」）は，アメリカではディスカウント・ハウス（discount house）と呼ばれる。衣料品や日用品，家庭用電化製品，家具，寝具などを中心に品揃えし，大量販売による徹底した低価格訴求を行う営業形態である。低価格訴求のために，地価の安い郊外に立地し，店舗は，倉庫型店舗や内装や外装にあまり資金を投入しない。
　②　DSの歴史
　DSにはいくつかの系譜がある。それは，その母体と地域による相違である。1954年にニューイングランド地域での繊維製品・雑貨のスーパーマーケットを源流とするもの，同時期のアメリカ西海岸地区で会員制ストアを源流とするもの，1948年にニューヨークでのコーベット（E. J. Korvett）の挑戦的な低価格を模倣する流れである。これらが1960年代の初めに合流し，衣料品，雑貨，耐久消費財の取扱いの枠を越えて，スポーツ用品や食料品も品揃えするようになった[*32]。DSがそれまでのアメリカの小売業に大きく影響したのは，1960年代初期から中期にかけ，衣料品や耐久消費財中心の品揃えから，食料品中心に品揃えを拡大したことである。これが徹底した低価格訴求により，現在小売業売上世界第1位のウォルマート（Wal-Mart）を生み出した。
　③　日本での展開
　日本では，1960年代から1970年代にかけて，メガネやカメラ，紳士服などの買回品や専門品中心のDSが出現した。総合的な品揃えをするDSは，1970年代前半以降に出現した。秋葉原や日本橋の家電製品や，新宿や池袋のカメラ・時計・宝飾品などの専門品DSとダイクマやドン・キホーテのような総合的商品の取扱いを行うDSがある[*33]。日本の場合，消費者がDSとGMS，SMとの相違をあまり認識できず，総合的品揃えのDSの差別化は難しい。

(6) ホームセンター

① ホームセンターの定義

ホームセンター（home-center：以下「HC」）は，家庭内で使用する非食品を中心に品揃えした営業形態である。元来は，日曜大工に必要な商品を販売していたが，日用品や家具，寝具，簡単な電化製品，ペット用品，ガーデニング用品を品揃えし，消費者に低価格販売するようになった。一般的に店舗は郊外に立地し，広い駐車場などがある。

② ホームセンターの展開

日本での出店開始頃のHCは，アメリカのDo it yourself運動の影響があり，日曜大工用品を中心に品揃えしていた。その後，各地でスーパーが別業態の展開をはじめ，その1つとしてHC業態の採用，土地の有効利用を考えた小売業以外の参入があり，一気に拡大した。カインズホーム，ジョイフル本田，ケーヨーD2，コーナンなどがその代表である。最近はペットブーム，ガーデニングブーム，アウトドアブームに乗り，これら関連商品売場の拡大，海外からの輸入材料の紹介など，新しい生活提案も行っている。また，消費者だけでなく，小規模企業の調達先ともなっている。

(7) ドラッグストア

① ドラッグストアの定義

ドラッグストア(drug-store)は，医薬品を中心に日用品，化粧品，健康食品，一般の加工食品を品揃えする営業形態である。アメリカでは1901年に創業したウォルグリーン（Walgreen）を先駆けとし，展開した。ただアメリカのドラッグストアは，処方医薬品の売上が圧倒的に高い[*34]。一方，日本では医薬品以外の売上がアメリカのドラッグストアよりも多い。

② ドラッグストアの展開

日本の医薬品業界では，流通が系列化され，薬事法の影響もあり，医薬品を扱う小売店規模は小さかった。ドラッグストアは，規制緩和の影響や拡大志向のあった薬局・薬店が医薬品以外の取扱いを拡大し，化粧品などの値引き販売により，1990年代を通して一気に拡大した。特に化粧品，健康食品，健康補助

食品（サプリメント）などを大量に扱い，顧客の支持を集めるようになった。また，店舗拡大を積極的にすすめるマツモトキヨシやウェルパークは，資本・業務提携によるグループ化も行っている。さらにドラッグストアは，これまである程度の面積を要していたが，狭い面積でも出店し始め，コンビニエンスストアやスーパーとも競合が起こっている。

(8) 専 門 店

① 専門店の定義

専門店（speciality store）は，専門品や買回品を中心に特定分野の商品を品揃えする営業形態である。品揃えには，幅の広さと深さが重要になる。専門店は，単一品目の奥行きが深い場合もあるが，用途別に関連した商品拡大や，限定した対象顧客に各種生活用品を拡大する方向もある[*35]。衣料品では，紳士服の色やサイズの品揃えの豊富さである。専門店はセルフ・サービスではなく，販売員の接客サービスが重要であり，専門的知識に裏づけされた十分な情報提供が行われる。

② 専門店の展開

最近は，衣料品店，家具店，電気店，食料品店など，業種により専門店を区分せず，消費者のライフスタイルに合わせて品揃えする専門店が増加している。若者のアウトドア衣料を中心に扱う専門店が，マウンテンバイク，リュックサック，スニーカー，アウトドア用品，スポーツ用品，アクセサリー類などを品揃えし，1つのコンセプトで品揃えするコンセプト・ショップも現れている。

専門店の大部分は，中小小売業者が展開する営業形態であるが，大規模店舗で特定分野に限るカテゴリー・キラーも現れている。玩具のトイザらすや文具用品のオフィスデポ，スポーツ用品のスポーツオーソリティなどである。これらはアメリカで導入されたが，日本でもカメラ，パソコンなどに限定したカテゴリー・キラーがある。

(9) 無店舗小売業

無店舗小売業は，有店舗小売業と対比されるが，通信販売，自動販売，訪問販売がある。

① 通信販売

通信販売は，4大媒体といわれるテレビ，ラジオ，新聞，雑誌などに広告を載せ，ダイレクトメール，電話，インターネットなどで顧客と接触し，販売する営業形態である。国土の広いアメリカで早くから発達した。日本でも，通信販売は20世紀はじめから行われていたが，それほど発達せず，1990年代の中頃までは衣料品の通信販売が主であった。しかし，インターネットを介した販売が驚異的な速さで伸長している。

② 自動販売

自動販売は，自動販売機による販売である。代金計算や決済まで無人化した販売形態であり，消費者には，手軽さと立地の利便性により飲料中心に浸透した。無人販売であるため人件費などの販売経費が大幅に節約されるが，設置場所の賃料や電気代などが発生する。日本は屋外の自動販売機の台数が世界最多で，治安の良さを示すものとなっている。しかし，交通妨害や景観破壊の批判，タバコや酒類などの未成年者購入などの問題もある。最近は，自動販売機に未成年かどうかをチェックする機能を付加しているが，自動販売機自体の高額化，機械の減価償却期間との関係もあり，一気には浸透していない。他方で，コンビニエンスストアとの競合が起こっている。

③ 訪問販売

訪問販売（door to door selling）は，販売員が各家庭や職場などを訪問し，直接顧客と接して，商品情報を提供し，販売する形態である。訪問販売は，販売員が家庭や企業を訪問する必要があり，持参する商品の種類や量に限界がある。アメリカでは，農村地帯を農機具や衣類，家庭用の調理器具までを訪問販売したペドラー（peddler）の存在があり，日本でも野菜や魚などの伝統的行商や富山の薬売りなど，家庭用医薬品を販売する者も存在した。現在は，ポーラ化粧品やヤクルトなど生産者や販売会社から化粧品や健康飲料などを訪問販売することを主とした企業もある。

訪問販売は販売員による販売である。最近は，在宅率の低下やオート・ロック・マンションなどの増加により，訪問販売自体が減少傾向にある。

2　小売業の経営形態

　小売業の経営形態の分類は，店舗を開業，展開する際，独自に店舗を開設するか，他企業との関係を結ぶかによって区分される。他企業と関係を結ぶ場合，資本提携，業務提携がある。

(1)　独立小売業

　独立小売業には，独立した小売業者が単一の店舗を所有，経営する場合と，複数店舗を所有・経営する場合がある[36]。

①　単一店舗
　単一店舗は，単独店ともいわれ，資本的に独立した小売業者が，1店舗のみを所有経営する店舗である。日本の小売店は，単一店舗の比重が高く，その経営は零細である。小売店の減少傾向が現れはじめた1980年代半ば以降，単一店舗の廃業が大部分である。

②　複数店舗
　単一店舗のみを経営していた小売業者が，2号店出店（本店支店関係）により，複数店舗を経営することもある。日本では店舗数11店以上をチェーン・ストアと呼ぶが，店舗数よりも本部と各店舗との関係を区分する方がより明確になる[37]。
　本支店経営は，本店による支店の拘束は緩やかで，仕入や販売活動は自由な場合が多い。一方，チェーン・ストアは，本部による各店舗の統制が厳しい。本部は各店舗の仕入を集中して行い，物流活動やプロモーション活動，販売価格の管理もする。チェーン・ストアは，仕入と販売を分離し，チェーン本部による集中仕入と店舗の分散性により，商圏を拡大し，多くの消費者を取り込むのが特徴である。本部は，経営や運営に関する意思決定を行うが，基本的に販売は直接行わない。

(2)　組織化小売業

　組織化小売業は，店舗展開の際，他企業と企業間で組織化して店舗展開を行う小売業である。組織化小売業には，資本的に独立している複数の小売業者が

契約し，協業を目的に組織を形成する場合がある。その代表的として，ボランタリー・チェーンとフランチャイズ・チェーンがある[*38]。

① ボランタリー・チェーン

ボランタリー・チェーン（voluntary chain，以下「VC」）は，資本面での独立性を維持したまま，流通業者が自発的に組織化し，協業化するチェーン組織である（**図表8-1**）。運営方法ではチェーン・ストア方式を採用し，規模の経済性により中心となる卸売業者や小売業者など1つのリーダーシップの下にある。各店舗は，共同仕入，共同物流施設，共同プロモーションなどにより，共同の

＜図表8-1　ボランタリー・チェーンの仕組み＞

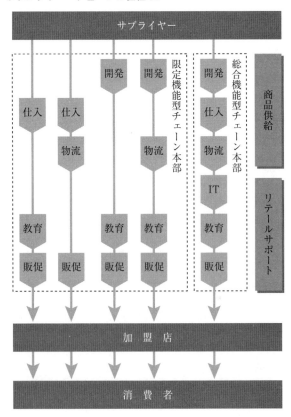

利益を目指す。つまりVCでは，誰がリーダーシップを握るかが重要となる。一般にVCでは，各小売店に商品を納入する卸売業者がリーダーシップを握るが，小売業が握ることもある。イギリスでは，小売業者がリーダーシップを握るものを，コーペラティブ・チェーン（co-operative chain）とし，卸売業者がリーダーシップを握るVCと区別している。

日本でも戦前からVCは試みられ，1960年代半ばに旧通産省が流通近代化の一環として推進したが，欧米に比べてその成長はない。それはリーダーシップを握る側の問題として，主催者の経営指導能力の欠如，新業態開発への怠慢，商品開発能力の欠如などが理由である。加盟店側では，加盟店主のお山の大将意識の強さ，帰属意識の低さ，すべてが本部からの仕入ではないこと，経営に対する危機意識の低さ，組織に入るメリットが少ないという認識などが理由である。さらに日本では，卸売業者のサービスが他国に比べて発達しており，生産者の力が比較的強く，ボランタリー機能の低さのため，相手にされないことが指摘されている[39]。

② フランチャイズ・チェーン

フランチャイズ・チェーン（franchise chain：FC）は，フランチャイズ・システム（franchise system：FS）により運営される（**図表8-2**）。FSはフランチャイザーとフランチャイジーとの契約関係で構成される。フランチャイズとは，事業者（フランチャイザー）が，そのフランチャイズに加盟したい事業者（フランチャイジー）と契約を結び，自己の商標，サービスマーク，トレードネーム，その他営業の象徴となる標識及び経営のノウハウを用い，同一のイメージの下に商品販売その他事業を行う権利を与える。一方，フランチャイジーは，一定対価を支払い，事業に必要な資金を投下してフランチャイザーの指導及び援助により，事業を行う両者の継続的関係である[40]。

フランチャイズ・システムは，1856年にアメリカで，シンガー・ミシンが導入したのが始まりであった[41]。その後，自動車，ガソリン，ファーストフードなど多くの業種で導入された。日本では，1956年の東京コカ・コーラボトリングが最初であった[42]。コンビニエンス・ストアの店舗展開にこのシステムが導入され，定着し発展している。

フランチャイズ・システムは，フランチャイザーには，限られた人材と資金

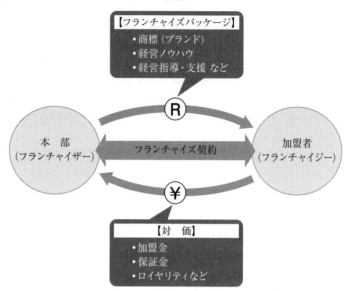

<図表8-2　フランチャイズ・チェーンの仕組み>

により，急速な販路拡張や事業拡大が可能となる。フランチャイジーには，事業の知名度やノウハウが利用可能で，不十分な資金や経営力でも不安定な創業時期を乗り越え，独立経営者としての地位が得られる。ただ，フランチャイズ契約の内容が不十分で，誇張した勧誘，フランチャイジーに不利な契約条項が含まれている場合もある[*43]。営業開始後，売上不振など両者の間でのトラブルや訴訟事件などもある。日本でフランチャイズ・ビジネスが盛んなのは，小売店舗やサービスのブランドに対する信仰が消費者側にあるためだろう。

3　小売業の企業形態

企業形態別分類は，出資方法や出資目的による分類である。これにより小売業は，個人組織，会社組織，協同組合組織の3つに分類される[*44]。

(1) 個人組織

個人組織は，当該小売組織への出資者が1人の場合である。

(2) 会社組織

　会社組織は，当該小売組織への出資者が複数いる場合である。組織形態には，合名会社，合資会社，有限会社，株式会社がある。2006年5月以降は設立できる会社は，株式会社，合名会社，合資会社，合同会社となった。

(3) 協同組合組織

　協同組合は，相互扶助を目的とし，加入・脱退の自由，議決権・選挙権の平等，出資率に比例する配当などを主に組織される。日本では消費者を対象とする消費生活協同組合（生協），農業従事者を対象とする農業協同組合などがある。協同組合は，ロバート・オーウェンの思想的影響を受け，1844年にイギリスのロッヂデールで組織されたロッヂデール開拓者組合が最初であった。日本では，1921年に設立された神戸購買組合，灘購買組合が最初であった。

　日本の生活協同組合は，1948年に施行された消費生活協同組合法により，非営利団体，特定地域内のみの活動に限定されていた。また，組合員以外への供給の禁止などが定められ，厚生労働省が管轄している。生協は，地域生協，職域生協，大学生協などに区分される。

　生協には，消費者の共同購入と商業者の側面がある。一般の小売業とその形態が次第に似るようになり，消費者の認識もそれほど変わらなくなってきた。生協では，事業高（供給高），剰余金，供給，組合員という用語を通常は使用しているが，一般の小売店での売上高，利益，販売，消費者と内容はほぼ同様である[*45]。

　生協法は，1948年に制定されて以来，2007年にはじめて改正された。生協は戦後の食糧難への対応を行う相互扶助を目的とした組織の性格と，経営規模の拡大によって中小・零細小売業の経営面への影響を配慮し，都道府県境を越えた事業展開を規制する県域規制があり，特定地域内での活動に限定されてきた。2007年の改正では，展開地域の広域化や機動的な再編が可能となった。また，組合の解散・合併は，組合員の過半数が出席する総会でしか決議ができなかったが，組合員の代表で構成する総代会でも決議が可能となった。収益源となりつつある共済事業は，契約者保護の観点から規制強化された[*46]。

第3節　小売商業集積

1　小売商業集積

(1)　小売商業集積

　小売業（小売店）が集中し，消費者の購買活動が集積する場所を（小売）商業集積という。商店街という用語も広義には同じ内容を意味し，地理学では小売中心地，都市計画上は商業地と呼ぶ[*47]。ただ，商店街というと古臭く，集積店舗も小規模であり，買物をする消費者も近隣の中高年齢者というイメージがある。

　商業集積は，集積する店舗数が多ければ多いほど，販売額も多くなり，東京・銀座や大阪・梅田では，大規模百貨店や専門店などが集積することで，遠隔地の消費者を吸引している。全国から消費者を吸引できる商業集積を超広域型商業集積という。消費者の集合により商品が遠心的に移動する範囲を商圏というが，超広域商業集積の商圏は日本全国となる。

　県内やその周辺からの消費者を吸引できる商業集積を広域型商業集積という。超広域型商業集積，広域型商業集積には多様な業種や業態の店舗があるが，主に買回品を販売する小売店舗が多い。

　人口10万人程度の市を中心に存在する商業集積も各地にあるが，これら商業集積で販売されている商品は，最寄品中心の店舗が多い。このような商業集積を地域型商業集積という。また，近隣の消費者だけが利用する商業集積もあり，ほぼ最寄品で品揃えが構成されている。このような商業集積を近隣型商業集積という。

(2)　小売商業集積の変化

　商業集積は，時代とともに環境の影響を受け変化する。その要因には，商業集積の外部要因と内部要因がある。外部要因は，人口増加や減少，郊外への移動，所得水準の上昇，家族構成やライフスタイルの変化，モータリゼーション

や道路網や鉄道網整備による交通条件の変化がある。内部要因は，商業集積内部に立地する小売店経営者の生活条件，集積内での競争環境，周辺集積との競争環境，地価の上昇に伴う経営環境の変化などがある。

日本の商業集積の形成には，次の3つのパターンがある[*48]。
① 旧街道沿いや城下町，門前町などに自然に形成され，最寄品中心の品揃えをしてきたいわゆる商店街。
② 鉄道網の発展により，小売店の駅前立地を定着させ，繁華街を形成し，スーパーや総合スーパー，百貨店の建設など，いわゆる商店街に対抗して形成された商業集積。
③ 駅周辺とは別に郊外のいわゆるロードサイド，工場跡地や地価の安い地域や未利用地に出店し，そこに次々と店舗が集積し，全体として商業集積の様相を見せている商業集積。

2　小売業の集積形態

小売業（店）の集積形態からの小売業の観察は，小売業（店）を個別店舗の営業形態や経営形態などから観察するのとは異なる。それは，小売店が立地する場所全体，つまり集積により小売業を分類するからである。集積形態には，商店街，ショッピング・センター（ショッピング・モール），ロードサイド・ショップ，アウトレット・モールなどがある。

(1) 商店街

商店街は，一般に古い寺社の門前や城下など中心に，交通の要所や駅前など人々の往来や居住地の近隣で消費者へ直接商品を販売するため，ほぼ自然発生的に集積した。しかし，スーパーマーケットなどの業態の誕生により，ライフスタイルの多様化，地価上昇，モータリゼーションの進展により，商店街の魅力は減少している。現在は，ほとんどの商店街が売上減，後継者難などの問題を抱え，廃業する小売店も多い。商店街全体では，空き店舗の比率が2割以上あるところが多い。最近20年間の商店街の凋落には目を覆うばかりであり，国や地方公共団体も施策により，以前の賑わいを取り戻そうとしているが，その効果は上がっていない。

(2) ショッピング・センター

　ショッピング・センター（shopping center）は，開発業者（ディベロッパー）により，計画，開発，管理される特定の商業区域または商業施設である。1950年代のアメリカで，人口の郊外移動と，モータリゼーションの進展により，急速に増加した。ショッピング・センターには，核となる大型店舗が入り，計画に基づき多様な業種・業態の小売店を配置し，消費者のワン・ストップ・ショッピングを可能にしている。買物だけではなく，消費者ニーズに合わせたレストラン，映画館，ゲームセンターなどの施設が入居し，1日中過ごすことも可能である。日本では，1969年に玉川髙島屋が二子玉川に開設したのが最初である。またショッピング・モール（shopping mall）といわれることもあるが，モールは天蓋を指し，全天候型の施設を備えたものをいう。

(3) ロードサイド・ショップ

　1970年代からの本格的なモータリゼーションにより，自動車での買物の便のため，国道やバイパス沿いなど幹線道路に小売業が立地するようになった。これを，ロードサイド・ショップ（ロードサイド・リテーラー）という。

　ロードサイド・ショップは，当初は自動車ディーラーなどが主であったが，最近はさまざまな業態が進出し，一定区間のロードサイドで用が足りる場合も多い。しかし，ロードサイドへの小売業の林立は，道路が自動車で溢れ，環境に対する悪影響や交通渋滞を引き起こす恐れもある。

(4) アウトレット・センター（アウトレット・モール）

　アウトレット・ストアは，過剰在庫や返品，店頭に展示したサンプルなど，一定期間が経過したものを低価格で最終処分する業態である。アウトレットには，過剰在庫や返品など一般の小売店から出た売れ残りであるストア・アウトレットと，工場でのB級品であるファクトリー・アウトレットがある。最近は，アウトレット専用品も品揃えされている。アウトレット・ストアには先の2つの流れで商品が集まるが，これらのアウトレット・ストアの集積をアウトレット・センターやアウトレット・モールという。

欧米では以前からあったが、日本ではそのイメージの悪さのため、アウトレット・ストアの集積はなかったが、1990年代半ば以降、大手ディベロッパーが各地に開設するようになった。日本の場合、売れ残りやB級品とはいえ、百貨店など正規価格で販売している店舗が近くに所在するため、競合を生み出したり、正規品を販売している店舗からの反発もある。

3 小売商業集積間の競争

(1) 商業集積間の競争

日本の商業集積の空間は移動してきたが、これまでは長い時間経過があった。1980年代以降は、急速にその移動のスピードを加速している。商業集積の増加により、商業集積間競争がより激化している。この商業集積間競争は、消費者吸引競争である。

(2) 顧客吸引モデル

消費者を吸引（引力）するモデルは、物理学におけるニュートンの万有引力の法則に基づき、それを空間的な人間相互行為の問題に適用しようとするものである。つまり、地域間の距離が拡大することにより、人やモノの移動が減少するという事実は、社会における人間の空間的な相互行為といった社会現象でも、引力モデルが適用できることを意味する。このモデルを最も早く公式化したのは1858年のキャレイ（H. C. Carey）であった[49]。その後も小売取引に関して、距離と人口の大きさに関する仮説が立てられ、特殊な社会現象の空間的相互作用の説明が試みられてきた[50]。

小売商圏研究では、ある買物の目的地の魅力度は消費者の自宅からの距離（または時間）とその目的地の商業集積や店舗の規模（売場面積）で説明しようとする。このモデルはライリー（W. Reilly）の小売引力の法則といわれる[51]。

① ライリーの小売引力の法則

1929年にライリーは、テキサス州における実証研究によって、引力概念をそれ以前とは異なる視点から取り上げた。そこでは正常な状態の下では、2つの都市が、中間にある小さな町から小売取引を吸引すると、これらの2つの都市

の人口の何乗かに正比例し，中間にある小さな町から各々の都市の距離の何乗かに反比例して吸引する。典型的には，小売取引の吸引は2つの都市の人口に正比例し，中間の小さな町から大都市への距離の2乗に反比例するとした[*52]。

$$\frac{B_a}{B_b} = \left(\frac{P_a}{P_b}\right)^N \times \left(\frac{D_b}{D_a}\right)^n$$

B_a, B_b ……… A, B両市がそれぞれ吸引する小売販売額
P_a, P_b ……… A, B両市の人口
D_a, D_b ……… 中間の都市からA, Bそれぞれへの距離
N ……… 通常1とする
n ……… 1.5～2.5で通常2とする

この式を用いて，$B_a = B_b$すなわち両市の吸引力が等しい地点を求めると次のようになる。

$$DB = \frac{D_{ab}}{1 + \sqrt{\frac{P_a}{P_b}}}$$

DB ………… B市から吸引力均衡点までの距離
D_{ab} ………… AB間の距離
P_a, P_b ……… AB両市の人口

② ハフ・モデル

小売引力モデルは，ライリーに始まり，コンバース（P. D. Converse）の新小売引力の公式の展開を経て，ハフ・モデルへと発展した[*53]。ハフは小売商圏モデルは，都市が単位となっているが，これを商店街，市場，百貨店，スーパーなどの小売商業の集積を単位とする必要があり，個別店舗を単位とし，小売商圏モデルを設定することを考えなければならないと主張した。また，取り上げる商品も買回品一般ではなく，個別に個々の商品を見なければならず，いくつかの小売店舗集団，あるいは個別の小売店舗を同時にとらえ，それらの小売商圏を各々決定しなければならないとした[*54]。

$$P_{ij} = \frac{S_j/T_{ij}^{\lambda}}{\sum_{j=1}^{n} S_j/T_{ij}^{\lambda}}$$

P_{ij} ……………… i 地区から j への買物出向確率
S_j ……………… 中心地 j の特定品目の売場面積
T_{ij} ……………… i から j までの時間距離
n ……………… 選択対象となりうる中心地の数
λ ……………… 特定品目について測定する

　ハフ・モデルでは,売場面積のみが引力の変数であったため,その後,売場面積に加え,商業集積の魅力や所在する小売店舗の業態などもその変数に取り込んだ修正ハフ・モデルが提示された。

* 1　The American Marketing Association（1960），p. 49
* 2　P. Kotler（1991），*Marketing Management* 7ed, Prentice-Hall,（邦訳　村田昭治監（1996）『マーケティング・マネジメント（第7版）』プレジデント社，501頁）
* 3　修理料収入額の方が多くても，同種商品を販売している場合は修理業とはせず小売業とする。ただし，修理のみを専業としている事業所は，修理業（サービス業（他に販売されないもの））である。この場合，修理のために部品などを取り替えても，商品の販売とはしない。
* 4　鈴木安昭（2004）『新・商業と流通（第4版）』有斐閣，138頁
* 5　鈴木（2004）『前掲書』，138-139頁
* 6　鈴木（2004）『前掲書』，140頁
* 7　鈴木（2004）『前掲書』，140-146頁
* 8　マーチャンダイジングには2つの意味があり，使用する主体により意味が異なる。小売業や小売業者などの流通業者にとっての意味は，商品構成，商品仕入，商品陳列などの品揃えであるが，生産者にとっては，製品計画を意味する。最近では，製品計画をプロダクトプランニングといい換えることもある。
* 9　雲英道夫（1997）『新講商学総論（3版）』多賀出版，99-100頁
*10　篠原一壽（2002）「小売機構」宮原義友編著『商学概論』同文舘，79頁
*11　篠原（2002）『前掲書』，80頁
*12　鈴木（2004）『前掲書』，138頁
*13　関根孝（1996）「小売機構と小売業」久保村隆祐編著『商学通論（三訂5版）』同文舘，37頁
*14　篠原（2002）『前掲書』，83頁
*15　青木均（1999）「小売業」兼村，青木，林，鈴木，小宮路『現代流通論』八千代出版，94頁
*16　P. H. Nystrom（1930），*Economic of Retailing*（3ed），Vol. 1，p. 125
*17　M. T. Copeland（1920），*Marketing Problems*, p. 51
*18　戸田海市（1924）『商業経済論』137頁
*19　水野祐吉（1940）『百貨店研究』同文舘，33-46頁
*20　宮下正房（1989）『日本の商業流通』中央経済社，100-106頁
*21　H. S. Peak & E. F. Peak, *Supermarket Merchandising and Management*, pp. 13-15
*22　徳永豊（1992）『アメリカ流通業の歴史に学ぶ（第2版）』中央経済社，59頁
*23　建野堅成（1994）『日本スーパー発達史年表』創成社，4頁
*24　建野（1994）『前掲書』，9頁

* 25 田口冬樹（2001）『体系流通論』白桃書房，190頁
* 26 日経流通新聞編（2000）『流通経済の手引き』日本経済新聞社，219頁
* 27 最近では幅広く商品を品揃えしている小売業だけでなく，特に家庭用電化製品や衣料品などのように商品を特化し，大量に販売している業態の小売業を家電量販店ということもある。
* 28 田口（2001）『前掲書』，169-170頁
* 29 http://main.sej.co.jp/01/0109right.html
* 30 Allen Liles (1976), *Oh Thanks Heaven, The Story of the Southland Corporation*, The Southland Co., pp. 20-23
* 31 徳永（1992）『前掲書』，195頁
* 32 徳永（1992）『前掲書』，109-111頁
* 33 田口（2001）『前掲書』，179-180頁
* 34 三浦信（2006）「ウォルグリーン」マーケティング史研究会編『現代アメリカのビッグストア』同文舘，87頁
* 35 鈴木（2004）『前掲書』，181頁
* 36 田口（2001）『前掲書』，150頁
* 37 田口（2001）『前掲書』，151頁
* 38 青木（1999）『前掲書』，98頁
* 39 三家英治（1994）『要説 商業とは何か』晃洋書房，88頁
* 40 http://jfa.jfa-fc.or.jp/fc_sys.html
* 41 小原博（1987）『マーケティング生成史論』税務経理協会，89頁
* 42 R. F. Hartly (1983), *Marketing Fundamentals*, Harper & Row, pp. 336-338，田口（2001）『前掲書』，156頁
* 43 鈴木（2004）『前掲書』，183-184頁
* 44 関根（1996）『前掲書』，63頁
* 45 三家（1994）『前掲書』，46頁
* 46 日経 MJ 2007年2月28日付
* 47 鈴木（2004）『前掲書』，155-156頁
* 48 伊藤元重・松島茂（1990）「日本の流通－その構造と変化」『ビジネスレビュー』Vol. 37, No. 1, 14-32頁，岡田康司（1985）『百貨店業界』教育社，24-39頁，田口（2001）『前掲書』，235-237頁
* 49 G. A. P. Carrothers (1966), "A Historical Review of the Gravity and Potential Concepts of Human Interaction," *Journal of the American Institute of Planners*, Vol. 22

＊50 山中均之（1977）『小売商圏論』千倉書房，7頁
＊51 中西正雄執筆項目，久保村・荒川監修（1995）『最新商業辞典』同文舘，18-19頁
＊52 W. J. Reilly (1929), "Method for the Study of Retail Relationships," *University of Texas Bulletin*, No. 2944, November
＊53 コンバースは，2つの都市の人口の差があまりにも著しくて，一方が他方の15倍，20倍あるいはそれ以上の場合には距離の2乗を3乗にするように提案し，また，大都市に流出する小売売上高とその都市にとどまる小売売上高との比率を求める公式を新小売引力の公式として展開した。(P. D. Converse (1949),"New Laws of Retail Gravitation," *Journal of Marketing*, Vol. 14, October, 山中均之（1977）『前掲書』，8頁）
＊54 D. L. Huff (1964), "Defining and Estimating a Trading Area," *Journal of Marketing*, Vol. 28, July, 1964, 山中（1977）『前掲書』，8-9頁

第9章

卸売機関

　生産者（製造業者，メーカー）や流通業者が，モノを販売する活動は，小売と卸売に区分される。この活動は，一般的には販売する相手，つまり販売対象で区別される。小売とされるのは，最終消費者に対する販売活動であり，卸売とされるのは最終消費者以外に対する販売活動である。つまり，同じ商品（製品）でも販売相手により，小売と卸売に分けられる。

　卸売業者の存在意義は，第3章で取り上げたように，特定の事業目的のために購買し，生産活動や再販売活動によって商品やサービスに付加価値をつけ，それにより流通費用を節約するためである。しかし，この卸売業の存在意義は，現在揺らいでいる。

　本章では，卸売概念，卸売業の社会的機能，卸売業の諸形態，具体的市場としての卸売市場について考えていきたい。

第1節　卸売業とその機能

1　卸　　売

(1)　卸売の概念

　卸売（wholesaling, wholesale trade）は，卸売業者（wholesaler）や小売業者（retailer）など再販売を目的とする商業者（流通業者）や産業用，業務用使用者または組織への商品とそれに付随したサービスの販売である。卸売は，小売に対する概念で，商業活動のうち，小売を除く活動である。小売は最終消費者への販売であり，卸売は最終消費者以外への販売として，明確に区分でき

<図表9-1　流通チャネルのパターン>

(パターン1)	(パターン2)	(パターン3)	(パターン4)			(パターン5)	
M	M	M	M	M	M	M	M
↓	⇓	⇓	⇓	⇓	⇓	⇓	⇓
C	IU(P)	R	W	W1	W1	W	W1
		↓	⇓	⇓	⇓	⇓	⇓
		C	R	W2	W2	IU(P)	W2
			↓	⇓	⇓		⇓
			C	R	W3		IU(P)
				↓	⇓		
				C	R		
					↓		
					C		

⇒卸売活動
→小売活動
M (Manufacturer)：生産者
C (Consumer)：最終消費者
IU (Industrial User)：産業用使用者
P (Public)：政府
R (Retailer)：小売業者
W (Wholesaler)：卸売業者

る。そして，卸売を担当する個人または組織が卸売機関（wholesaling institution）である。

卸売活動で取引されるモノは，消費財だけではなく，原材料やエネルギー資源，生産設備などの生産財もその対象である。ただ，卸売活動を行うのは卸売業者だけではなく，生産者が直接最終消費者に販売する活動以外の販売も卸売活動である。

図表9-1では，パターン4（の2番目と3番目）とパターン5（の2番目）は，1つのモノの流通チャネルに卸売業者が複数存在する場合も示している。つまり，小売取引（活動）は，1つのモノには1回しか存在しないが，卸売取引は複数回存在する場合がある。日本では，流通段階が多く，流通チャネルが長いのは，1つのモノの流通に卸売業者が複数入る場合が多いためである。

(2)　問屋の形成

卸売業の概念に含まれる卸売機関は多様である。日本では卸，卸売業者という言葉と同義語として扱われてきた言葉に問屋がある。問屋は，鎌倉時代に荘園に属し，年貢運搬にあたった荘民が，後に港の近くに住む名主や寺家の被官を問とし，年貢米輸送の問職に任命されたことに始まる。

この時は，荘園領主に仕える者であったが，この業務を専門的に行う業者と

なったのが、荘園領主の支配下の問丸であった。問丸は、次第に輸送や保管を担当する独立業者として、年貢物だけではなく、一般の生産物を扱い、輸送や保管だけではなく、金融や危険負担も担った。

問丸は、江戸時代に問屋として発展し、1つの藩内を市場単位としながらも全国市場でも中心的役割を担った。江戸では、商品が全国から直接入荷し、収集・分散機能を持つ問屋が発達した。

近代になると、消費財の生産者が成長し、それら製品の生産と販売に問屋の果たす役割が大きくなった。問屋が生産者に原材料費などの購入資金を貸し付け、製品を買い取り、市場に流通させた。つまり、問屋が生産を支え、製品を買い取ることで危険負担し、自らの責任で販売する責任を負うようになった。

(3) 問屋の商法上の定義

問屋の商法上の定義は、売買を委託され報酬を受ける者や組織である。商法551条では、「問屋トハ自己ノ名ヲ以テ他人ノ為メニ物品ノ販売又ハ買入ヲ為スヲ業トスル者」と規定され、委託販売や買付業者の性格を表している。

卸売業は、明治時代以降一般化した用語であり、自らの責任で商品を買い取り、他の組織に商品を再販売する者で、問屋より大規模なイメージがある。一方、問屋は、本来は売買を委託され、手数料を稼ぐ者で自らの責任で仕入れ販売する者ではない。卸売業に比べて、古い体質で中小規模イメージがある。

現実と商法上には、以上のような違いがあるが、問屋と卸売業者はほぼ同じ意味の言葉として使用されてきた。

(4) 卸売活動の担当者

個人や組織で卸売をしている者は、卸売業や問屋以外にも、総合商社、専門商社、生産者（メーカー）の営業所、販売会社、特約店、ラック・ジョバー、ブローカー、仲立人、仲買人、代理店、農協などがある。

現在、日本の商業統計上、卸売業とされているのは次の通りである。
① 小売業者または他の卸売業者に商品を販売する事業所
② 産業用使用者（工場、鉱山、建設、官公庁、学校、病院、ホテルなど）に業務用として商品を販売する事業所

<図表9-2 広義と狭義の卸売業>

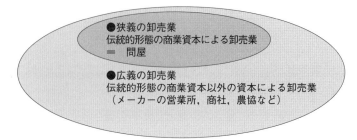

(出所) 宮下正房 (2002)『商業入門』中央経済社, 116頁

③ 製造業者が別の場所で営業している自社製品の販売事業所
④ 代理商・仲立業(これは売買の目的である商品について所有権を有することなく,また,直接的な管理をするか否かにかかわらず,手数料及び,その他の報酬を得るために卸売業の代理業務を行い,あるいは仲立あっせんを行う事業所。なお,代理商・仲立業は一般に買継商,仲買人,農産物集荷業と呼ばれる事業所が含まれる)

広義と狭義の卸売業の関係は**図表9-2**のようになる。

2 卸売業の社会的機能

(1) 需給結合機能

生産者や消費者が特定場所に集中せず,分散している場合,生産者と消費者を結合させる必要がある。そのため,流通業者が仲介し,両者を結びつけなければならない。流通業者は,流通機能の分化により,卸売と小売を行う者に分化した。したがって,卸売業者も小売業者と同様に需給結合の役割を担う。

消費者が広範囲に分布すると,小売業者も広範に分布する。小売業者が広範に分布できるのは,それらに販売する卸売業者が,川上の卸売業者や生産者と結びつけるためである。需給結合は,物理的結合だけではなく,価格調節,プロモーションを通して供給量と需要量調節も行う[*1]。つまり,需給結合機能は,卸売業者だけが担当するわけではないが,卸売業者の役割は重要である。

(2) 品揃え形成

　流通業者の社会的存在意義は，流通活動により需要者のために商品やサービスの集合である品揃えを形成することである。つまり，品揃え形成は，生産され，流通過程にある異質な商品の組み合わせを，卸売業者が川下の卸売業者や小売業者，消費者に意味のある組み合わせにすることである。散在する多くの生産者から製品（商品）を収集し，川下の多くの卸売業者や小売業者などに商品を分散させるが，これは卸売業者が歴史的に担ってきた機能である。また，製品を規格や等級に分け，各々同一規格や等級のモノの集合を作る機能もある。工業製品などは製造段階で，規格化されるためにこの必要はないが，農水産物などは，規格も等級もバラバラなために重要な活動である。さらには需要側に向けて，量の調整をしなければならない。

　現在は，生産者や小売業者が，大規模化し，独自のマーケティングやマーチャンダイジングを行うようになり，卸売業の集荷分散機能は相対的に低下しているといわれる。しかし，卸売業は集荷分散を行い，需要者に意味のある品揃えを形成するという基本的な社会的機能は相変わらず残っている。

3　卸売業が主に担当する流通機能

　卸売業者が主に担当してきた流通機能は，生産者，小売業者，物流業者，消費者など狭義の卸売業者以外の個人や組織も担当することがある。しかし，卸売業者といわれるのは，卸売活動を主な事業として継続して行っている個人や組織である[*2]。流通機能を担当する者が多様に存在する状況では，流通機能の効率的遂行には，本来の卸売業者だけでなく，流通機能を遂行する卸売業者以外も含めた形で競争が展開される。

　卸売業者は，モノの流通における生産と消費段階の中間にあり，小売段階の前段階や産業用使用者などの前段階に位置する。卸売業者の機能は論者により相違はあるが，商的流通機能（需給接合），物的流通機能，情報伝達，流通金融，危険負担，生産・加工機能の6つの機能である。先に取り上げたのは，卸売業の社会的機能であり，ここでは流通機能の中で，卸売業者が主に担当する流通機能を考える。

(1) 商的流通機能（所有権移転機能，需給結合）

需給結合は，卸売業者だけが遂行する機能ではないが，所有権移転という商的流通では基本的な機能である。需給結合機能には，在庫調整などのバッファー的機能，農産物などの価格形成機能，品揃え形成機能がある[*3]。つまり，卸売業者は，生産者やさらに川上の卸売業者から多様な商品を収集し，質や量などの需要に応じて調整し，販売先に購買活動の時間的な便宜を図る。また，大口で仕入れ，販売先のニーズにより少量小口で分散する機能を果たし，販売先の流通費用節約に貢献する[*4]。

(2) 物的流通機能

卸売業は，輸送，保管・貯蔵機能を遂行し，生産時点と販売先からの受注の時間的懸隔を架橋する機能，生産者に代わって販売先に商品を運送する機能を遂行する。これらの機能は，中世から卸売業者が遂行してきた歴史がある。これまで卸売業者は物流の中心である輸送，保管・貯蔵機能を担当してきた。卸売業者が保管・貯蔵することで，小売業者などの需要に応え，供給できる。卸売業者がこのような機能を遂行することで，生産者は大量の製品を自ら保管・貯蔵する必要がなく，保管や貯蔵のための空間的費用を節約できる。小規模生産者の場合，その費用節約は大きなものとなる。

小売業者が商品在庫をできるだけ少なくし，商品回転率を高めるため，その都度卸売業者から仕入れると，多くの費用節約になる。これまでは卸売業者が遂行する物流機能は重要であったが，生産者や小売業者，消費者がこの物流機能の一部を担当し，全く別の専門業者が担当することも可能である。ただ，卸売業者以外がこれら機能を担当しても，当該担当者が流通費用をどれだけ節約できるかを考えなければならない。

(3) 情報流通機能

卸売業者から販売先への情報伝達は，主にセールス・パースンにより行われる。伝達手段には，口頭やパンフレット，カタログなどがある。所有権移転情報のための契約や代金受取，それらの前提となる交渉での情報交換や価格決定

などは対面で行われる。日本で見られるこのような営業活動は，重要な情報伝達手段である[*5]。最近は，B to B のようにネットワーク上での電子商取引も盛んになっている。

　生産者は，最終消費者と経済的距離があるため，需要変化を十分に把握することが難しい。また小売業は，最終消費者に近接しているために局地的変動や状況を重視するため，一般的・全体的傾向を見誤る可能性がある。生産者と小売業者間に介在し，広い視野から市場を分析し，生産者に品質，種類，数量，販売時期などを伝達できるのは卸売業者である。

　小売業者には，将来の需要を見込んで前注文が多いため，生産者は条件を有利に調整することができる。つまり，卸売業者による前注文は，生産者に生産計画を可能にし，製品販路の維持・確保にもつながる[*6]。

　これまで売れ筋商品などの情報は，卸売業者への集中傾向があったが，POS や EOS などの導入により，情報の集中は小売業に移行している。そこで卸売業も情報機能を強化し，セールス・パーソンが販売先を巡回し，情報提供やコンサルティング活動を行い，POS データ分析やマーチャンダイジングやプロモーション活動へのリテール・サポート（小売業支援）機能の強化が必要になっている[*7]。

(4)　流通金融

　中小生産者は，生産した製品を卸売業者に委ねることで，小資本で生産可能となる。卸売業者は，商品代金の前払，即時払により生産者に生産資金を提供し，小売業者に掛売し，信用供与する金融機能を提供する[*8]。小売業者が小規模な場合，卸売業者からの信用供与で得られるメリットは大きい。

(5)　危険負担

　流通過程では，危険が発生する可能性が高い。それは商的流通，物的流通，情報流通，流通金融のすべての機能と関係する。卸売業は，百貨店に対して返品や派遣店員を受け入れることで，百貨店の売れ残りや人件費増加の危険を負担し，生産者に対しては一括買取や購入価格を保証し，生産活動に専念する体制を確立させる[*9]。卸売業者の危険負担は強調されないが，重要な機能である。

(6) 生産・加工機能

卸売業者が行う流通加工は，卸売段階で商品に付加される商品組立，包装，値札付けなどの活動がある。製造卸（manufacturing wholesaler）は，自ら生産設備を持ち，生産活動を行い，他の生産者の製品を仕入れ，品揃えを広げ，卸売を行うことがある[*10]。しばしばアパレルや玩具など，中小規模の生産者が多い産業で見られる。

第2節　卸売業の諸形態

卸売業はさまざまな形態に区分される。ここでは，卸売業を規模，取扱商品，立地・商圏[*11]，流通過程での位置づけ，経営主体と運営形態，遂行機能の範囲，所有権による分類，生産者とその取引関係から見ていきたい。

1　卸売業の分類

(1)　規模による分類

規模分類は，卸売業を資本金や従業者数で分類したものである。通常，大規模卸売業と中小規模卸売業に区分される。中小企業基本法では，資本金・出資金1億円以下で，従業者数100人以下の卸売業者を中小規模卸売業としている。

(2)　取扱商品による分類

取扱商品による分類は，取扱商品の幅で分類したものである。
① 総合卸売業（general merchandise wholesaler）
関連性にかかわらず多数の商品ラインを取り扱う卸売業者
② 限定卸売業者（limited-line wholesaler, single-line wholesaler）
食料品や医薬品などのように特定商品のみを取り扱う卸売業者
③ 専門卸売業（speciality wholesaler）
限定卸売業よりもさらに狭い部分の商品を取り扱う卸売業者（食料品でいえば，菓子のみなど）

(3) 立地・商圏による分類

立地による分類には，産地卸，集散地卸，消費地卸がある。
① 産地卸
産地卸は，生産地に所在し，農産物や水産物など生産者と再販売業者が小規模，多数の場合，これらを集荷する卸売業者である。青果物の場合，比較的小規模な産地集荷商を産地仲買人，比較的大規模なものを産地問屋という。収集卸や集荷卸も生産物を収集し，同様の機能を果たすが，産地に所在しないこともあり実態はズレがある。以前の産地卸は，農業協同組合や漁業協同組合などが代替している。
② 集散地卸
集散地卸は，収集や集荷機構と分散機能の両方を担当する卸売業者であり，交通の要所や大都市に多く所在する卸売業である。中継卸ともいわれる。集散地卸が集荷する相手は，中小規模生産者が多く，販売相手は，消費地卸や小売業者である。荷受機関としての役割を果たす卸売業者や都市での荷受問屋，貿易会社が主にこの役割を遂行する。集散地卸はその機能上，産地卸や消費地卸と区別しにくい面もある。
③ 消費地卸
消費地卸は，消費地に所在し，当該地域の小売業と直結し，卸売機能の末端を担う。分散卸ともいわれ，数の上で最も多い。主に当該地域の小売業者への商品配送，流通金融の提供，最近では小売業支援をしている。
④ 全国卸売業
全国卸売業は，全国市場を対象とする卸売業である。大都市に本社を置き，地方に支店や営業を置くなど，全国の卸売業や小売業などとの取引がある卸売業者である。食品卸大手の国分などは，「K&K」などのプライベート・ブランド（PB）も手がけている。
⑤ 地域卸売業
地域卸売業は，全国市場を対象としないが，複数の都道府県で営業活動を行っている卸売業である。

⑥ 地方卸売業

地方卸売業は，1つまたは2つの県に限定し営業地域とする卸売業者である。

(4) 流通過程の位置づけによる分類

流通過程の位置づけによる分類は，生産者との取引上の位置づけによる分類と収集，中継，分散という機能に基づく分類がある[*12]。

① 生産者との取引上の位置づけによる分類

生産者との取引上の位置づけによる分類は，生産者を川上とし，川上から順に1次卸（元卸，元売とも呼ばれ，メーカーから直接仕入れる卸売業者），2次卸（1次卸から仕入れる卸売業者），3次卸（2次卸から仕入れる卸売業者）とする。

② 機能に基づく分類

機能に基づく分類には，集荷卸（生産者から商品収集する。通常は産地に立地する産地卸の場合が多い），仲継卸（交通の要所や大都市に所在し，仲継機能を遂行する），分散卸（消費地に立地し，消費者（使用者）に対して商品を分散させる）がある。機能による卸売業の分類は，立地で決定されることが多いため，立地に基づく卸売業の区分と似ている。

2　卸売業の経営主体

(1) 卸売業の単独経営主体

経営主体と運営形態による分類は，卸売業の経営主体が単独か，生産者や小売業者からの資本を入れているか，また共同で営むかという分類である[*13]。

① 独立卸売業

経営主体が独立した経営体である卸売業者。

② 製造卸売業

卸売活動が主で統計上は卸売業に属するが，部分的に製造活動も行う卸売業者。

③ 製造卸売機関

生産者の販売子会社，生産者の販売支店や営業所などで，生産者の組織の一

部となっている卸売機関。日本では，流通系列化の1つの形として，特約店制度も発達している。

④　小売兼営卸売業

小売と卸売活動を兼ねる場合を指すが，卸売業が小売業を兼営する。

⑤　総合商社

他国ではあまりない日本独特の形態である。卸売業者のうちで貿易を主とするのが商社であるが，取扱商品が非常に幅が広い。販売，金融，情報，開発，オルガナイザー（主導者）的役割とその活動範囲も広い。

(2)　卸売業の共同経営主体

①　協同卸売機関

ボランタリー・チェーン，コーペラティブ・チェーン，そしてフランチャイズ・チェーン本部などの仕入機関。

②　協同組合卸売業

小規模な小売業などが，協同組合や株式会社組織とし独立した仕入機関としての卸売業。

③　生産者・消費者協同組合卸売機関

生産者または消費者の協同組合が有する共同購入機関。農協や生協等の卸売活動を行う共同機関も含まれる[*14]。これは生産物を大規模な取扱量にまとめ，収集機能を強化し，他の生産者や流通業者に供給量，価格，品質，ブランド面での対抗力を発揮しようとする機関。

3　卸売業の遂行機能範囲による分類

(1)　完全機能卸売業者

機能遂行の範囲による分類は，流通機能のうち卸売業が主に担ってきた機能（需給結合，品揃え形成，情報伝達，流通金融，危険負担，在庫機能，輸送機能）による分類である。すべて遂行する卸売業者を完全機能卸売業者（full-function wholesaler）という。

(2) 限定機能卸売業者

限定機能卸売業（不完全機能卸売業者：limited function wholesaler）は，流通機能のうち卸売業が主に担う機能の一部を遂行する卸売業者である。

① 現金持ち帰り卸売業者

現金持ち帰り卸売業者（キャッシュ・アンド・キャリー：cash and carry wholesaler）は，現金問屋ともいわれ，取引は現金のみで，流通金融を担当しない。小規模な小売業者が商品代金を現金で支払い，小売業者はその購入商品を自ら運搬する。つまり，運送や配達もしない。日本では菓子や医薬品などの分野で発達してきたが，最近ではこの業態に限って日本に進出したドイツのメトロが注目される。

② 注文取次卸売業者

注文取次卸売業者（desk-jobber）は，小売業者や業務用の使用者に代わり，商品仕入を代行する卸売業者で，在庫や輸送機能はない。典型的なのは，書籍の流通における日販やトーハンなどの書籍取次店である。注文取次卸売業者は，商品の所有権を持つため，ブローカーとは異なり，取引に関する危険負担をし，信用販売や集金も行う。しかし，生産者が直接小売業者や業務用使用者に直送するために輸送・保管は行わない。注文取次卸売業は，商品自体が大きかったり，1回の取引量がまとまったり，新鮮さが要求されるような商品領域で発達し[*15]，直送卸売業（drop shipper, desk jobber, directmail shipper）ともいわれる。

③ 帳合卸売業者

帳合は，ある小売店が継続的に取引しているある卸売業者との取引関係をいう。小売店からは，特定商品の仕入を長期的に固定化している卸売業者が，帳合卸売業者となる。最近は，生産者が小売店へ商品を直送し，代金回収や危険負担機能だけが，卸売業を経由することがある。代金回収と危険負担という限定した機能しか遂行しない。

④ 車積販売卸売業者

車積販売卸売業者（truck wholesaler, wagon distributor）は，商品をトラックやワゴン車などに積み，小規模な小売業者や飲食業などの顧客を巡回し，

店頭で受注し，その場で商品を引き渡し，代金決済を行う。一部では信用販売も行うが，一般的に規模が小さい卸売業者である。

⑤ ラック・ジョバー

ラック・ジョバー（rack jobber）は，小売店から店舗内のラック（棚）の管理を任された卸売業者である。アメリカのスーパーマーケットでは，食料品以外は回転率が低くなるために直営を避けている。この方法は，アメリカの卸売業者が採用した方法であり，商品の所有権は小売店側にある。ラック・ジョバーは小売店に代わり，当該店舗における棚の商品品揃えや組み合わせ，プロモーション，商品補充を任される。ラック・ジョバーの提供するサービスから，サービス・マーチャンダイザーともいわれる[16]。

⑥ 通信販売卸売業

通信販売卸売業（mail order wholesaler）は，小売業などにカタログやダイレクトメール，インターネットなどで情報を提供し，送られてきた注文書に基づき商品を配送する卸売業者である。この卸売業者は人的対面がない営業活動であり，店舗を必要としないため，さまざまな費用が抑えられる。

4 所有権と取引関係

(1) 所有権による分類

ここでは，先にみた卸売業が主に遂行する流通機能のうち，所有権を取得せずに商品買付や販売を委託され，仲介活動をし，売買活動をすることで手数料を得るものを分類している。この中には，代理商（agent），仲立人（broker），そして問屋（commision merchant）が含まれる。

① 代 理 商

代理商は，商法27条では「商人ノタメニソノ平常ノ営業ノ部類ニ属スル取引ノ代理又ハ媒介ヲスル者デ，ソノ商人ノ使用人デナイモノヲイウ。」とされている。特定の生産者や卸売業者のために，継続的に商品の販売・買付けなどを行ったり，取引の媒介を行う者である。代理商は，売買の代理人となるが，依頼人側の使用人以外の者が行ったり，また多数のための共同代理ではなく，特定者のための専属代理である[17]。この点が次にあげる仲立人とは大きく異な

る。商業統計では，ブローカー，仲立業，代理業，船宿，馬喰(ばくろ)，手数料を主とした農産物集荷業を指す。通常の販売代理店は，商品の所有権の移転が行われるためにこの範囲のものではない。

② 仲立人

仲立人とは商法543条では，「他人間ノ商行為ノ媒介ヲ為スヲ業トスル者」とされる。不特定多数者のために商品売買などの媒介を行う仲介者である。したがって，商品の物理的な取扱いをせずに売買の斡旋により，手数料を得る卸売業者である。ここでの媒介は，依頼人に適当な相手を探し，説得，両者を契約の締結にいたらせる。船舶や不動産の売買や賃貸借では船舶仲立人と不動産仲立人がある。

③ 問　屋

商法上の規定に基づく問屋は，売買を成立させる流通業者として，手数料を得るコミッション・マーチャントである。商法上の問屋の規定は，自己の名で生産者や流通業者から商品を委託されて売買し，委託者から手数料を受け取る卸売業である。取引責任は負うが，売買損益は委託者に帰属する[18]。つまり，商法の規定上の問屋は所有権を所有しない。

(2) 生産者との取引関係による分類

生産者との取引関係（順）ではさまざまな卸売形態が存在する。生産者との取引順位による区分は，1次卸売業，2次卸売業，3次卸売業である。多くの生産者は，最初に取引する卸売業を，特約店や代理店とすることが多いため，まず1次卸売業が存在する。さらに卸売業における特約店（代理店の一種で契約により特定の生産者の販売窓口となり一定地域の一手販売権を有する組織）や，代理店に指定されない卸売業がその生産者の商品を取り扱いたい場合は，特約店や代理店を通すことで2次卸売業となる。地理的に離れているなどの理由で（小売業との距離がある場合は），3次卸売業が存在する。

商業統計では，生産者や海外から仕入れて他の卸売業に販売する元卸，他の卸売業から仕入れ，他の卸売業に販売する中間卸売業，生産者から仕入れ，直接小売業や業務用使用者に販売する直接卸（直卸），他の卸売業から仕入れ，小売業または業務用使用者に販売する最終卸に区分している。商業統計表での

分類も，生産者，他の流通業者との取引関係を基準に区分したものである[19]。

　さらに生産者との取引関係では，販売会社の存在がある。販売会社は，生産者が自社の製品の再販売価格維持，商品フォローの向上，自らが卸売業を営むことによる利益が大きいと判断した場合に設立する。そして，自社製品の確固としたチャネル確保のために出資・設立した生産者の資本系列によるものであり，生産者の流通系列化政策の中で，生産者の流通システムに組み込まれた卸売業である。

第3節　卸売市場

1　卸売市場

　卸売市場（wholesale market）は，収集を担う産地の仲買人（収集商）や問屋が，分散する生産者から収集した生産物を，各流通チャネルによって集積する場である。卸売市場では，卸売人と仲買人（分散商）間で取引が行われ，生産物が再び卸売業者を経て，小売業者，最終消費者に渡る。この収集と分散が結合する中継組織が卸売市場である[20]。卸売市場の概念図は**図表9-3**の通りである。

　卸売市場では，主に生鮮食料品が取引される。それは，生鮮食料品は一般の消費財とは異なり，品質や生産量も一定でなく，鮮度が時間経過により，変化するためである。したがって，生鮮食料品の大部分は，卸売市場で取引され，小売段階や業務用使用者の手に渡る。産地段階では，産地仲買人が小規模な生産者から生産物を集荷し，消費地の卸売市場に出荷する。以前は産地仲買人の勢力が強かったが，農業協同組合（農協）などの出荷組合が力を持ち，弱体化している。これら出荷団体は，集荷物の選別，規格付け，包装，検査，ブランド付与などを行っている。現在では，夕張メロンや関サバ・関アジなどのように，特にその地域をブランド化することも盛んである。

　卸売市場へのモノの流れは，生産者から産地仲買人，出荷団体から生鮮食料品を委託され，卸売市場でいわゆる卸売人が荷受けをしている。卸売人が行う荷受けは，委託のための荷受けであり，委託された生鮮食料品を仲買人や売買

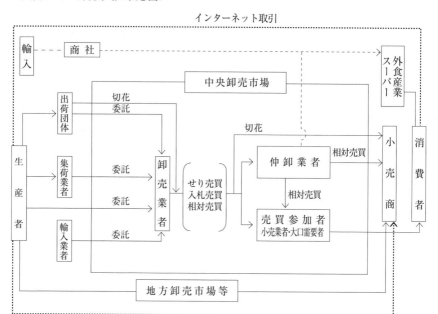

<図表9-3 卸売市場の概念図>

(出所) 城田吉孝・西田安慶編 (2003)『現代商学』税務経理協会, 47頁

参加者に, 主にセリで販売するためである。卸売人は, 一定率の販売手数料を得ている。仲買人は, セリによって卸売人から商品を仕入れ, 卸売市場内での自店舗で, 小売業者や業務用使用者に販売する。仲買人が販売する場合, 自ら価格を設定して販売するが, 仲買人の販売価格は卸売人からの仕入価格に影響される[21]。そのため, 仲買人から相対売買により購入する一般の小売商の店頭での販売価格も当然のことながら影響を受ける。

2 中央卸売市場と地方卸売市場

(1) 中央卸売市場

都市に人口が集中すると, 生鮮食料品を遠隔地から求めることが必要となり,

生産者自らが生産物を市場へ運搬することが困難になる。消費者も自ら市場に買出しに行くことが，経済的，技術的に困難になり，小売市場として発生した都市の生鮮食料品市場は，卸売市場の形態をとるようになった。

近代的中央卸売市場は，19世紀の半ば以降，パリ，ロンドン，ベルリン，ウィーンなどで開設され，パリの中央卸売市場は，作家ゾラが「パリの胃袋」と呼んだ。同市場は1851年，建築に着手され，1957年から営業を開始した[22]。日本では，1923（大正12）年に制定された中央卸売市場法により開設された。同法は，生鮮食料品の大都市での流通システム構築を目的とし，その開設者は原則，地方公共団体と定められた。

1933年，東京市にはこの種の青果市場は旧市域に8ヵ所，大東京市域全体では62ヵ所存在した。市場の組織形態は，施設，組合，株式会社組織による法人，個人の4種類があった。組合組織は旧市域に多く，法人組織は新市内に多かった。魚市場も大東京市域に4ヵ所存在した[23]。

中央卸売市場法は，1971年に地方卸売市場も含めた卸売市場法に改正された。現在，中央卸売市場は，都道府県または人口20万人以上の市などが開設できる。地方卸売市場は，中央卸売市場以外の市場であり，青果物市場330㎡，水産物市場200㎡（産地市場については330㎡以上），食肉市場150㎡，花卉(かき)市場200㎡以上など，一定規模以上の施設を有する市場と規定される。その他の市場は，卸売市場法の対象ではない小規模な市場である。

(2) 中央卸売市場の組織と売買

中央卸売市場は，卸売市場法に基づき，生鮮食料品などの流通，消費上，特に重要な地域である大都市などで，農林水産大臣が指定した開設区域内に，卸売場，仲卸売場，荷捌き場，駐車場，倉庫，冷蔵庫，加工場などの施設を整えた上で，地方公共団体が農林水産大臣の許可を受けて開設する。卸売市場内では，卸売業者と仲卸業者が営業し，両者間での取引が市場流通の中心である。

中央卸売市場の売買機関は，組織的市場であるため，取引参加業者には，一定の資格条件がある。参加業者は，卸売人（荷受会社），仲買人（仲卸人）及び開設者が許可した大口需要者，または特定業者に限定されている。中央卸売市場での取引は，セリまたは入札が中心である。

中央卸売市場の機能は，開設区域において生鮮食料品などを多品種大量の需給を迅速に結合し，円滑な流通を図る卸売の中核的拠点とするほか，開設区域を越えた広域の流通改善も目的としている。それは，多品種大量の需給結合の結果，価格形成が他の卸売市場に大きく影響するためである。つまり，取引情報の公開により，生産地での生産計画，市場外流通の価格決定などに影響する。さらに資金負担機能や危険負担機能があり，出荷者に対する中央卸売市場（卸売業者）の支払いは，現実には数日の遅れがあるが，取引当日または翌日払いを原則としている。そのため販売を委託されたら必ず受け入れ，その全量を即日取引する原則で，出荷者の資金回収を早期かつ確実に実現する。また仲卸人が，市場への買出人にも必要に応じ，掛売もしている[*24]。

(3) 地方卸売市場

地方卸売市場は，卸売市場法に基づき，生鮮食料品流通の地域的集配拠点として，中央卸売市場が開設されていない中小都市に開設される。中央卸売市場とは異なり，民間開設がほとんどであり，株式会社形態が多い。産地の水産物市場は，漁業組合が開設する施設が多く，開設には都道府県知事の許可が必要である。卸売業者は，単数制で仲卸人を置かない市場も多い。地域による商習慣の違いや市場の小規模性から法令による一律の規制がなじまず，法律ではセリまたは入札の原則だけが規定され，運用の弾力化が図られている。

3 卸売市場の変化

(1) 相対取引の導入

卸売市場は，セリによって，需給結合と価格形成を通して，需給調整機能を果たしてきた。しかし，出荷団体などの大量共同出荷の増大，スーパーなど大量仕入業者の増加により，取引方法に問題が生じた。出荷業者は大量に出荷するほど市場相場は低落し，生産者にマイナスとなった。他方，スーパーなどが卸売市場で大量に仕入れると，需要が増加し，価格が上昇する。この不合理を避けるため，卸売市場ではセリを原則としながらも，1対1の相対取引が認められるようになった。相対取引の導入により，売買の主導権はスーパーなどが

握るようになり，卸売人が単なる委託販売業者ではスーパーに対抗することは困難になった。そして，出荷業者から自ら危険負担し，商品を買い取り，自らの責任で販売することを卸売人に認めるようになった。これにより，環境変化に対応した卸売市場本来の需給調節機能を遂行させようとしている[*25]。

(2) 市場外流通の増加

　卸売市場で取引されるのは生鮮食料品が主であるが，それらがすべて卸売市場で取引されるわけではない。最近は，卸売市場を通さない市場外流通が増加している。卸売市場排除運動，いわゆる産地・消費地直結運動（産地直結，産直）が行われている。産地直送では，生産者個人の産地直送から，産地の生産者と消費地の大手小売業者，レストランなどの大口需要者が直接取引し，商品が産地から直送されるものまである。

　卸売市場外流通の増加は，買手の大規模化のためである。産地での大量出荷体制の整備，情報ネットワークの普及，道路網の整備，宅配便などの輸送体制整備により，卸売市場法が制定された当時から環境が変化した。したがって，卸売市場外流通の増加は，卸売市場を経由するよりも流通費用面での節約や，間接流通よりも時間や信頼など別の効用も見出される。

　市場外流通の増加，食の安全や安心に対する責任，情報公開や取引制度を現状に合わせるために，卸売市場法はしばしば改正されている。1999年の改正では，

① 市場関係者の警衛体質の強化
② 取引方法の改善（公正・公開・効率の原則の確立，市場・品目毎に関係者の意見を聞き，開設者が取引方法を業務規定で制定，市場関係者で構成する市場取引委員会の設置，卸売業者による取引結果の公表等，確実な決済確保の明示，商物一致・委託集荷規制の緩和）
③ 卸売市場の再編の円滑化

2008年改正では，

① 食の安全・安心への対応（卸売市場における品質管理の徹底）
② 規制の緩和（商物一致規制の緩和，買付集荷の自由化，第三者販売・直荷引きの弾力化）

③ 市場機能の強化（卸売市場の再編促進，卸売手数料の弾力化，業務内容の多角化，仲卸業者に対する財務基準の明確化，取引情報公表の充実）が盛り込まれた*26。

(3) 市場外流通のジレンマ

大口需要者は，卸売市場外流通だけで多種多様な商品を取り揃えることは難しい。そのため，大口需要者も卸売市場が果たしている分荷，価格形成，資金負担などの諸機能を卸売市場に依存する場合がある。特に価格形成は，相対で決定されるが，多くの場合，中央卸売市場で形成された価格が参照される。したがって，価格安定を望めず，卸売市場を自ら否定しておきながら，卸売市場に価格形成を依存する矛盾がある*27。したがって，卸売市場が需給結合とし

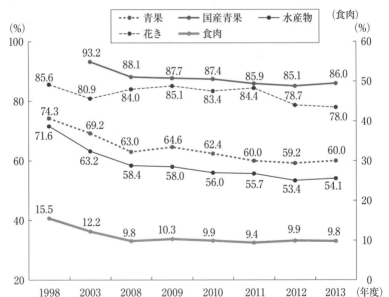

＜図表9-4　卸売市場経由率の推移（重量ベース，推計）＞

（資料）農林水産省「食料需給表」，「青果物卸売市場調査報告」等により推計
（注）卸売市場経由率は，国内で流通した加工品を含む国産及び輸入の青果，水産物等のうち，卸売市場（水産物についてはいわゆる産地市場の取扱量は除く。）を経由したものの数量割合（花きについては金額割合）の推計値。

ての機能と，価格形成機能を果たす限り，卸売市場の存在は否定されない。

　農林水産省の「食料需給表」によれば，1998年から2013年までの卸売市場経由率をみると，約20年間に青果が80.0％から60.0％に減少し，水産物は，70.2％から54.1％に減少している。また元々食肉は卸売市場の経由率が低かったが，さらに減少している。花卉はそれほど変化がない。花卉の割合に変化がないことを考えると，食品小売業が大規模化し，卸売市場を経由しない取引が拡大しているとみることもできよう。

*1 宮下正房（2002）『商業入門』中央経済社，117頁
*2 一般に卸売業者である条件は，メインの法則により，卸売取引の半分以上の売上高を達成するもしくは卸売取引の割合が相対的に大きいものとされる。
*3 林周二（1999）『現代の商学』有斐閣，158-159頁
*4 鈴木孝（2002）「卸売機構」宮原義友編『商学概論』同文舘，41頁
*5 鈴木安昭（2004）『新・流通と商業（第3版）』有斐閣，195頁
*6 鈴木保良（1967）『商業学』東洋経済新報社，93頁
*7 田口冬樹（2001）『体系流通論』白桃書房，246頁
*8 鈴木（1967）『前掲書』，93-94頁
*9 田口（2001）『前掲書』，246頁
*10 鈴木（2004）『前掲書』，176頁
*11 商圏とは商勢圏ともいわれるが，買手の集合により商品が遠心的に移動する範囲であり，取引範囲や営業の地理的範囲である。
*12 鈴木（2002）『前掲書』，45-46頁
*13 鈴木（2002）『前掲書』，46頁
*14 三上富三郎（1973）「卸売業の機能と形態」久保村・原田編『商業学を学ぶ』有斐閣，103頁
*15 鈴木（2002）『前掲書』，48頁
*16 住谷宏（1987）「卸売機構」久保村隆祐編『商学通論』同文舘，75頁
*17 田口（2001）『前掲書』，256頁
*18 鈴木（2002）『前掲書』，50-51頁
*19 宮下正房（1989）「卸売機構と卸売経営」『流通入門（新版）』有斐閣，63-64頁
*20 松木繁義（1996）「流通機関」及川他『現代商業学の現状と課題（改訂版）』商学研究社，139頁
*21 宮下（2002）『前掲書』，134-135頁
*22 福田敬太郎（1950）『市場論』春秋社，93-94頁
*23 青山楚一（1970）『増補　商業通論』税務経理協会，93-94頁
*24 雲英道夫（1997）『新講　商学総論（3版）』多賀出版，164-165頁
*25 宮下（2002）『前掲書』，136-137頁
*26 農林水産省総合食料局流通課（2007）『卸売市場データ集（平成18年度版）』，4頁
*27 雲英（1997）『前掲書』，167-168頁

第10章

流通業の構造と変化

　日本の流通構造は，1960年代の「流通革命論」の論議では，大規模メーカーが流通チャネルにおいて強力な力（チャネル・パワー）を発揮し，大規模小売業（スーパーマーケット）の成長により，中小・零細小売業が，その存在意義を次第に喪失していくことがいわれた。しかし，小売店舗数は1982年をピークとするまで，その数を増加させた。その後は，現在までに小売店舗数は，40％近くも減少した。他方，卸売業については，流通革命論の論議と並行して，「中間商人排除論（問屋無用論）」の中で卸売業者の存在意義が議論された。ただ，卸売業の事業所数が減少しはじめたのは，中間商人排除論が議論され始めた時期ではなく，いわゆるバブル経済崩壊後であった。

　2014年に経済産業省が実施した商業統計調査によると，小売業と卸売業の事業所は，小売業が約102万，卸売業は約38万の事業所が存在していた。また年間商品販売額は，小売業が約122兆円，卸売業が約357兆円であった。さらに就業者では，小売業が約769万人，卸売業が約393万人であった。このような数字を出されただけでは，この数字が何を表しているかわからない。そこで，過去の商業統計調査の数字と比較し，現在の商業の姿について考えていきたい。ただし，2014年の商業統計調査では，小売業の集計対象が約78万（全体の71％），卸売業の集計対象が約26万（全体の68％）であったことから，傾向として把握することは可能であるが，正確な把握は難しいことを念頭におく必要がある。

第1節　小売業の現況

1　小売業の規模

　日本の小売業の現況は，小売業の事業所（店舗）数，年間商品販売額，就（従）業者数，売場面積，経営組織により，おおよそ把握できる。

(1)　事業所数

　これまでの事業所数のピークは，1982年調査時の約172万店であった。この調査時をピークとして，現在に至るまで小売業の事業所数は減少し続け，2014年には102万店にまで減少した。実に四半世紀の間に小売店舗が70万店減少し，約4割の店舗がこの国から姿を消したことになる。特にバブル経済崩壊後からの10年間の減少割合が大きかった。業種別では，「飲食料品小売業」が全体の小売店舗数の35％弱を占め，次いで「織物・衣服・身の回り品小売業」が15％弱を占めている。したがって，日本の小売業はこの2業種で約半数が占められている。

(2)　年間商品販売額

　2014年の商業統計調査では，事業所数と従業者数以外は，集計対象によるものである。その点を念頭において考えていきたい。

　小売業の年間商品販売額は，1997年の約148兆円をピークとして減少傾向にあり，2014年は約122兆円であった。小売業の年間商品販売額が増加傾向にあったのは，1982年から1991年の調査時にかけての時期であり，いわゆるバブル経済期と一致している。小売業の業種別年間商品販売額では，「飲食料品」が全体の30％を越え，「自動車・自転車小売業」「各種商品小売業（百貨店など）」も10％を越えている。

(3)　従業者数

　現在の商業統計調査における従業者には，常時就業者以外に個人事業主と無

給の家族従業者，会社・団体の有給役員，パート・アルバイトが含まれている。2014年の小売業の従業者数は約769万人であった。1972年の小売業の従業者数が約637万人であったため，数字の上では増加しているといえる。現在の基準によって調査され始めたのは1999年からであり，単純な比較はできない。ただ，常時従業者数の割合は減少し，パート・アルバイトの割合が増加している。

　小売業種によって，従業者の内訳はかなり異なっているが，「飲食料品」小売業のパート・アルバイト従業者の割合は突出して高く，「自動車・自転車」小売業では7割以上が常時従業者となっている。また，百貨店などが属する「各種商品」小売業で出向・派遣受け容れ者割合が高くなっている。

(4)　売場面積

　小売業の売場面積は，1972年には約6,100万㎡であったが，その後一貫して拡大し，2014年は約13,500万㎡と，一時よりは縮小したが，以前と比べると拡大した。小売業の店舗数がずっと減少傾向にあるのとは反対に，店舗自体は大型化が進んでいる。

(5)　経営組織

　小売業の事業所は，かつては個人事業所の割合が圧倒的に多く，小売業の小規模零細性を表していた。しかし，近年は，法人事業所が上回るようになり，2014年の商業統計調査では，法人事業所58％，個人事業所42％であった。

2　小売業の時代変化

　これまで小売業の規模を事業所数，年間商品販売額，就業者数，売場面積，経営組織の5つの視点から，およそ40年以上の時間経過の中で見てきた。

　事業所数に関しては，1982年をピークとして，事業所数の減少が現在も継続している。数字だけに注目するのではなく，これまで商業統計調査で分類してきた業種について詳しく見ると，事業所数減少は，各業種によってさまざまな原因が考えられる。業種別事業所で前回や前々回調査と比較して，最も減少したのは，「その他の小売業」に含まれる「写真機・写真材料小売業」である。これはデジタルカメラという新技術の普及が，急速に進んだことが大きな要因

<図表10-1 流通業の事業所数,

			1982年(6月1日)			1985年(5月1日)		
			実数	構成比(%)	前回比(%) 1982年/1979年	実数	構成比(%)	前回比(%) 1985年/1982年
事業所数	合計 (店)		2,150,323	100.0	5.3	2,041,660	100.0	▲5.1
	卸売業		428,858	19.9	16.3	413,016	20.2	▲3.7
	小売業		1,721,465	80.1	2.9	1,628,644	79.8	▲5.4
販売年間商品額	合計 (百万円)		492,507,425	100.0	41.5	529,469,703	100.0	7.5
	卸売業		398,536,234	80.9	45.2	427,750,891	80.8	7.3
	小売業		93,971,191	19.1	27.7	101,718,812	19.2	8.2
就業者数	合計 (人)		–	–	–	–	–	–
	うち,従業者数		10,460,345	100.0	8.6	10,327,051	100.0	▲1.3
	卸売業		–	–	–	–	–	–
	うち,従業者数		4,090,919	39.1	11.4	3,998,437	38.7	▲2.3
	小売業		–	–	–	–	–	–
	うち,従業者数		6,369,426	60.9	6.9	6,328,614	61.3	▲0.6

1997年(6月1日)			1999年(7月1日)			2002年(6月1日)		
実数	構成比(%)	前回比(%) 1997年/1994年	実数	構成比(%)	前回比(%) 1999年/1997年	実数	構成比(%)	前回比(%) 2002年/1999年
1,811,270	100.0	▲6.1	1,832,734	100.0	▲7.0	1,679,606	100.0	▲8.4
391,574	21.6	▲8.8	425,850	23.2	▲5.2	379,549	22.6	▲10.9
1,419,696	78.4	▲5.4	1,406,884	76.8	▲7.5	1,300,057	77.4	▲7.6
627,556,411	100.0	▲4.6	639,285,131	100.0	▲9.3	548,464,125	100.0	▲14.2
479,813,295	76.5	▲6.7	495,452,580	77.5	▲9.7	413,354,831	75.4	▲16.6
147,743,116	23.5	3.1	143,832,551	22.5	▲8.0	135,109,295	24.6	▲6.1
–	–	–	13,197,622	100.0	–	12,613,270	100.0	▲4.4
11,515,397	100.0	▲3.8	12,524,768	94.9	▲0.5	11,974,766	94.9	▲4.4
–	–	–	4,675,300	35.4	–	4,172,696	33.1	▲10.8
4,164,685	36.2	▲9.1	4,496,210	34.1	▲5.9	4,001,961	31.7	▲11.0
–	–	–	8,522,322	64.6	–	8,440,574	66.9	▲1.0
7,350,712	63.8	▲0.5	8,028,558	60.8	2.6	7,972,805	63.2	▲0.7

注1) 表頭中の各年の( )内は,各調査年の実施日である。
注2) 1994年の産業分類の改訂に伴い,3年の数値は新分類に組み替えており前回比とは一致しない。
注3) 1999年調査において事業所の捕そくを行っており,前回比については時系列を考慮したもので算出している。
注4) 就業者数は,従業者数に臨時雇用者数及び派遣・下請受入者数を加えたもの(就業者数は1999年から調査)。したがって2004年については,総計表の数値と異なる。
注5) 2014年調査では,年間商品販売額は集計対象(有効回答)によるものである。

年間商品販売額, 従業者数の推移＞

1988年（6月1日）			1991年（7月1日）			1994年（7月1日）		
実数	構成比(%)	前回比(%) 1988年/1985年	実数	構成比(%)	前回比(%) 1991年/1988年	実数	構成比(%)	前回比(%) 1994年/1991年
2,056,173	100.0	0.7	2,067,206	100.0	0.5	1,929,250	100.0	▲6.7
436,421	21.2	5.7	461,623	22.3	9.1	429,302	22.3	▲7.0
1,619,752	78.8	▲0.5	1,605,583	77.7	▲1.8	1,499,948	77.7	▲6.6
561,323,898	100.0	6.0	713,802,802	100.0	27.2	657,641,928	100.0	▲7.9
446,483,972	79.5	4.4	571,511,669	80.1	28.4	514,316,863	78.2	▲10.0
114,839,927	20.5	12.9	142,291,133	19.9	22.5	143,325,065	21.8	0.7
—	—	—	—	—	—	—	—	—
11,183,062	100.0	8.3	11,709,235	100.0	4.7	11,965,549	100.0	2.2
—	—	—	—	—	—	—	—	—
4,331,727	38.7	8.3	4,709,009	40.2	10.2	4,581,372	38.3	▲2.7
—	—	—	—	—	—	—	—	—
6,851,335	61.3	8.3	7,000,226	59.8	1.2	7,384,177	61.7	5.5

2004年（6月1日）			2007年（6月1日）			2014年（6月1日）		
実数	構成比(%)	前回比(%) 2004年/2002年	実数	構成比(%)	前回比(%) 2007年/2004年	実数	構成比(%)	前回比(%) 2014年/2007年
1,613,318	100.0	▲3.9	1,472,658	100.0	▲8.7	1,407,235	100.0	▲4.5
375,269	23.3	▲1.1	334,799	22.7	▲10.8	382,354	27.2	14.2
1,238,049	76.7	▲4.8	1,137,859	77.3	▲8.1	1,024,881	72.8	▲10.0
538,775,810	100.0	▲1.8	548,237,119	100.0	1.8	478,828,374	100.0	▲12.7
405,497,180	75.3	▲1.9	413,531,671	75.4	2.0	356,651,649	74.5	▲13.8
133,278,631	24.7	▲1.4	134,705,448	24.6	1.1	122,176,725	25.5	▲9.3
12,333,889	100.0	▲2.2	11,685,048	100.0	▲5.3	11,618,054		0
11,565,953	93.8	▲3.4	11,105,669	95.0	▲4.0			
3,957,154	32.1	▲5.2	3,622,852	31.0	▲8.4	3,932,276	33.8	0.9
3,803,652	30.8	▲5.0	3,526,306	30.2	▲7.3			
8,376,735	67.9	▲0.8	8,062,196	69.0	▲3.8	7,685,778	66.2	▲0.4
7,762,301	62.9	▲2.6	7,579,363	64.9	▲2.4			

（出所）商業統計調査各調査版

である。同様に「その他の小売業」に含まれる「書籍・文具小売業」は，これらを取り扱う店舗の大型化により，個人営業の小規模店舗が廃業したことが，要因の1つとして考えられる。さらにインターネットやカタログ通販の影響により，これらの商品は以前とは異なったチャネルで購買する消費者が増加したこともその要因としてあげられよう。

　年間商品販売額は，年間商品販売額の調査が開始された1958年以降，1997年まで，ほぼ40年にわたり増加傾向にあったが，1999年調査から減少傾向を示すようになった。これらは全体として見た傾向であるが，年間商品販売額についても商業統計調査にあらわれている業種を見ると別の見方もできる。「その他の小売業」に分類される「医薬品・化粧品小売業」は増加傾向にある。これは小売業を業種ではなく，ドラッグストアという業態でとらえたときに，増加の理由が明らかになる。これまで医薬品は薬局・薬店，化粧品は化粧品店という別（業種）の店舗で販売されていた。また，日本ではこれらの商品は，メーカーの力（チャネル・パワー）が強く，流通系列化されていた業界であった。しかし，1990年代半ばからの化粧品の値引販売をきっかけとして，日本各地でドラッグストアが次々開業し，業種で把握した場合でも年間商品販売額が増加している。

　就業者については，2014年調査時において約800万人が小売業に就業しているが，このうち，パート・アルバイト等が約半数を占めており，就業者の非従業者化がこれまで進んできた。最近では国の政策として，正社員化を進める動きがあるが，小売業は正社員としての雇用をできる限り回避して人件費を抑え，利益を確保してきた側面がある。そのため，今後も流通業，特に小売業では，雇用・就業の問題は大きな課題となろう。

　売場面積については，ほぼ一貫して増加してきた。ただ，商業統計調査では業種により，その背景に差があることがわかる。「飲食料品小売業」や「各種商品小売業」は，店舗数の増加で売場面積が拡大しているが，「家具・じゅう器・電気機械器具小売業」は店舗が大型化することで，売場面積が拡大している。売場面積についてもいえるが，他の規模基準と同様，業種により，変化の理由は異なっている。

　経営組織は，個人事業所の割合を法人事業所が上回るようになった。1958年

には個人事業所の割合が約90％あったが，半世紀以上の時間経過で，いかにその割合が減少したかわかる。業種別では，「各種商品小売業」に含まれる「百貨店」，「総合スーパー」では法人事業所の割合が80％近くに達している。小売業の大規模化傾向の中で経営組織上，法人組織化していることがわかる。

3 業種構造

(1) 業種分類

　小売業種は，一般的に八百屋，魚屋，肉屋などのように「＊＊屋」として，扱っている商品で分類される[*1]。商業統計調査を見ると，業種の規模構造の変遷がわかるが，これにはさまざまな環境が影響する。食肉小売業の販売額の変化は，たとえば短期的には牛肉の販売額減少は狂牛病（BSE）の影響，長期的には食肉消費量の増加や食事の欧米化を見ることができる。

　日本の場合，これまで食料品小売業の割合が多いことが指摘されてきた。これは日本人が，近隣の小規模な食料品店で多頻度少量の購買をするためであった。しかし，購買行動も変化しており，欧米のように週末に大量の食料品を郊外のショッピング・センターで購入する行動も見られるようになり，食料品小売業の割合も減少している。

　最近は，飲食料品小売業の割合が全事業所数の約3分の1となり，1968年（約49.5％），1985年（約41.2％）と比較すると逓減傾向にある。またホーム・センターなどが含まれる他に分類されない小売業は，1968年の約5.7％，1985年の約7.6％，そして2007年には10％を越えた。これは，日本人が食料品（必需品）を購入しなくなったのではなく，これまでの家族経営の個人食料品店では購入せず，総合スーパーなどが含まれる各種商品小売業などで購入していることを示している。

(2) フォード効果

　食料品のように，消費者が必ず購入しなければならない商品を販売する業種の店舗数や販売額が変化し，必ずしも購入しなくてもよい買回品を販売する店舗数や販売額が変化する場合がある。業種別販売額の増加は，当該業種の商品

を販売する店舗数が増加し，販売額が増加する場合，1店舗あたりの販売額が増加する場合がある。買回品など奢侈品を販売する店舗は，店舗数増加により販売額が増加する傾向があり，必需品を販売する店舗には，店舗数は増加せず，1店舗あたりの販売額が増加する傾向がある。国民の所得水準が上昇すると，必需品を販売する店舗が減少し，買回品を販売する店舗数が増加する傾向がある。つまり，経済が豊かになると食料品小売業の店舗数の割合が減少するとされる。これはイギリスのフォード（P. Ford）により，20世紀はじめのイギリスで観察され，「フォード効果」といわれる。

イギリスのマーガレット・ホール（M. Hall）は，1930～50年のアメリカとカナダでの業種別店舗数の変動分析により，フォード効果を確認している。日本でもほぼ当てはまるが，イギリスのように食品（必需品）店舗密度だけではなく，非食品（奢侈品）店舗密度も急速に低下するなど一部例外もある。

4　小売業態構造

(1) 小売業種から小売業態へ

小売業態とは，小売マーケティングを基準に小売業をとらえるものである。以前は，小売業の分類基準は，業種区分が一般的であった。しかし，1960年以降，食品を中心に衣料品，日用雑貨品，家庭用電化製品，寝具や家具までかなり幅広い商品の品揃えをする総合スーパーが急激に成長した。また，品揃えの幅はないが，専門性を追求し，深さを特徴とする専門店も誕生した。これらは消費者ニーズの変化に対応する面と小売業者側からの消費者への提案により，生成する。

商業統計調査では，1982年から百貨店，総合スーパー，専門スーパー，その他のスーパー，専門店・中心店，その他の小売店という業態区分により，調査している。そして2002年からは，ドラッグ・ストア，ホーム・センターを新たに業態区分として設けている。

(2) 業態構造変化

商業統計調査では，1999年には百貨店の事業所数は394店あった。それが

2014年には195店に減少している。特に大型百貨店は３割近く減少している。これは2000年７月のそごうの破綻や，地方百貨店等の相次ぐ閉店によるものである。また，専門スーパーの中で，食品スーパーの減少も目立っている。総合スーパーとの競争激化，食品スーパー同士との競争で減少したものである。これらは同業態間，異業態間での競争が激化していることを示している。

さらに専門店・中心店の中では，衣料品専門店，食料品専門店，住関連専門店の減少が目立っている。これらはほとんどが中小規模であり，債務超過が原因というよりも，経営者の高齢化や後継者の不在，近隣住民の減少，大型店の進出など，さまざまな要因により減少したと考えられる。このように業態の動きに注目すると，業種基準で小売構造の変化を見るよりも，消費者の動きがわかる面がある。

第２節　小売業態変化の仮説

一時期，消費者の支持を得て拡大した小売業の営業形態が，時間の経過により，消費者の支持を失い，他の営業形態が支持されるようになる。この状況について，何らかの法則性を見出そうとさまざまな仮説が立てられ，検証されてきた。しかし，どの仮説もすべての場合において支持されるものはない。部分的に支持されるに過ぎない。一般的に仮説を立て検証するという行為は，趣味的なものではなく，未来への指針を得ることである。つまり，歴史を検証する作業と同じである。本節では，これまでの仮説のうち，小売の輪の仮説，リーガンの仮説，真空地帯の仮説，小売アコーディオンの仮説，小売ライフサイクルの仮説，弁証法的仮説について見ていきたい。

1　小売の輪の仮説

マクネア（M. P. McNair）は，小売の輪（wheel of retailing）の仮説を提唱した[2]。アメリカでは，19世紀後半から20世紀の半ばまでに百貨店，チェーン・ストア，スーパーマーケット，ディスカウント・ハウスが次々と現れた。マクネアは，これらの小売業態の登場とその経過に注目した。新業態は，サービスや営業費用を徹底的に抑え，消費者に低価格訴求し登場した。これら新業

態を革新者と呼んだ。革新者はローコスト・オペレーションと消費者への低価格訴求により，市場に存在していた旧業態に対して優位に立つ。革新者による新しい営業形態が，旧業態から消費者を奪うと，同様の営業形態を模倣する者が参入する。そうすると旧業態と革新者の競争にさらに革新者同士の競争も始まる。革新者同士の競争は，ローコスト・オペレーションや消費者への低価格訴求では解決できなくなる。そこで，取扱商品の品質向上，サービスの向上，店舗立地の変更，店舗内装や外装の高級化，プロモーション活動の促進などで，革新者同士が差別化競争をするようになる。これらは価格競争ではなく，非価格競争である。結果として，次第に消費者への低価格訴求が困難になる。これを格上げ（trade up）という。当初ローコスト・オペレーションで消費者への低価格訴求を始めた革新的営業形態は，さまざまな競争により，次第に高サー

<図表10-2　小売の輪>

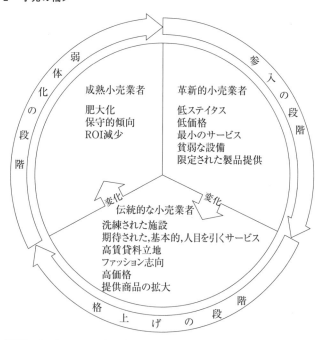

（出所）Lewison, D. M. (1991), *Retailing*, 4th. ed., Macmillan Publishing, p. 73

ビス，高マージン，高価格の営業形態となる。低価格訴求であった営業形態が，格上げされ，そこに低価格訴求をする革新者が登場する余地を与える。

アメリカにおける19世紀後半から20世紀半ばまでの小売業の営業形態の変遷は，この繰り返しであり，新規参入，格上げ，新規参入，格上げが，連続して起こった。そこで車輪の回転になぞらえ，これを小売の輪と呼んだ（**図表10-2**）。

小売の輪の仮説は，19世紀後半から20世紀半ばまでのアメリカでの小売業の営業形態の変遷説明に合致している。百貨店，チェーン・ストア，スーパーマーケット，ディスカウント・ハウスの生起と展開は，ローコスト・オペレーションによる消費者への低価格訴求，競争激化，格上げの繰り返しであった。しかしアメリカでは，自動販売は高コスト，高マージンから開始し，百貨店の郊外支店や郊外型ショッピング・センターなどは，中高所得層をターゲットとし，高価格によって市場参入している[*3]。また，コンビニエンス・ストアの登場，小売業の海外進出は，当該地域にとっては高価格設定であるなど，適合しない事例がある。

2　リーガンの仮説

小売の輪の仮説では，格上げが取り上げられたが，リーガン（W. J. Regan）は，格上げとともに，格下げを取り上げた。それを商品とサービス（立地や品揃えなど）基準により，高・中・低に区分し，単純な組み合わせから複雑な組み合わせへの展開を示した。つまり，第1段階では，高額商品では，高サービスが当然であり，低所得者向けの低額商品を扱う小売店では，低サービスが当然である。しかし，中価格帯の商品を取り扱い，中程度のサービスを提供する小売業成立の可能性もある。第2段階では，小売業の環境変化により，高価格・高サービスの小売業，中価格・中サービスの小売業，低価格・低サービスの小売業は，小売の輪の仮説における格上げだけではなく，格下げの可能性もある。また，格上げ・格下げは，価格とサービスの両面で行われるのではなく，片方の可能性もある。第3段階では，商品とサービスの多様な組み合わせが実現し，高・中・低の商品とサービスの各々の組み合わせの他にも商品とサービスの格上げと格下げが交錯して実現する[*4]（**図表10-3**）。

<図表10-3 リーガンの仮説>

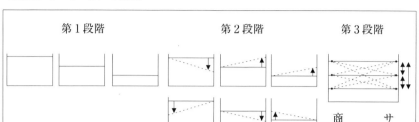

(出所) 鈴木安昭(2004)『新・流通と商業(第3版)』有斐閣,166頁

　リーガンの仮説は,小売の輪で説明された格上げだけではなく,格下げも考慮に入れ,商品(価格)とサービスについて考察したところに新しい視角があった。しかしこれらは,小売業の消費者への提案に過ぎず,消費者による受容程度の課題がある。つまり,小売業者が自らをポジショニングしても,消費者が多様に変化している商品・サービスをどこまで認知し,差別化できるかが課題である。

3　真空地帯の仮説

　ニールセン(O. Nielsen)は,小売の輪の仮説の問題を解決するために消費者の店舗形態への評価を導入した[*5]。まず,小売業が提供するさまざまなサービスについて,消費者評価を総合し,サービスが増加するほど,商品の価格は高くなると仮定した。その上で,A,B,C,3つの小売業(店)の存在を仮定し,この3つの小売業が提供するサービスと価格の関係を,サービスが少ないほど低価格であり,サービスが多いほど高価格とした。

　図表10-4に消費者の選好分布を当てはめると,中価格・中サービスであるBの小売業が最も多くの消費者に支持される。そして,低価格・低サービスで

<図表10-4　真空地帯の仮説の図>

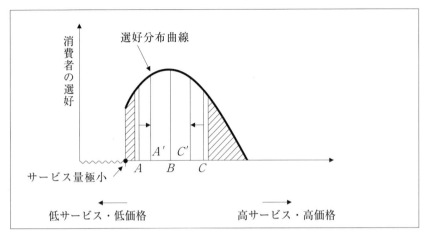

(出所)　鈴木安昭（2004）『新・流通と商業（第3版）』有斐閣，167頁

あるAの小売業と高価格・高サービスであるCの小売業は，消費者の支持が高いとされるBの小売業の方へと重心を移動させるようになる。ここでは全くBと重なるところまで重心を移動せず，消費者に当該商品価格とサービスの差異がBの小売業とは異なると認識されるところまで，Aの小売業とCの小売業は移動することを仮定している。つまり，Aの小売業とCの小売業には，Bの小売業との差異が消費者に認められるところまで最大限近づくことが重要になる。このようにAの小売業とCの小売業がBの小売業まで，つまり，消費者選好が最も高まるところまで移動すると，この消費者選好分布では消費者の選好がある両端，図表10-4の斜線部分に真空が生じる。そして，この真空に新しく参入する小売業の経営が維持できると判断すると，この真空地帯を埋める革新者が登場する。図の両端に真空が生じるのは，小売の輪では，低価格・低サービスでの革新者の参入が指摘されたが，ここでは高価格・高サービスでの革新者の参入もある。このように真空地帯が新たな小売業の革新者の参入の可能性を生むことから，真空地帯の仮説といわれる。

　この仮説は，顧客の選好分布の変化には触れられていない。小売業の環境変化や自身の変化により，消費者選好が変化し，一定した選好分布を描くことが

できないことが問題である。そして，真空地帯に参入する小売業の営業形態は，革新者とは限らず，既存の小売業者の移動可能性もある。

4　小売アコーディオンの仮説

　小売アコーディオンの仮説は，ハワー（R. Hower）の構想をホランダー（S. C. Hollander）とジスト（R. Gist）が発展させた。小売業の営業形態変化を価格ではなく，商品ラインの総合化と専門化の繰り返しという品揃えに注目し，その変化がアコーディオンに似ているため，小売アコーディオンの仮説とした。ある小売業が，幅広い品揃えをし，多様なサービスを提供することから，時間経過により，品揃えの幅を絞り込む小売業へ変化し，時間経過とともに，幅広い品揃えの小売業に変化することに注目した。これは商品ラインやサービスの縮小と拡大の連続を意味している[*6]。

　この総合化と専門化の変化は，アメリカ小売業の歴史を見るとわかる。南北戦争以前は，食料品から日用雑貨を広範に品揃えするゼネラル・ストアがあった。南北戦争後，ゼネラル・ストアのような品揃えと販売方法が困難になり，専門店が登場し，深い品揃えを目指した。その後，都市人口の増加や消費者の生活変化により百貨店が登場し，総合化が起こった。第2次世界大戦後は，専門化した小売業が総合化し，食料品中心に扱っていたスーパーマーケットは衣料品などの非食品の取扱いを増やした。以前，単一の商品ラインを扱っていた小売業が，伝統的な商品ラインに高回転商品を加える動きがある。医薬品専門の小売業が日用品や生活雑貨を扱い，ドラッグストアなどに転身するような場合である。この動きは，スクランブルド・マーチャンダイジング（scrambled merchandising）といわれる[*7]。

　最近は，アコーディオンのように時間経過の中での繰り返しではなく，総合化と専門化が同時に起こっている。つまり，最近の日本は，GMSのような総合スーパーがある一方，スポーツ用品，玩具，釣具などのある特定商品分野に特化した品揃えを行うカテゴリー・キラーと呼ばれる小売業態も並存している。そのため，時間の経過による総合化-専門化-総合化の繰り返しはいえない。

5 小売ライフサイクル論

小売ライフサイクル論は，製品ライフサイクルで唱えられた製品の導入から衰退までを小売業の業態の誕生から衰退までに適用したものである[*8]（**図表10-5**）。

導入期は，新しい小売業態が消費者に認知されていないため，同業態の競争者は存在せず，売上も上昇する。消費者の認知度を上げるためにプロモーション費を割くなど，効率性に欠け，利益額はまだ少ない段階である。次に成長期には，売上高や利益額も増加し，消費者の当該業態の認知度も高まる。しかし，同業態の競争業者も現れ，競争も激しくなる。さらに競争・成熟期では，消費者の認知度は100％に近くなるが，同業態同士や異業態との競争も激しくなる。さらに当該業態の店舗数が過剰気味となり，売上高や利益額の面でも横ばいまたは低成長の状態となる。そして，衰退期には，売上高の減少傾向が見られ，利益額も減少する。また消費者がその業態での購買を敬遠し，次第に店舗数も減少しはじめ，他業態への転換や撤退などが起こる。

新しい業態の誕生から衰退までに要する時間は，現在に近づくほど短縮傾向にあることも指摘されている。つまり，ゼネラル・ストアのライフサイクルは100年，百貨店は80年，スーパーマーケットは35年，ディスカウント・ハウスとコンビニエンス・ストアは20年，ホーム・センターは15年，倉庫型小売業は

<図表10-5　小売ライフサイクルの各段階>

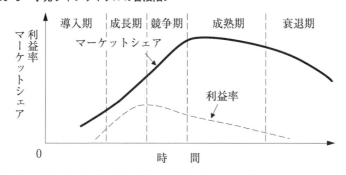

（出所）　関根孝（1999）「小売業の営業形態」久保村隆祐編著『商学通論』同文舘，58頁

10年と指摘されている*9。

これは製品ライフサイクルを小売業態に当てはめ,小売業態の盛衰を見る上で,1つの視角を示している。しかし,製品ライフサイクルと同様,当該業態が衰退期に入り,市場から消滅する時期にならなければ,小売ライフサイクルの曲線を描けない問題がある。

6 弁証法的仮説

弁証法的仮説は,ヘーゲル(G. W. Hegel)が提唱し,マルクス(K. Marx)が発展させ,弁証法的唯物論を生み出した。ジスト(R. Gist)は,これに小売の業態変化を組み入れて説明した*10。弁証法的仮説とは,既存のテーゼ(正:thesis:一定の命題)はアンチ・テーゼ(反:antithsis:その反対の命題)に絶えず直面すると推論する。この相互作用がジン・テーゼ(合:synthesis:両者の結合)を生み出す。このジン・テーゼは,テーゼとアンチ・テーゼを両方備えている。このジン・テーゼもアンチ・テーゼに直面する。そして,この相互作用の繰り返しとなる。この作用と小売業の業態変化に取り入れ,ある業態が新しい別の業態からの挑戦を受け,相互作用により別の結合した業態になり,この業態がまた別の業態の挑戦を受け,相互作用により別の結合した業態になる。このプロセスを図示すると**図表10-6**のようになる。

このテーゼとアンチ・テーゼの結合によるジン・テーゼの説明には足して2で割ると合(ジン・テーゼ)が誕生する単純な説明である。したがって,百貨店とディスカウント・ハウスが結合してディスカウント・デパートメントスト

<図表10-6 弁証法的仮説のプロセス>

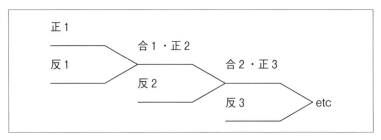

(出所) R. R. Gist (1968), *Retailing : Concepts and Decisions*, p. 107

アの誕生とするが、全く両方の要素を半分ずつ含んだものとはいえない。つまりどちらかに偏る。この場合、ディスカウントを重視し、後にウォルマートを生み出したことからもディスカウント・ハウスの要素が非常に強い。それは、伝統的な近隣の食料品小売店とスーパーマーケットを足して2で割るとコンビニエンス・ストアという業態の誕生という説明にも無理がある。したがって、歴史や現状を見るとこの正（テーゼ）・反（アンチ・テーゼ）という図式自体に問題があり、弁証法的仮説から得られる示唆は、既存の小売業態は新しい小売業態の出現により影響を受け、後の新しい小売業態に何らかの形で反映するということである。

第3節　卸売業の現況

1　卸売業の規模

　日本の卸売業の現況は、卸売業の事業所数、年間商品販売額、就（従）業者数、経営組織によりおおよそ把握できる。

(1)　事業所数

　2014年の商業統計調査によると、卸売業の事業所数は、約38.2万であった。2007年の調査と比べると、約4.7万事業所増加している。卸売業の事業所数のピークは、1991年調査時の約46.2万であった。この時期と2014年を比較すると2割近くの事業所が減少しているが、1982年以降減少し続けてきた小売業の事業所数と比較すると、卸売業の事業所は、増加がみられた時期もあり、その動向をつかむことは難しい。

(2)　年間商品販売額

　商業統計調査では、事業所数と従業者数以外は、集計対象（有効回答）の結果によるものである。したがって、この点を念頭において考えていく。
　2014年調査では、卸売業の年間商品販売額は、約357兆円であった。年間商品販売額では、「石油・鉱物」「食料・飲料」卸売業の割合が、全体の1割を超

えている。ただ,「各種商品（総合商社など）」「繊維品」「衣服」卸売業の割合は長期的に減少している。

卸売業の年間商品販売額のピークは，1991年調査時の約572兆円であった。2014年調査では，2007年調査よりもさらに減少し，ピーク時と比較すると，4割近くも減少している。

(3) 従業者数

調査において，卸売業の従業者数は約276万人であった。従業者の割合では他に分類されないもの以外で,「食料・飲料」「農畜産物・水産物」「電気機械器具」「産業機械器具」がそれぞれ全体の1割程度を占めており，全体としてこの4業種で約半分弱の従業者を擁している。

卸売業における正社員・正職員の割合は，全体の8割強に達し，パートアルバイトは2割弱である。したがって，卸売業の従業者の割合は，小売業とは異なる状況を示している。

(4) 経営組織

卸売業の経営組織別の構成比は，2014年調査の集計対象では，86％が法人組織であり，個人事業所は14％であった。卸売業では圧倒的に法人組織が多い。

2 卸売業の時代変化

これまで卸売業の規模を事業所数，年間商品販売額，就業者数，経営組織の4つの視点から，小売業と同様にある程度の時間経過の中で見てきた。

事業所数は，1991年から2007年の間に，3割近くも減少しているが，2014年には増加している。ただ業種別事業所では,「繊維品（衣服，身の回り品を除く）」「衣服」「身の回り品」「化学製品」卸売業においてかなり目立っている。

長期的な減少傾向が続く業種を見ると,「繊維品（衣服，身の回り品を除く）」「衣服」「身の回り品」「建築材料」卸売業などである。これらの卸売業の事業所数減少の原因は，これらの卸売業が取り扱う商品のメーカーの所在地の変化があげられよう。国内にこれまで所在していたメーカーが，海外に生産拠点を移したり，あるいは調達先メーカー自体が海外メーカーとなっている。別の要

因では，これらの卸売業よりも流通チャネルでいえば川下に存在する取引企業や消費者の変化などに影響されている。また，企業の吸収や合併が進行する中で，企業数が減少し，事業所数の整理を同時に行うことが常態化し，これらも事業所数の減少に大きな影響を与えているといえよう。

年間商品販売額についても，業種によって異なる理由があろう。特に「繊維品（衣服，身の回り品を除く）」卸売業は，事業所数でも同様に減少が目立っている。これも含め，「衣服」「身の回り品」卸売業は，長期にわたって，その販売額が減少している。これらの産業をまとめてアパレル産業ということが多いが，原材料調達地の海外移転や製造拠点の海外移転，海外から安価なアパレル製品の流入など，業界全体が大きく変化した。さらに，日本ではこれまで非常に長い流通チャネル，つまり，メーカーから小売業の間に複数の卸売業が介在してきた。これらの卸売業の事業所が消えていくのに連動して，年間商品販売額も消失したと推察できる。

従業者数は，集計基準が異なるために単純な比較はできないが，これまで1991年の約471万人をピークとし，400万人台の従業者数で推移していた。2004年には回復したが，2002年の調査時以降400万人を割った。雇用形態では，小売業ほどではないが，従業者の非正社員化が進んでいる。

卸売業の経営組織は，同じ流通業である小売業の法人事業所と個人事業所の割合と比較すると，法人事業所の割合が高い。また，個人事業所の減少率は法人事業所よりも高く，1985年以降ずっと減少し続けている。さらに経営組織別に見た従業者数とその構成比は，法人事業所が圧倒的に多く，個人事業所はごくわずかである。

第4節　流通迂回率

1　W/R比率

これまで日本の流通チャネルは，他の国や地域に比べ段階数が多いことが指摘されてきた。段階数が多いということは，ある財の流通において経由する卸売業の数が多いことを意味する。流通における卸売の多段階性を示す指標とし

て，しばしば W/R 比率（warehouse-retailer ratio）が用いられてきた。W/R 比率は，次のように算出される。

　　W/R 比率 ＝（卸売業売上 − 産業用／輸出）／小売業売上
　　　　　　 ＝卸売業の総販売額／小売業の総販売額

　W/R 比率の算出は，サンプルを収集する苦労があり，これまで明確に算出されてきたわけではない。特定の財などで部分的に算出し，比較し，日本は他の国や地域に比べて高いことが指摘されてきた。最近では流通チャネルが短縮化傾向にあり，日本の W/R 比率も減少していると考えられるが，詳細な数字まではなかなか知ることができない。

2　W/W 比率

　W/W 比率（warehouse-warehouse ratio）は，卸売業全体の年間商品販売額から本支店間移動を除いた値を，卸売業者以外の年間商品販売額（「小売業者向け」「産業用使用者向け」「国外（直接輸出）向け」「消費者向け」の合計値）で除した値である。W/W 比率は，次のように算出される。

　　W/W 比率 ＝（卸売業全体の売上 − 本支店間取引額）
　　　　　　　／卸売業以外のユーザーに対する販売額

　この値が 1 に近いほど卸売業者間の取引回数が少ない[*11]。これは流通の多段階性と時系列変化を観察するために用いられる。最近は全体的に W/W 比率も低下傾向にある。

*1 小売業は，日本標準産業分類では，「各種商品小売業 (55)」「織物・衣服・身の回り品小売業 (56)」「飲食料品小売業 (57)」などのように中分類，「飲食料品小売業 (57)」のうち「各種食料品小売業 (571)」「酒小売業 (572)」「食肉小売業 (573)」に細分類，そして「食肉小売業 (573)」は「食肉小売業 (卵，鶏肉除く) (5731)」「卵・鶏肉小売業 (5732)」のようにさらに細分類される。

*2 M. P. McNair (1958), *"Significant Trends and Developments in the Postwar Period,"* in Competitive Distribution in a High-Level Economy and Its Implications for the University, A. D. Smith (ed), pp. 17-18

*3 S. C. Hollander (1960), "The Wheel of Retailing," *Journal of Marketing*, July pp. 37-42

*4 鈴木安昭 (2004)『新・流通と商業 (第3版)』有斐閣，166頁

*5 O. Nielsen (1966), *"Development in Retailing,"* Reading in Danish Theory of Marketing, pp. 101-105

*6 J. B. Mason & M. L. Mayer (1990), *Modern Retailing : Theory and Practice*, R. D. Irwin, 5th (ed), pp. 22-23

*7 田口冬樹 (2001)『体系流通論』白桃書房，214頁

*8 W. R. Davidson, A. D. Bates & S. J. Bass (1976), "The Retail Life Cycle," *Harvard Business Review*, Vol. 54, November/December, pp. 89-96

*9 J. Mason, M. Mayer & H. Ezell (1991), *Retailing*, 4th (ed), p. 15

*10 R. R. Gist (1968), *Retailing : Concepts and Decisions*, pp. 97-106

*11 経済産業省経済産業政策局調査統計部編 (2006)『2005我が国の商業』，141頁

第11章
日本の流通業の課題と革新

　商業・流通活動は，世界各国や各地域で連綿として行われてきた。これらの活動は，その国や地域の事情に合わせて行われる活動であるため，他の国や地域で行われてきた活動を比較すると，独特な活動として形成・継続しているものが多くある。日本でも流通業の活動は，日本という国や地域，日本人に合わせて，あるいは逆の場合もあるが，醸成されてきた。本章では，これまで日本で醸成されてきた商慣行を取り上げ，現在の意味について考える。

　また，他の産業でもいえるが，小売業や卸売業の流通業は，中小零細規模組織や事業所が多い産業である。ここでは小売業と卸売業の小規模性を改めて考察し，これらスモールビジネスとしての課題と将来の可能性を探っていきたい。さらに日本の国内市場の狭隘化により，グローバル化を志向する小売業の状況も取り上げる。そして，これまで卸売業が果たしてきた基本的機能により，生き残りをかけるその革新活動についても考えていきたい。

第1節　日本の商慣行

1　日本の商慣行

　商慣行は，市場での取引ルールとして，長期間多くの関係者に共有されてきた。したがって，特に文書化されず，長い取引の積み重ねで醸成されてきたものである。本来，商慣行は取引関係者や当事者が受容しているが，それが問題となるのは，時間経過によりさまざまな環境が変化し，合理性を欠くようになった場合である。あるいは当事者以外がこれにより不利益を受ける場合である。合理性があるかどうかの判断を行うのは取引関係者であり，関係者間の

ルールに合致すれば，その商慣行は合理性を持つことになる*1。そのため，当事者以外から不合理という指摘を受けることもある。最近は，多少手直しすることもあるが，実質的に変更されず，継続しているものが多い。

コタベとウェイラー（M. Kotabe & K. W. Wheiler）は，日本では反競争的な行動がとられていると指摘している。コタベらは，①日本では反競争的行動がアメリカよりも頻繁に生じているか，②日本で反競争的行動がとられることで，特に工業製品を日本に販売するアメリカ企業がマイナスの影響を受けているかという2点について，障壁という視点から分析した。そして，日本で特殊な反競争的行動がとられるのは，慣行が微妙な性質を有し，おそらく違法になり得る性質を有しているためで，以前は直接指摘されることがなかったと結論づけている*2。これは主に工業製品の販売を分析したものであるが，工業製品の販売だけでなく，おそらく日本の商慣行は「反競争的」として，世界各国や地域では評価されるだろう。

2 日本独自と見られる商慣行

1989年に始まった日米構造協議において，日本独自と見られる商慣行は，アメリカから改善が強く要求された。この協議では，輸入総代理店制，委託販売と返品制度，リベート制度，建値制が取り上げられた。これ以外にも派遣店員，多頻度小口配送，過剰包装の改善などがアメリカ側から要求された。

(1) 輸入総代理店制

輸入総代理店制度は，継続的・系列的輸入取引における取引慣行であり，外国事業者が，一国内事業者に特定商品の輸入販売権を独占的に付与するものである。この制度により，外国事業者は商習慣が異なる日本市場への進出が容易となる。総代理店には，契約対象商品の安定供給を受け，組織的・合理的な販売活動が可能となる。一方，総代理店が独占的販売権を得ることで，流通チャネルを支配し，販売数量の調整，価格操作等を行う危険性もある*3。

(2) 委託販売制度と返品制度

委託販売制は，メーカーや卸売業者が小売業者に製品（商品）の販売を委託

するものである。買取制と異なり，売れ残った商品を返品できる。契約上，返品が明示されることもあるが，その場合は所有権が移転しない委託販売や，小売店頭で販売された時点で仕入と認識される売上仕入である。そのため，①返品に伴うコストが価格に上乗せされ，②返品可能なために小売業者の販売力が低下する，などの弊害がある。

　返品制度は，小売業者が本来持つべき危険をメーカーや卸売業者が負担するものである。小売業者には，返品を前提とするために品揃えが確保され（特に百貨店），販売の拡大，地域的な需給のミスマッチ解消などのメリットがある。他方，返品制は建値制を維持する手段として機能し，両者が結びついて小売価格の下限規定につながる可能性もある。

(3) リベート

　メーカーの流通業者に対するリベートは，一般的には仕切価格（流通業者の仕入価格）とは区別され，取引先に制度的または個別の取引毎に支払われる金銭である。リベート供与には，①仕切価格の修正としての性格，②販売促進を目的としたものなどがある。したがって，リベートは，さまざまな目的で支払われ，価格の一要素として市場の実態に即した価格形成を促進する側面もあり，リベートの供与自体が独占禁止法（独禁法）上の問題とはならない。しかし，リベート供与の方法では，流通業者の事業活動を制限する可能性があり，独占禁止法上問題となる場合がある[*4]。リベートは，販売業者に販売促進のインセンティブを与え，決済の時期・方法など取引条件の遵守のための手段となる。日本では，リベートは非常に複雑であり，小売業者による独自の利益計算に基づく価格設定を困難にし，メーカーの建値に依存した安易な販売を促す面もある。

(4) 建 値 制

　建値制は，メーカーが卸売業者や小売業者などの販売先に対し，マージンの支払額や流通段階における利潤を見込み，最終小売価格を予め決めておく制度である。独占禁止法（独禁法）により，再販価格維持は禁止されているため，実際は「メーカー希望小売価格」と呼ぶことが多い。以前は，流通系列化が強

固であった家電製品，化粧品，医薬品，自動車などの業界で一般的であった。最近は，小売業者の大規模化により，メーカーと小売業の地位の変動がある。そのため，メーカーが出荷価格だけを提示し，最終消費者に販売する価格を表示しない「オープン価格制」が導入されるようになった。

(5) 派遣店員制

　派遣店員制は，メーカーや卸売業が，百貨店などの小売業に自らが雇用した社員を派遣し，当該小売店の店員であるかのように勤務させることである。派遣店員制は，返品制と組み合わせ，百貨店側は売れ残りのリスクを気にせず，多様な商品を店頭に並べられ，販売ピーク時に合わせて派遣店員をバッファとして活用し，人件費抑制につながる。しかし，各百貨店の個性が喪失し，他業態との差別化競争に劣る面もある。

(6) 一店一帳合制

　一店一帳合制は，メーカーが小売業者に対し，特定の卸売業者以外から仕入ができないようにする制度である。小売業者には仕入れる卸売業者が固定され，流通系列化の一形態とされる。この制度により，メーカーは卸売業者，小売業者までの流通チャネルを掌握し，再販売価格維持が可能となる。しかし，一店一帳合制を再販売価格の維持として用いたときは，公正競争阻害性が認められ，違法となる。

3　小売業を中心とした商慣行

　日本の商慣行上の問題として指摘されてきたのは，①企業間関係の維持・推進を図るために不可欠な要件に起因するもの，②企業間関係にとって当然発生する取引条件（特に価格）に起因するものに区分されている[*5]。先に取り上げた各々の商慣行は，取引において複数のものが組み合わされ，流通チャネルにおける力関係の変化とともに，小売業を中心に一般には理解されない取引関係が醸成されてきた。次に，小売業を中心とした商慣行の組み合わせを取り上げる。

(1) 関係の維持・推進に必要な商慣行

　企業間関係の維持・推進の要件には，小売業における発注の情報システム化に伴う EOS 化がある。最近は発注を EOS とするため，小売業からは毎月の定額料と発注回数当たりの定額料請求がある。また大規模小売業者が，独自に流通センターを設置するため，その運営費用（センター・フィー）の負担要請が取引業者に対してなされる。これらの商慣行は取引の条件となっており，大規模小売業者と取引するには，これらの要請に応じなければならない。

(2) 取引条件（特に価格）に関する商慣行

　企業間取引における取引条件には，帳合変更要請やそれを示唆した仕入価格の引き下げ要請がある。この場合，相見積書（発注前に価格などを比較するために複数業者が提出）の提出を要請され，最も安い価格に合わせることが要求される。これは小売業の仕入業者集約化の傾向が強まる中，仕入業者（購買者である小売業者）の意図した価格に対応させることが目的である。また小売業はさまざまな協賛金要求も多い。協賛金は，これまでの取引とは全く関係なく，相互の取り決めもなく，一方的に負担要請される。特に新規出店や改装オープン時，店舗の粗利益を確保するため納入業者への協賛金要請が増えている。このような場合だけではなく，広告（チラシ）やイベント開催時毎に協賛金が納入業者に対して要請されることもある。

第2節　中小小売業者の状況

1　中小企業とは

　中小企業とは，**図表11-1**に該当する企業を指している。中小企業は，中小企業基本法第2条第1項の規定に基づく中小企業者である。小規模企業・零細企業とは，同条第5項の規定に基づく小規模企業者である。ただ，このような中小企業の定義は，中小企業政策における基本的な政策対象の範囲を定めた原則であり，法律や制度によって，中小企業として扱われている範囲とは異なる

<図表11-1　業種による中小企業の区分>

業　種	中小企業者 (下記のいずれかを満たすこと)		うち小規模 企　業　者
	資　本　金	常時雇用する 従　業　員	常時雇用する 従　業　員
①製造業・建設業・運輸業 　その他の業種((②~④を除く)	3億円以下	300人以下	20人以下
②卸　売　業	1億円以下	100人以下	5人以下
③サービス業	5,000万円以下	100人以下	5人以下
④小　売　業	5,000万円以下	50人以下	5人以下

(出所)　中小企業庁編(2006)『中小企業白書2006年版』ぎょうせい, vii頁

ことがある。たとえば，法人税法における中小企業軽減税率の適用範囲は，資本金1億円以下の企業が対象である*6。

2　中小小売業者の将来

日本の小売業の特徴は，小規模零細性，過多性とされてきた。後者は次第に解消しつつあるが，相変わらずこの状況は継続している。特に中小零細規模の小売業者は，大規模小売業に比べてバイイングパワーが弱く，取引先（仕入先）である生産者，卸売業者よりも相対的に弱い。中小零細規模の小売業者の今後の選択肢としては，大きく3つに区分できよう。

(1)　事業の長期的存続

小売業の存続を考える場合，中小零細規模では後継者が最も大きな問題である。また，経営する小売業の組織形態が，株式会社や有限会社などの組織の場合，経営者の血縁でなくても経営を存続する可能性がある。その場合，当該地域で長い間守ってきた暖簾（ストアブランド）が持つ意味は大きい。したがって，経営者が事業の長期的存続を望むならば，企業形態として会社組織にし，早期に後継者を育成，リクルートする必要がある。

長期的に存続させるためには，各小売店舗の運営レベルでは，ストア・コンピュータやPOSレジを導入するなど情報システム投資が必要である。また，品揃えに問題があり，環境変化に対応するには，これまで酒屋や米屋がコンビ

ニエンスストアに業態転換してきたように，他業態への転換を進めるべきであろう。さらに単独で営業することが困難な場合，ボランタリー・チェーンやフランチャイズ・チェーンなど組織化された小売業として，その傘下に入ることも選択肢である。

(2) 事業の中期的存続

　企業経営をする場合，長期，中期，短期という時間尺度の中で経営戦略を立てる必要がある。これら時間の尺度は，とらえ方は企業によって異なるが，ここでは中期を10年程度と考える。この場合，商店街などに立地する小売店舗は，店舗を改装し，近隣の小売店や街並みに適合させる必要がある。つまり，事業の中期的存続は周辺の環境適応による存続といえる。他方，小売業の運営レベルでは，小売業の基本であるマーチャンダイジングを強化させる必要がある。商品を並べただけでは，営業努力や経営努力とはいえず，思い切ったマーチャンダイジングの変更など，日々の店舗運営の中で努力を重ねる必要がある。

(3) 事業からの撤退

　「あの店潰れた！」という声を聞くことがある。しかし，実際は潰れて（債務超過で返済不能に陥る）はいない。正確にいうと，撤退，廃業の場合がほとんどである。撤退・廃業する事情は，各小売業者により異なるが，将来に対する見通しが暗いこと，後継者不在などがその理由としてあげられる。日本に大型スーパーが現れるまでは，百貨店を除いて大規模小売業はなく，他はすべて中小零細規模の小売業であった。しかし，最近は，中小零細小売業の廃業が目立つようになった。時代の流れといえばそれまでだが，小売業が撤退・廃業した後，当該小売業が立地していた商店街の状態，立地していなくてもこれまで近隣の消費者に対して小売サービスを提供してきた点からは，地域に対する小売業の役割は大きかったといえる。ただ，地域に大きな存在であるからといって，撤退・廃業の阻止運動をしたところでどうにもならない。そこで，廃業する小売業の経営者は店舗をそのままに放置して，シャッター通りにするのではなく，有効利用を積極的に図る方策を考えなければならない。それがその地で長い間営業してきた責任ともいえる。

第3節　卸売業の状況

1　中間商人排除論（問屋無用論）

　中間商人とは，代理商，仲立業，卸売業という流通の仲介者を本来意味していた。最近は，中間商人とは流通チャネルにおいて，生産者と消費者の間で流通機能を遂行するものすべてを指している[*7]。この状況から小売業者なども含まれることがあるが，ここではその排除問題の中心である中間商人排除論，主に問屋無用論を取り上げる。

　中間商人排除論は，問屋無用論とほぼ同じ意味で扱われることが多い。これは佐藤肇や林周二らが1960年代に主張した「問屋無用論」「流通革命論」の議論に集約される。1960年代に急速に成長したスーパー（マーケット）などの小売業が大規模化し，大規模メーカーと直接取引を志向すると，問屋（卸売業）の存在意義がなくなるというものである。一方，問屋有用論もあり，時代に対応した流通機能を発揮する能力を持った問屋が，メーカーの一方的流通支配をチェックする勢力としての有用性があるという主張もあった[*8]。

　問屋無用論が起こり，問屋の動向について世間の関心も高まったが，実際に卸売業の事業所数は議論開始からすぐには減少しなかった。事業所数の減少傾向が明確となったのは，いわゆるバブル経済崩壊後であった。つまり，問屋無用論が主張されて30年以上も経って，減少傾向があらわれるようになった。

　商業統計調査では，近年，特に減少したのは，中小規模の卸売業事業所である。中小規模は卸売業では，就業者が4人以下を小規模事業所，5〜99人を中規模事業所としている。これらの中小規模事業所数が一般に多いと考えられる経営組織でいう個人事業所の減少が目立っている。そのため，減少割合が大きい卸売業は，中小卸売業と考えてもよい。他方，企業数の減少がしばしば取り上げられるが，最近目立つのが大規模卸売業同士の吸収や合併である。現在の大規模卸売業者の吸収や合併は，特定商品分野に限らず，多くの商品分野に亘っているため，今後も大規模卸売業の企業数も減少するだろう。

2 日本の卸売機構の特徴

 日本の卸売機構の特徴を明確にするには，他の国や地域の卸売機構との相違について検証する必要がある。これまで指摘されてきた日本の卸売機構の特徴は，「分業・分散構造」があり，「閉鎖的構造」をもっていることである[*9]。分業・分散構造によって，閉鎖的構造を形成したため，個々の卸売業にはリスクが分散され，互いの競争回避手段ともなっている[*10]。これらは，最近になって形成されたのではなく，長い時間経過とともに歴史的に醸成されてきた。さらにしばしば指摘されるのは，総合商社という特別な卸売業の存在である。

(1) 分業・分散構造

 卸売業は，取引相手として小売業や産業用使用者等に販売する。元来，卸売業（日常使用される言葉としての問屋）は，小規模な生産者から商品を引き取り（買い取り），品揃えを形成していた。したがって，ある程度取扱商品の種類は限定される。これらは，古くは江戸時代に取扱商品の種類により，株仲間が形成されたことでも理解できる。一方，小売業では，多くの商品アイテムを幅広く品揃えしている業態はごくわずかであり，各小売業種・業態を取引相手とした卸売業が成立している。形成の理由が逆であるかもしれないが，このようにして卸売業の分業構造が形成されてきた。また，卸売業の取引相手である小売業者や産業用使用者は，日本全国に立地している。したがって，取引相手である産業用使用者や小売業が立地するところに卸売業も立地する必要がある。そのために卸売業の立地も全国的に分散する。このようにして卸売業の分散構造が形成されてきた。

(2) 閉鎖的構造

 卸売業では，分業・分散構造が形成されてきたが，それは取引相手の条件や歴史的な事情によるものであった。また，日本の卸売業で閉鎖的構造が形成されたのも，歴史的な要素が非常に強く反映している。卸売業は特定の生産者との取引では，特約店契約や代理店契約を締結する場合が多い。小売業者や産業用使用者が，特定商品を購入しようとすると，これらの特約店や代理店経由で

しか購入することができない場合がほとんどである。生産者から産業用使用者・小売業者への流通チャネルは，このチャネルに入れない事業者には，排他的・閉鎖的な性格を帯びることになる。このような排他的・閉鎖的な構造は，海外からの参入者には参入障壁となる場合が多い。

(3) 総合商社の存在

日本では明治時代に入ると，総合商社が次々と誕生した。総合商社は商品を仕入れ，再販売する卸売の性格が強いために卸売業として分類されている。また，「ラーメンからミサイルまで」と総合商社の取扱商品がたとえられるように，幅広い商品を取り扱っている。さらに生産活動，企画開発，金融事業，情報，投資，オルガナイザー機能を，国内だけでなく，グローバル規模で展開している。このような機能を果たす企業は，海外では韓国に一部あるが，他の国や地域ではほとんど見ることができない。

3　中小卸売業の将来

商業統計調査では，卸売業を従業者規模により区分した事業所数，年間商品販売額は，1事業所の従業者数が少なくなるなど，事業所数の変化や年間商品販売額でも，おおよそ減少傾向にある。ただ，わずかの従業者しかいない事業所，つまり，2人以下や3人～4人に区分されている事業所数や年間商品販売額が，われわれが想像するほど，減少幅が大きいわけではない。むしろ業種によっては増加しているものもある。これはこれまでの卸売業というイメージを変えるような卸売業が誕生している兆しととらえることができるのではないだろうか。

卸売業はこれまで3K（きつい，汚い，危険）のイメージがあった。しかし，情報技術の発達により，卸売業の機能が変化している。旧来の卸売業と異なる新しい卸売業は，在庫を持たずに在庫リスクをメーカーに転嫁し，あるいは小売業に転嫁することで，商流や物流という機能を行わずに情報流のみを担当する業者も増えている。このような新しい卸売業の業務は，「口利きビジネス」というと聞こえは悪いが，売手と買手を結びつける機能を十分に果たしうるものになっているだろう。

これまで卸売業，あるいは一般に問屋といわれてきた者の担当機能が，時代の流れとともに変化している。これは自身が変化しようとしているものなのか，それともメーカーや小売業や産業用使用者の要請により，変化せざるを得なくなっているためなのだろうか。あるいはさまざまな理由により，身動きが取りやすい中小規模の卸売業から変化しつつあるのかもしれない。それは淘汰という波であるかもしれないし，新たなビジネスチャンスという波であるかもしれない。

第4節　小売業の革新と課題

　生産者や流通業者が小規模な時代には，その活動は範囲は極めて限定された地域であった。しかし，当該地域で市場占有率を向上させ，規模が拡大してくると，生産者や流通業者には新たな市場獲得が自らの規模拡大に必須の条件となる。生産者の新たな市場獲得の典型例は海外進出であろう。海外進出では，市場獲得の意味と生産拠点の拡大によるさまざまなコスト削減が目的となる。他方，流通業では新たな市場獲得という意味では生産者と同様であるが，商品調達市場を海外に拡大するという意味もある。

1　小売業による国際商品調達

　小売業が外国との関わりを持ち始めるのは，国際商品調達である。製品輸入は，食料や原燃料を除いた財の輸入を意味し，耐久消費財，非耐久消費財，生産財が含まれる。製品輸入には，事務機器や半導体等電子部品などの機械機器が製品輸入の半分を占め，小売業などの仕入として輸入される製品の比率は低い。しかし，製品輸入品目別では，繊維製品，家具や旅行用品の伸長率が高い。また東南アジア諸国で生産されたカジュアル衣料が増加している[11]。

　GAPやユニクロ（ファーストリテイリング）のように，小売業者が自ら企画し，作成した仕様書に基づいて海外の生産者に生産委託し，完成製品を当該小売業者の国や地域に輸入して販売する開発輸入の手法がとられている[12]。委託生産は，実際には商社が介入する場合が多いが，商品は自主企画し，生産から販売までを一貫して小売業が主導する。このようなビジネスシステムを

SPA (specialty store retailer of private label apparel) という。

開発輸入は，1980年代後半から円高の進行により始まった。当初の NIES から ASEAN 諸国や中国にも調達範囲が広がった。それは，アジアに進出していた日系メーカーの現地工場やアジア地域の地元企業との連携による PB 製品開発と輸入が増大し，安価な労働力を活用することで生産費用を低く抑え，低価格志向の消費者に対応するものであった。商品調達のグローバル化は，通常は日本市場向けの開発輸入を指すが，これはメーカーのグローバル化と小売業のグローバル化との強い関連を示している[*13]。

2　日本の小売業の海外出店

日本の小売業者は，商品調達を国際的に行うだけではなく，自ら海外に出店もしている。日本の小売業の海外出店は，百貨店がそのさきがけであった。しかし，百貨店が海外に出店したのは，観光旅行やビジネスで訪れた日本人，また現地駐在で海外で居住している日本人向けであった。しかし，1980年頃からの日本の小売業の海外出店は，東南アジア地域へと出店地域が移った。特に1985年のプラザ合意以降，小売業の海外進出が急激に増加した[*14]。

挫折はしたが，ヤオハンが海外市場に進出したのは，進出国の消費者をターゲットとするものであった。ヤオハンの進出以降，GMS を中心とした大規模小売業は，アジア諸国を中心に進出している。またユニクロや無印良品などは，先進国にも出店している。したがって，日本の小売業の海外出店は，外国における日本人の購買場所としての海外出店の段階から，現地の消費者を獲得するための海外出店へと飛躍した。

3　外資系流通業の動き

(1) 外資系企業の日本進出

外資系小売業も活動範囲を急速に自国以外に拡大している。日本でもその活動が活発化している。1989年の日米構造協議以降，外資系小売業の進出が目立っている。日本マクドナルドとの共同出資によるトイザらス，世界第2位の小売業であるフランスのカルフール，アメリカのコストコ，卸売にのみ特化し

たドイツのメトロ，そして，西友のほぼ全株式を取得している世界最大の小売業のウォルマートなどである。

外資系小売業が日本に進出する理由はさまざまに指摘されているが，他の業種と同様，新市場を求めてというのが第一の理由であろう。小売業の場合には，業態により違いもある。高級ブランド品を販売する企業には，日本人のブランド志向とその購買力を見込んでの進出が目立っている。

(2) 日本進出外資の特徴

日本に進出している外資小売業は，SPA型アパレル専門店（ギャップ，ザラなど），専門大型小売業（イケア，トイザらス，スポーツオーソリティなど），多製品品揃え型小売業（コストコなど）に分類できる。最も多いのが，SPA型アパレル専門店である。これら小売業は，多くの国で店舗を展開し，独自の斬新な企画力があり，メーカーと直接取引や効率的な物流・情報システムで世界的規模での商品調達網を有している[*15]。

しかし，外資小売業には日本市場は異質で，進出には大変な苦労がある。世界第2位のフランスの小売業であるカルフールは，日本メーカーの商品を品揃えするため，当初メーカーとの直接取引を志向した。しかし，伝統的な日本の流通機構では，卸売業を介するのが慣行であった。大手食品卸はこれまでの取引を重視したため，カルフールの直接取引による商品の品揃えは全体の約半分といわれた。また，日本のトップ・メーカーの商品の品揃えが難しく，結局日本の消費者の支持もなかなか得にくい状況のまま撤退した。

第5節　卸売業の革新と課題

卸売業が，これまで担ってきた重要な流通機能に物流機能がある。物流機能の高度化は，個別の卸売業者には自らの存続・発展に影響する。したがって，卸売業者は，物流活動の合理化を積極的に行い，取扱商品の物流技術・方法の高度化を図り，物流機能を効率化させなければならない。そのために情報ネットワークを活用し，受発注・納品活動の効率化を達成することが求められる。この状況で，卸売業が存在し続けるためには，総合商社がずっと試みているよ

うな情報武装の強化,つまり情報集約型の卸売業への変身にかかっている。

また,第5章で取り上げたサード・パーティー・ロジスティクス(3PL)の機能を持つ卸売業への転換も視野に入れるべきである[*16]。その中で,これからの卸売業が担うべき活動について考えたい。

1 卸売業の共同活動

卸売業は,同業種や同業態の卸売同士の戦略的提携,異業種・異業態の卸売同士の戦略的提携を考慮しなければならない。ここでは単に規模拡大ではなく,特定地域の綿密な営業展開,卸売機能の一部高度化,ローコスト・オペレーションの推進,総合卸売業の確立など,戦略的提携による競争優位に目標を置かなければならない。また,生産者,卸売業,小売業のこれまでの枠を越えた垂直的戦略提携も視野に入れている。1990年代前半にアメリカで生まれたECRなどはこの戦略的提携の1つの形であった[*17]。

中小卸売業者も,卸売競争の激化により,その存立基盤が揺らいでいるが,共同化で競争力を高め,経営効率を高めようとしている。共同化には,共同仕入,共同商品開発,共同販売促進(プロモーション),共同物流,共同情報システム,ECR導入によるサプライ・チェーン化,流通センター・卸団地などがある。

(1) 共同仕入

中小卸売業者が単独で仕入をするとそのロットは小さくなり,ボリュームによる値引は期待できない。最近は,卸売業が共同出資し,共同仕入会社を設置し,海外商品の共同仕入も行っている。

(2) 共同商品開発

共同商品開発は,卸売業者同士が提携して共同で商品開発をし,共同でオリジナル・ブランドを所有するものである。共同商品開発の理由は商品差別化により,競争優位を確立し,危険を分散することにある。

(3) 共同販売促進（プロモーション）

　共同販売促進は，卸売業者同士による共同の販売促進である。共同展示や共同広告，共同特売などがある。

(4) 共同物流

　共同物流は，物流を卸売業者同士が共同で行い，保管費用と配送費用の削減を目的とする。問屋街，卸商業団地，流通センターなどで実施される場合が多い。最近の共同物流は，特に都市部での交通渋滞，環境対応に非常に重要である。その中で，得意先へのサービスを向上させ，卸売業の物流費用節約には，卸売業者同士による物流活動の共同化を推進する方向がある。それには，卸売業同士による共同物流，異業種卸売業による共同物流，小売業要請の一括納品（窓口問屋制）がある[18]。

(5) 共同情報システム

　共同情報システムは，卸売業が共同で情報センターを設置し，共同でコンピュータを利用するものである。情報投資にはかなりの費用負担があるが，共同で導入することによる情報費用負担の軽減が目的である。

(6) ECR 導入によるサプライ・チェーン化

　ECR 導入によるサプライ・チェーン化は，小売店の売場での効果的な品揃え・陳列補充・販売促進・新商品導入のため，生産者，卸売業，小売業が連携し，サプライ・チェーン全体の効率化を実現しようとするものである。ECR の担い手は，小売業のパートナーシップを形成することに成功した者だが，ある商品カテゴリーで多くのノウハウを持つ生産者や品揃えのノウハウを持った卸売業の場合もある。最近は，有力メーカーはカテゴリー・マネジメントへの取り組みを行い，卸売業でも「取引から取り組み」をコンセプトとして一括納品システムの構築に努めている[19]。

(7) 流通センター・卸団地

　以前は卸売業の集積している場所として問屋街があったが，卸売業の経営合理化を目的とし，計画的に卸売業が1箇所に集積した拠点が，流通センターや卸団地である。

　たとえば，埼玉県熊谷市問屋町に所在する協同組合熊谷流通センター（ソシオ熊谷）は，1972年4月に設立登記され，現在では組合員数，繊維・衣料品・身回品24社，食料品・飲料・薬品15社，機械器具・建築資材24社，文具事務機・雑貨その他13社の合計76社で構成され，物流センターは延床面積約38,000㎡，団地内総面積32万㎡，団地内従業員数約1,900名，組合員総売上高は約3,000億円に達する[20]。

　ソシオ熊谷は，設立から40年以上になるが，これまで地域流通の拠点としての機能を果たし，1992年には中期活性化計画により中核事業として，情報センタービル，共同物流センター，団地内情報ネットワーク計画を推進している。

2　卸売業におけるロジスティクス機能の充実

　最近は，卸売業者の担当するロジスティクス機能が重要になっている。それは，小売業の要求により，物流の多頻度・小口化が進み，卸売業者の提供する物流サービスが複雑になっているためである。また，消費者が商品の低価格化に慣れ，小売業者もそれに対応し，費用削減の一環としてのローコスト物流を強く求めている。この状況では，小売業側の要求に応じ，競争優位のためにジャスト・イン・タイム（JIT）を実現しなければならない。そこで自社トラックによる配送網の整備や強化とともに，物流センターや配送センターなどの物流拠点を機械化・自動化し，多頻度小口の物流ニーズに積極的に対応し，物流サービスのレベル向上に努めなければならない[21]。

　しかし，ローコスト物流と物流のサービスレベルの向上は，二律背反の関係にある。ローコスト物流には，在庫回転率の向上，センター内作業の自動化と省力化，積載効率の向上，車両回転率の向上などが必要である。サービスレベルの向上には，欠品率の低下，誤配送の防止，指定時間の厳守，リード・タイムの短縮，配送頻度のアップ，小分け対応などが必要である[22]。そして，在

庫回転率向上と欠品率低下を同時に実現するには，全く反対方向の問題に直面するが，この解消にはさまざまな工夫が必要である。

3　卸売業の小売業支援（リテール・サポート）

　以前は，サービス・マーチャンダイジングが主であったが，最近は，卸売業が小売業を支援することでその存続，成長があるとされる。小売業支援は，小売店の経営成果の向上を卸売業の発展と位置付けている。その内容は，小売店のプロモーション活動，店舗指導，マーチャンダイジング，コンピュータ・システム支援，会計システム，教育・研修などである。特にPOSシステムの導入などコンピュータ・システム支援活動を中心に小売業支援を行う傾向が強まっている。図表11-2は，卸売業の機能の多様化と高度化の展開を示したものである。

　また，卸売業が小売業支援を実施するための条件として，次の3つが必要である[23]。
① 小売業の売場での取扱商品を幅広く提供できるための幅広い品揃え
② 小売業との受発注オンライン・ネットワークを確立し，受注データを集積し，データベースを構築するための情報ネットワークの確立
③ 小売業を巡回して小売業支援を実施するための小売業支援担当者の育成

＜図表11-2　卸売業における機能の多様化と高度化＞

		事業展開のパターン	
		垂直展開	水平展開・卸売機能内展開
事業展開の方向性	事業領域の拡大（既往機能以外への展開）	製造・小売機能への展開 例）・プライベートブランドの開発・商品化 ・小売直営店の展開	既往機能以外の卸売機能への展開 例）・物流事業への展開 ・流通コンサル事業への展開
	事業の深耕・効率化（既往機能の強化）	製造・小売の支援強化 例）・フランチャイズ・ボランタリーチェーンの構築 ・品揃え・マーチャンダイジング等の指導	既往卸売機能の強化 例）・取扱商品の多様化 ・物流機能の強化 ・情報システムの強化

（出所）　中小企業金融公庫総合研究所(2006)「中小卸売業における新たな事業展開」『中小公庫レポート』No. 2005-5，47頁

これまでは流通チャネルに参加するプレーヤーのうち誰がリーダーシップを握るかという競争が行われてきたが，これからは各々が生き残りをかけ，互いに協力し合い，関係性を築きあげ，全体が最適な関係になるような流通システムが望まれる。

第11章　日本の流通業の課題と革新　　223

＊1　通商産業省中小企業庁取引流通課(2000)『平成11年卸売業の現状と課題』同友館, 217頁
＊2　M. Kotabe & K. W. Wheiler (1996), Anticompetitive Practices in Japan, (邦訳鈴木武・山本久義(2000)『日本の反競争的商慣行』同文舘, 序文(9)頁
＊3　http://wwwsoc.nii.ac.jp/janul/j/publications/reports/34/34_5.html,2007.2.14 accessed
＊4　http://www.jftc.go.jp/dokusen/3/dtgl/2-3.htm（2007.2.14 accessed）
＊5　通商産業省中小企業庁取引流通課(2000)『平成11年卸売業の現状と課題』同友館, 209-213頁
＊6　http://www.chusho.meti.go.jp/soshiki/teigi.html（中小企業庁ウェブサイト, 2007年2月10日閲覧）
＊7　D. T. Clark & B. A. Gottfried (1967), University Dictionary of Business and Finance, p. 228
＊8　三上富三郎(1975)『卸売業―経営と診断―』東京教学社, 70-71頁
＊9　宮下正房(2002)『商業入門』中央経済社, 122頁
＊10　宮下(2002)『前掲書』, 122-123頁
＊11　向山雅夫（2002）「流通活動空間の広がり」原田英生・向山雅夫・渡辺達朗『ベーシック流通と商業』有斐閣, 234頁
＊12　向山（2002）『前掲書』, 235頁
＊13　川端基夫（2000）『小売業の海外進出と戦略―国際立地の理論と実態―』新評論, 20-21頁
＊14　番場博之（1997）「小売業の海外出店の変遷と国際化」岩下弘編『流通国際化と海外の小売業』白桃書房, 80-81頁
＊15　向山（2002）『前掲書』, 244-245頁
＊16　鈴木孝（2002）「卸売機構」宮原義友編著『商学概論』同文舘, 60頁
＊17　鈴木（2002）『前掲書』, 61-62頁
＊18　宮下正房（1996）『現代の流通戦略』中央経済社, 116-117頁
＊19　野澤建次（1997）『現代流通入門』中央経済社, 154頁, 野澤建次「サードパーティ・ロジスティックスの台頭と卸物流」宮下正房・流通経済研究所編（1997）『挑戦する卸売業』日本経済新聞社, 171頁
＊20　http://www.socio.jp/lnk_2.html　総売上高については電話聞き取り
＊21　通商産業省中小企業庁取引流通課（2000）『平成11年卸売業の現状と課題』同友館, 62頁
＊22　林一雄（1999）「卸売業の経営課題」兼村栄哲, 青木均, 林一雄, 鈴木孝, 小宮路雅博『現代流通論』八千代出版, 171-172頁

＊23 宮下（1996）『前掲書』，107-108頁

第12章

消費者と商業・流通

　消費財流通の最終段階は消費である。消費財の生産者や流通業者が，流通の終点の消費者の存在がわかっていながら，川上ばかりをみていたと反省を促したのは，マーケティングの貢献であった。第2次世界大戦後，アメリカでは消費者主権運動やコンシューマリズムが大きな高まりを見せ，日本でもそれに追随する形で，さまざまな法的制度が整備され，消費者関連機関が設立された。

　またある時点までは，生産者や流通業者の方が，消費者よりも多くの情報を持っていた。そして，消費者が持っている情報の少なさによる情報非対称性の問題が存在していた。現在も情報非対称性は依然として存在している。しかし，情報社会の変容に連動し，企業が持っている情報量と消費者が入手し，蓄積する情報量が接近し，企業と消費者が持つ情報量が逆転する状況もある。

　本章では，消費者と商業・流通との関わり，情報非対称性の変化が商業・流通に与える影響を考えていきたい。

第1節　消費者の権利と消費者主権

　生産者と消費者間のさまざまな社会的な懸隔は，社会的分業の発展により拡大した。それが消費者問題発生の一因でもあった。しかし，企業で生産活動に従事しているヒトも流通活動に従事しているヒトも，家庭（家計）では消費者であり，生産や流通活動にかかわりのないヒトでも，消費せずには生きていけない。この世に生存するヒトはすべて消費者としての側面を持っている。

1　消費者の権利

　以前は，アメリカでは「消費者は王様（Consumer is king.）」，日本では浪曲

師三波春夫がしばしば「お客様は神様」という言葉を口にした。この表現には，微妙な差がある。前者はすべてに消費者であるヒトが優先されるべきであり，後者は同じヒトでもお客様となるヒトは神様であり，尊重されるが，それ以外のヒトは尊重されないという意味を持っているかのようである。しかし，これらの言葉が流行語となり，消費者が意識されるようになってきた。

消費者の権利が，明確に打ち出されたのは，1962年にアメリカのケネディ大統領が連邦議会に提出した「消費者の利益保護に関する大統領特別教書」であった。その中で大統領は，消費者の権利として4つの権利を明確にした。

① 安全である権利（right to be safe）
健康，生命に危険のある商品の販売から消費者は保護されるべきである。
② 知らされる権利（right to be informed）
詐欺的な，虚偽に満ち，またひどく誤らせるような情報，広告，ラベル及び類似する商業慣習から保護され，事実を知って財を選択できるだけの事実を知らされるべきである。
③ 選択する権利（right to choose）
どこでも多くの種類の生産物とサービスを競争的価格で入手できることが保証され，競争が行われず，政府の規制がこれに代わって適用されている産業では，満足のいく品質，サービスが適正な価格で供給されることが保障されるべきである。
④ 意見が聴かれる権利（right to be heard）
政府が政策を設定するときには，消費者利益に対して十分で同情的考慮が払われることが保障され，行政的審判には公正で迅速な取扱いが保障されるべきである。

この特別教書は，世界の国の司法や行政，消費者運動に影響を与えた。

2 消費者主権

消費者主権（consumer sovereignty）とは，あらゆる経済活動は，究極的には消費者ニーズの充足に向けられ，生産を究極的に決定するのは消費者であることを意味する。したがって，消費者ニーズが企業行動に反映される体制が整っている場合，一般的に消費者主権が確立されているといってよい。

しかし，独占市場や寡占市場では，企業による誇大広告や不当表示，消極的な価格競争など，消費者不在の企業活動が多い。本来の経済運営は，消費者主権のもとで行われるべきだが，実際には企業主導である。

第2節　消費者問題

消費者という概念は，生産の対極にある概念ととらえられることが多い。しかし，消費者問題や消費問題は，生産と消費という対極的な関係だけではなく，それを社会的に架橋する流通との関係でもとらえなければならない。消費者問題は，企業と消費者だけでなく，行政も巻き込んだ問題として存在するため，3者のトライアングルで考える必要もある。

1　消費者問題

(1)　消費者問題と外部要因

消費者問題（consumer affairs）は，最終消費者として購入した商品やサービス及びその取引で生じる消費者の被害または不利益の問題である。この中で主要な消費者問題は次の6つである[*1]。
① 安全性，健康，生命に関わる問題
② 取引や契約に関わる問題
③ 価格や品質に関わる問題
④ 広告や宣伝に関わる問題
⑤ 表示に関わる問題
⑥ 消費者信用に関わる問題

これらの問題の発生要因は，生産者と消費者，流通業者（商業者）と消費者間のコミュニケーションに起因することが多い。生産者が持っている情報と消費者が取得できる情報，流通業者が持っている情報と消費者が取得できる情報との差から生じる。しかし，生産者や流通業者が組織内部だけに留めなければならない情報（特許やノウハウ）もある。

資本主義社会では，情報が完全であり，自由競争が行われ，価格は需要と供

給の一致するところで決定され，消費者が自由に選択し，利益を得ることが前提である。しかし，自由競争が制限されると，最も被害を受けるのは消費者である。そして現状では，自由競争が行われているとはいい難い。

通信販売，インターネットによるいわゆるネット・ショッピング，キャッチ・セールス，そして消費者に手持ちのお金がなくても，商品やサービスを手にすることができるようになった。このように商品やサービスの入手方法が多様化した。そのため，企業が自己（企業）の利益を最優先することから消費者問題が起こる面もある。つまり，消費者問題には発生する複合的な土壌がある。

(2) 消費者問題の内部要因

これらを消費者問題の外部要因だとすれば，内部要因も存在する。内部要因である消費者の弱点には次の3点がある[*2]。

① 「生身の人間の弱さ」

商品を消費するのは生身の人間である。一方，企業は取引による損失を蒙ることがあるが，健康や生命にかかわる被害を受けることはない。

② 「知識や技術の不足」

消費者はある特定の専門家であることはあるが，すべての商品やサービスの専門家ではない。

③ 「人間性の弱点」

衝動買いをするなど人間性の弱さにより消費者は心理上の弱点を持つ。

複雑化する社会では，人間（消費者）は弱い存在である。しかし，消費者は弱さを盾にするだけではなく，正確な知識を持つために，自ら学ぶ姿勢を持ち，さまざまな機関が消費者への啓発活動を行うことが重要である。

2 消費者関連法

日本で，消費者問題が社会的問題として顕在化しはじめたのは，高度成長期であった。海外の消費者運動やコンシューマリズムの刺激もあり，これに対応する形で，薬事法，特定商取引に関する法律など消費者保護のための法律が制定された。また，消費者対応の行政機関として農林水産省消費経済課，通商産業省消費経済課，経済企画庁国民生活局が設置された。2009年には，消費者庁

<図表12-1　消費者関連法>

分　野	法　　律
消費生活	消費者保護基本法（1968年），消費者基本法（2004年）
	特定商取引に関する法律（1976年）
	製造物責任法（1995年）
	消費者契約法（2001年）
食	食品衛生法（1947年）
	農林物資の規格化及び品質表示の適正化に関する法律（1950年）
電器・家庭用品	家庭用品品質表示法（1961年）
	消費生活用品製品安全法（1973年）
医薬品・医療	医師法（1948年）
	薬事法（1960年）
公正取引	不当景品類及び不当表示防止法（1962年）
金融	利息制限法（1954年）
	出資の受入れ，預り金及び金利等の取締りに関する法律（1954年）
	割賦販売法（1961年）
	貸金業の規制等に関する法律（1983年）
情報保護	個人情報の保護に関する法律（2003年）

（出所）　http://www.jc-press.com/kanrenho/top.htm（2007.4.13閲覧）より作成

が設置され，消費者対応の一元化を図ろうとしている。

　消費生活分野をはじめとした消費者関連法が，**図表12-1**である。また家庭用品品質表示法，不当景品類及び不当表示防止法，特定商取引に関する法律などは5年周期の見直しが行われている。

(1)　消費生活分野

　① 消費者基本法

　消費者基本法は，消費者保護基本法を改正し，2004年6月から施行された。この法律は，消費者と事業者間の情報の質及び量並びに交渉力等の格差や消費者利益の擁護及び増進（消費者政策）に関し，消費者の権利の尊重及びその自立支援などを基本理念に定めている。そして，国，地方公共団体及び事業者の責務等を明確にし，施策の基本となる事項を規定したうえで，消費者利益の擁

護及び増進に関する総合的施策の推進（消費者基本計画）を図り，国民の消費生活の安定及び向上を確保することを目的とする。

　基本施策として，国は国民の消費生活の安全確保のため，商品及び役務について必要な基準の整備及び確保，安全を害するおそれがある商品の事業者による回収促進，安全を害するおそれがある商品及び役務に関する情報の収集及び提供等必要な施策を講ずるとしている。

②　特定商取引に関する法律

　特定商取引に関する法律は，1976年に制定され，社会情勢に合わせて何度か改正されている。特定商取引は，訪問販売，通信販売及び電話勧誘販売に係る取引，連鎖販売取引，特定継続的役務提供に係る取引並びに業務提供誘引販売取引である。したがって，この法律はこれらの取引を公正に行い，これらの取引で購入しようとする消費者が被るおそれのある損害の防止を図ることが目的である。また，購入者である消費者の利益を保護し，商品等の流通やサービスの提供を適正かつ円滑にし，公民経済の健全な発展を図ることも目的である。

③　製造物責任法

　製品の安全性は，企業に依存する場合が大きく，被害者の円滑かつ適切な救済が必要である。そこで生産者等に過失がなくても，製品に欠陥があれば，賠償責任を負わせることで，被害者の立証負担の軽減が製造物責任制度導入の趣旨である。

　製造物責任法（product liability：PL法）は，1995年7月に施行され，製品の欠陥によって生命，身体・財産に損害を被ったことが証明された場合，被害者は生産者等に損害賠償を求めることができる。つまり，製造物責任制度の導入は，円滑かつ適正な被害救済に役立つ。具体的には，生産者等が自ら生産，加工，輸入または一定の表示をし，引き渡した製品の欠陥により，他人の生命や身体，財産を侵害したときは，過失の有無にかかわらず，生じた損害を賠償する責任を定めている。そのため，損害がその製品についてのみ生じた場合，安全性に無関係な品質や性能の瑕疵は対象外である。

　また，生産者等の免責事由や期限の制限も定めている。ここでの欠陥は，製品が通常有すべき安全性を欠いていることである。つまり，製品設計段階で十分に安全に配慮されず，生産過程で粗悪な材料が混入するなどの誤りがあり，

安全性を欠いた場合，製品の特性や内在する危険性等の情報を指示・警告しなかった場合，などである*3。

製造物責任法の運用は，製造物責任法の周知徹底，裁判外紛争処理体制の整備・充実，原因究明体制の整備，情報収集・提供体制の整備，製品被害の未然・再発防止などの施策が講じられた。今後は，国民生活センターや各地の消費生活センターで原因究明体制の充実・強化，都道府県の支援，消費者安全教育の充実などで消費者被害の総合的防止・救済策の推進が期待される*4。

しかし，最近企業の不祥事とも併せ，企業があまりにも多くの注意書きやマニュアルの量を増大させるのも問題である。これは企業の保身行動であるが，あまりにも多いために，消費者自身が何が重要かわからなくなり，情報の山の前で立ちつくすことにもなる。

④　消費者契約法

最近の商品やサービスの多様化により，消費者の選択の自由が拡大する一方，消費者と事業者間に情報や交渉力の格差により，消費者と事業者間での契約，いわゆる消費者契約にかかわる問題が発生している。そこで政府は，国民生活審議会での審議を踏まえ，検討し，公正で予見可能性の高い新たな民事ルールである消費者契約法を定め，2001年4月から施行された。

消費者契約法は，消費者と事業者間で締結される契約である限り，適用除外を設けず全取引対象である。消費者契約締結の勧誘に際し，掲げられた事業者の一定の行為により消費者が誤認し，困惑した場合，消費者は契約申込み，または承諾の意思表示を取り消せる。また，消費者契約において，消費者の利益を不当に害する条項を無効としている。そして，事業者は契約内容が明確かつ平易になるように配慮し，必要な情報を提供するよう努め，消費者も消費者契約の内容について理解する努力が求められている*5。

(2) 食分野

①　食品衛生法

食品衛生法は，1947年に制定され，食に関するさまざまな問題や社会情勢に合わせて改正されている。この法律は，食品の安全性確保のために公衆衛生の見地から必要な規制や措置を講じることで，飲食に起因する衛生上の危害発生

を防止し，国民の健康保護を図ることを目的とする。国や地方自治体の責務には，教育活動を通じて正しい知識の普及，情報収集・整理・分析・提供，研究の推進，検査能力の向上などがある。

食品業者等の責務として，知識及び技術の習得，原材料の安全性確保，自主検査など通常時の責務と危害発生時には記録を作成・保存などしたものを国や自治体へ提供し，廃棄時の措置を的確・迅速に講じる責務が規定されている。その他，特殊な方法で摂取する食品等の暫定流通禁止措置，残留農薬等のポジティブリスト制，監視指導指針・監視指導計画，食品衛生管理者の責務なども規定されている。

② 農林物資の規格化及び品質表示の適正化に関する法律

農林物資の規格化及び品質表示の適正化に関する法律は，1950年に制定された。この法律は，適正かつ合理的な農林物資の規格を制定し，これを普及させることで，農林物資の品質の改善，生産の合理化，取引の単純公正化及び使用または消費の合理化を図ることが目的である。農林物資の品質に関する適正な表示を義務づけることで，一般消費者の選択に貢献し，公共の福祉の増進に寄与することを目指している。通称JAS法といわれる。

(3) 電器・家庭用品分野

① 家庭用品品質表示法

家庭用品品質表示法は，1961年に制定された。この法律は，一般消費者が製品の品質を正しく認識し，購入に際し，不測の損失を被ることのないように，事業者に家庭用品の品質に関する表示を適正に行うよう要請し，一般消費者の利益を保護することが目的である。この法律制定以前は，表示の具体的なルールが一般化されず，市場に不適正な品質表示の製品が横行し，消費者被害の発生する可能性が高かった。

② 消費生活用製品安全法

消費生活用製品安全法は，1973年に制定された。この法律は，消費生活用製品による一般消費者の生命または身体への危害発生の防止を図るため，特定製品の製造及び販売を規制し，消費生活用製品の安全性の確保について，民間事業者の自主的な活動を促進し，一般消費者の利益保護が目的である。ここでの

特定製品は，自己確認品目といわれ，事業者が国に一定の事項を届け出れば，自社検査でPSマーク（特定製品マーク）を表示ができるものである。

対象製品は，家庭用の圧力なべ・圧力がま，乗車用ヘルメット，登山用ロープである。さらに特別特定製品もあり，特定製品のうち，その製造または輸入事業者で，一般消費者の生命または身体への危害の発生を防止するため必要な品質確保が十分でない者がいると認められる製品は，特別特定製品として指定する。事業者自身の検査による安全確保に加え，第三者検査機関による適合性検査を義務付けている。対象製品は乳幼児用ベッド，携帯用レーザー応用装置（レーザーポインター），浴室用温水循環器（ジェットバスなど）である。

(4) 医薬品・医療分野

① 医師法

医師法は，1948年に制定され，改正が重ねられてきた。この法律は，医師は医療と保健指導を司り，公衆衛生の向上と増進に寄与し，国民の健康的な生活を確保することから，医師としての業務，義務を規定している。

② 薬事法

薬事法は，1960年に制定され，改正が重ねられてきた。薬事法は，医薬品，医薬部外品，化粧品および医療用具の品質，有効性及び安全性の確保のために必要な規制と，医療上，その必要性が高い医薬品，及び医療用具の研究開発促進のために必要な措置により，保健衛生の向上を図ることが目的である。薬事法では，医薬品，医薬部外品，化粧品，医療用具，動物用医薬品，動物用医薬部外品，動物用医療用具が規制対象である。これらの製造業・輸入販売業の許可，製造承認は，薬局開設及び販売の許可，主にこれらの承認・許可制度を通じ，製品の有効性及び安全性を確保するものである。また，誇大広告の禁止や監督官庁による立ち入り検査，副作用等の報告義務などが，医薬品，医薬部外品，化粧品，医療用具，動物用医薬品，動物用医薬部外品，動物用医療用具に共通して適用される。

2006年施行の改正薬事法では，①市販後安全対策の充実と承認・許可制度の見直し（企業の安全確保責任の明確化と国際整合性を踏まえた製造承認制度の見直し），②医療機器に係る安全対策の抜本的な見直し（医薬品以上に多様な

技術・素材が用いられる医療機器の特性に対応), ③バイオ・ゲノムの世紀に対応した安全確保対策の充実(生物由来製品の安全確保に向けての法的整備)などがその柱となっている。

さらに, 薬事法, 2014年11月には「医薬品, 医療機器等の品質, 有効性及び安全性の確保等に関する法律」に改められた。この背景には, 医薬品, 医療機器等に係る安全対策の強化, ②医療機器の特性を踏まえた規制の構築, ③再生医療等製品の特性を踏まえた規制の構築がある。

(5) 公正取引分野

不当景品類及び不当表示防止法は, 1962年に制定され, 改正が重ねられてきた。この法律は, 商品及び役務の取引に関連する不当な景品類及び表示による顧客の誘引を防止するため, 「私的独占の禁止及び公正取引の確保に関する法律」(独占禁止法)の特例を定め, 公正な競争を確保し, 一般消費者の利益を保護することが目的である。

景品類は, 顧客を誘引する手段として, その方法が直接的, 間接的か, くじの方法によるかどうかを問わず, 事業者が自己の供給する商品または役務の取引(不動産取引を含む)に付随し, 相手方に提供する物品, 金銭その他の経済上の利益であって, 公正取引委員会が指定するものである。

この法律でいう表示とは, 顧客を誘引する手段として, 事業者が自己の供給する商品または役務の内容または取引条件その他これらの取引に関する事項について行う広告その他の表示であり, 公正取引委員会が指定するものである。

(6) 金融分野

① 利息制限法

利息制限法は, 1954年に制定された。この法律は金銭消費貸借の利率の最高限を定め, それを超える部分の無効などを定めている。また, 手数料などの名目で徴収する金銭は, 利息とみなすことなどを規定している。金銭を目的とする消費貸借上の利息の契約は, その利息が**図表12-2**の利率で計算した金額を超えるときはその超過部分につき無効としている。

<図表12-2 利率の割合>

元本が10万円未満の場合	年2割
元本が10万円以上100万円未満の場合	年1割8分
元本が100万円以上の場合	年1割5分

② 出資の受入れ，預り金及び金利等の取締りに関する法律

出資の受入れ，預り金及び金利等の取締りに関する法律は，1954年に制定された。出資法と略される。この法律は，出資金の受入れ，預り金，浮貸し，金銭貸借の媒介手数料，金利を規制している。つまり，貸金業者の上限金利などを定めている。貸金業者の上限金利を定める法律には，利息制限法もある。原則は利息制限法が適用されるが，みなし弁済という利息制限法の例外規定を満たすと，出資法の上限金利が適用できる。この出資法の上限金利を超えた利息を取ると，法律的に罰せられる。

③ 割賦販売法

割賦販売法は，1961年に制定され，社会状況に応じて改正されてきた。この法律は，割賦販売等に係る取引を公正にし，その健全な発達を図ることで，購入者等の利益を保護し，商品等の流通及び役務の提供を円滑にし，国民経済の発展に寄与することが目的である。割賦販売は，この法律では購入者が商品等を受け取った後にその代金を分割して支払う後払式と，商品の引渡しや役務の提供に先立って代金を分割して受領する前払式に大別している。後払式には，割賦販売（いわゆる自社割賦），ローン提携販売，割賦購入あっせん，リボルビング方式がある。一方，前払式には，前払式割賦販売，前払式特定取引（冠婚葬祭互助会，友の会）がある。

④ 貸金業の規制等に関する法律

貸金業の規制等に関する法律は，1983年に制定された。この法律は，貸金業を営む者について登録制度を実施し，その事業に対し必要な規制を行い，貸金業者の組織する団体の適正な活動を促進し，その業務の適正な運営を確保し，資金需要者等の利益保護を図り，国民経済の適切な運営に資することを目的とする。この法律でいう貸金業は，金銭の貸付けまたは金銭の貸借の媒介（手形の割引，売渡担保その他これらに類する方法での金銭の交付または当該方法に

よる金銭の授受の媒介を含む。）を業として行う者である。

(7) 情報保護分野

個人情報の保護に関する法律は，2003年に制定された。この法律は，高度情報通信社会の進展に伴い個人情報の利用が拡大していることに鑑み，個人情報の適正な取扱いに関し，基本理念及び政府による基本方針の作成その他の個人情報の保護に関する施策の基本となる事項を定めることが目的である。また，国及び地方公共団体の責務等を明らかにし，個人情報を取り扱う事業者の遵守すべき義務等を定め，個人情報の有用性に配慮しつつ，個人の権利利益を保護することを目的としている。ここでいう個人情報とは，生存する個人に関する情報であり，当該情報に含まれる氏名，生年月日その他の記述等により特定の個人を識別することができるもの（他の情報と容易に照合でき，それにより特定の個人を識別することができることとなるものを含む）を指している。

第3節　情報非対称性と消費者

1　情報非対称性と商業・流通

(1) 情報非対称性

一般的に，経済学では最適な市場の結果をもたらし，消費者利益を最大化するには，市場では完全競争が行われなければならない。そのため，市場で取引する経済主体が，互いに情報を共有しなければならず，どちらかの経済主体（たとえば，売手である企業）が得ている情報を他の経済主体（たとえば，買手である消費者）が得ていないという情報の偏在があってはならない。現在，公開前の企業情報を利用して，当該企業の株式を売買して利益を得，損失を逃れる取引であるインサイダー取引[*6]は禁止されている。それは情報の偏りの存在により，完全市場として機能せず，市場の失敗を招き，市場が歪んだものになるためである。

情報非対称性は，ある経済主体と別の経済主体が取引や契約などの何らかの

関係があるとき，どちらかの経済主体が別の経済主体よりも多く情報をもっていることで起こる。各経済主体に完全に情報が行き渡らないため，情報不完全性ともいわれる。

(2) **商業・流通における情報非対称性**

　情報の非対称性についてはノーベル経済学賞を受賞したアカロフ（G. Akerlof）が，中古車（「レモン」：隠された欠陥のある中古車の問題）で説明した。つまり，中古車の売手は，自らが保有している自動車の品質をよく知っている（知らない場合もあるが）が，見込の買手は，少し見ただけでは中古車の品質を判断できない。買手が品質を判断できないため，その中古車の価格は市場に出回る商品の平均品質を反映して決定される。そうすると，平均品質よりも高い品質の中古車の売手は，市場から退出する。したがって，平均品質が低下し，それに連動して市場価格も下落し，品質が高い順に売手は中古車市場から退出する。これは悪貨が良貨を駆逐する現象で逆選択（adverse selection）という[7]。品質に関する危険は，短期的な利潤を求めて市場に参加する人々によりもたらされ，守るべき評判をもち，長期的視野に立つ商業者（流通業者）は，彼らの長期的利益が品質を維持することにある点をわきまえている[8]。

　買手の品質情報の不完全性は，買手の経験をもとにした売手の評判で埋め合わされ，企業間競争は，広い意味での評判や暖簾（のれん）（という無形資産）を求めて行われる[9]。つまり，企業名や商品に付されたブランドによる競争となる。

(3) **消費者の情報蓄積**

　生産者や流通業者などの企業と消費者間の情報は，主に製品情報や価格情報である。1950年代半ばからの高度経済成長期，企業主導によるマス・マーケティングが可能であったのは，その基礎に情報非対称性に基づく企業の優位性が働いていた。消費者が三種の神器（冷蔵庫・洗濯機・白黒テレビ）や3C（自動車・クーラー・カラーテレビ）を購入したのは，企業のシナリオ通りであった。

　しかし，1980年前後からの成熟社会の中で，消費者は消費経験を積み重ね，製品（商品）知識を蓄えた。その結果，企業と消費者間の情報非対称性は低下

した。そして，情報非対称性の低下の流れを決定づけたのが，インターネットの普及であった[*10]。

消費者はさまざまなモノやサービスを購入して生活している。その中でそれぞれの商品（製品）やサービスについてマニアックな消費者が存在する。つまり，消費者行動論でいう関与が高く，高知識の消費者は，特定商品やサービスについては情報非対称性はそれほどない。しかし，大部分の消費者はほとんどの商品やサービスは，それほど関与も知識も高くはない。他方，生産者や流通業者などは，各々が生産し，販売している商品やサービスについては，消費者と比較した場合，多くの情報を持っている。このときに企業と消費者間に情報非対称性が存在する。

2　消費者の情報保有量と処理能力

(1)　情報入手の手軽化

現在，インターネット上に「価格．com」（http://www.kakaku.com/）というウェブサイトがある。このサイトには，商品の価格情報が掲載されている。たとえば，消費者が特定のデジタルカメラ（デジカメ）の購入を決めたとする。これまで消費者は価格面だけを考慮し，最も安いデジカメを買おうとすれば，価格情報を得るため，新聞の折込広告の比較，よく知っている人に聞き，自ら家電・カメラ量販店に足を運び，価格情報を入手して，購入しなければならなかった。しかし，価格．comのウェブサイトにアクセスし，購入を考えているデジカメのメーカー，型番等を入れると，多少時間ラグはあるが，最も安い店舗の価格情報が得られ，購買へと結びつくことがある。ただし，その最も安い店舗が，その商品を求める消費者の近くに所在したり，送料の店側負担や自らが負担してもこれまでの探索方法よりも安いという限定がつく。

楽天トラベルやじゃらんネットのウェブサイトでは，ホテルの情報などを，実際に宿泊した者が自由に書き込み，利用者同士での情報交換が行われている。ホテルや旅館側からも書込みに対しての回答が得られることがあり，消費者とサービスの提供者側とのコミュニケーションの場となっている。

さらに，さまざまな企業から出されるテーマにユーザーが答えるインター

ネット企画会議室やユーザーが自由にアイデアを投稿し，他のユーザーの賛同票やコメントを受け付けるウェブサイトがある。アイデアを出すインターネット・ブレイン・ストーミング・ルームなどもあり，消費者（ユーザー）が企画に参加したり，企画を立てたりすることができるようになっている。

(2) 消費者が保有する情報量の増加

近年は，これまで取り上げてきた以前の情報非対称性とは，逆の情報非対称性がある。つまり，消費者の方が生産者，流通業者などに比べ，情報を多く持っている現象もある。たとえば，「5ちゃんねる」（http://www.5ch.net/）というウェブサイトでは，あらゆるジャンルにわたってのスレッド（板）が立てられ，利用者が自由に書込みができる。しばしばプライバシー侵害や名誉毀損，誤った情報，悪意の情報が一気に拡大することもあるが，このウェブサイトで消費者が，多くの情報が得られるようになったのも事実である。このようなサイトに限らず，インターネット上には雨後の筍のように乱立する。したがって，消費者は情報を得ようとすれば，それほど多くの費用を支払わずに得ることができる環境にある。さらに twitter や Face book，Instagram などを利用して，少し以前には全く考えられなかったようなコミュニケーションが盛んに行われるようになった。

現在の日本の消費者は，これまでより情報が入手しやすくなり，結果的には，企業などもこのようなウェブサイトのチェックはするが，多くの時間と費用をかけられない。したがって，入手しようとすれば，探索時間に余裕のある消費者の方が，結果的に多くの情報を持つことができ，これまで指摘されてきた情報非対称性とは逆の現象が起きる。

(3) インターネット上での情報の特性

インターネット上での情報には信憑性の問題がある。企業や商品（製品）情報に限らず，消費者情報の漏洩の問題も発生する。そのため，インターネット上での消費者保護の問題が出てくる。その上で，インターネット上での情報の特性について5点が指摘されている[*11]。

① 個人の情報発信が容易である反面，マス・メディア（新聞，テレビ，雑

誌など）と異なり，発信者にプロの職業倫理が働かない場合がある
② 発信者に匿名性があるため，無責任な情報発信や違法行為が心理的に容易にできる面がある
③ 違法な情報が情報のあるサーバーから削除されても別のサーバーにコピーされるため，情報が流通し続ける可能性が高い
④ 国により，情報流通に対する規制範囲が異なる
⑤ 特定のプロバイダーが，違法な情報発信や違法な情報へのアクセスを制限しても，他のプロバイダーからは可能な場合がある

(4) インターネットでの発信責任

インターネット上の情報に関するものとして，情報発信者，その情報を媒介するプロバイダー，情報を受信する情報受信者の各々が，責任と対応力を持たなければならない。インターネット上での情報伝達に関する責任の明確化と対応は十分に考えなければならない。

情報発信者は，インターネットによる情報発信が，これまでのマス・メディアとは異なり，不特定多数に向けての自由かつ容易な情報発信手段であることを認識し，発信情報に関する法的責任を負うことを認識する必要がある[*12]。最近は，情報発信者が訴えられることもある。インターネット上での情報発信は費用もそれほどかからず，容易な情報発信手段であるからこそ，慎重になるべきである。

(5) 消費者の情報処理能力

消費者行動論の研究分野でいわれるが，各消費者には動機づけと能力の問題がある。一般の消費者は，あらゆる情報すべてを吸収して処理することは不可能である。それは各消費者だけでなく，企業側にも不可能である。したがって，ある特定情報への関心（動機づけ）が重要となり，動機づけが高まると一般的にはその処理する能力も向上することになる。

しかし，これもある特定分野の製品（商品）やサービスに限定される。そこでは，各消費者の能力の限界が働くからである。この範囲で消費者も企業も処理するが，特に消費者に限っては，自らを保護するためにも動機づけがされな

ければならない。

　つまり,動機づけされた機会が多い消費者は,より多くの情報を持つが,動機づけがなされない消費者は以前と同様の情報しか持ちえない。さまざまな情報取得へ向けて積極的な動機づけが行われるように消費者教育がなされなければならない。そうすれば,自ずと情報処理能力が高まる。

＊1 小木紀之編（1994）『放送大学教材　消費者問題論』大蔵省印刷局，9-10頁
＊2 米川五郎（1994）「今日の消費者問題」米川五郎，高橋明子，小木紀之編『消費者教育のすすめ（新版）』有斐閣，13-14頁
＊3 http://www.consumer.go.jp/kanren/handbook2002/01/hand4-01.html
＊4 http://www.consumer.go.jp/kanren/handbook2002/01/hand4-01.html
＊5 http://www.consumer.go.jp/kanren/handbook2002/01/hand2-00.html
＊6 インサイダー取引が禁止される理由は，会社内部の未公開情報を知ることのできない一般投資家を不公平な立場に立たせることになり，証券市場の公正性，健全性を損なうために規制されている。インサイダー取引の規制対象となるのは，内部者，純内部者，情報受領者に限られ，対象有価証券は上場会社，店頭会社の株券，転換社債，新株予約権付社債，新株予約権証書，普通社債，及び上場・店頭会社が発行した私募証券である。
＊7 G. A. Akerlof (1970), "The Market for Lemons : Quality Uncertainly and the Market Mechanism," *Quarterly Journal of Economics*, Vol. 84, pp. 488-500
＊8 G. Heal (1976), "Do Bad Products Drive Out Goods?", *Quarterly Journal of Economics*, Vol. 90, p. 502
＊9 F. A. Hayek (1948), "The Meaning of Competition," in F. A. Hayek, *Individualism and Economic Order*, The University of Chicago Press, p. 97
＊10 三浦俊彦（2002）「ビフォア・マーケティングの戦略原理」原田保・三浦俊彦編『eマーケティングの戦略原理』有斐閣，52-53頁
＊11 郵政省電気通信局監修（1997）『インターネットと消費者保護』クリエイト・クルーズ，50頁
＊12 郵政省電気通信局監修（1997）『前掲書』，60頁

第13章

商業・流通政策

　1つひとつの売買取引の積み重ねにより，商業・流通活動が活発化する。これらの活動の積み重ねを，国民経済レベルで見るとき一国の経済発展がある。

　日本では，いわゆるバブル経済崩壊後，消費者の購買行動は低価格志向が強まり，多くの流通業の売上高は横這いあるいは減少傾向が続いている。一部には業績のよい企業もあるが，全体としては低調である。

　企業，国レベルでも，商業・流通活動を促進させることは重要である。しかし，単にその活動を活発化させ，売上高を伸ばせばよいものでもない。消費者にあらゆる面でマイナスの影響を与えないことが大前提である。

　政策とは，特定目的に向けられた行動を支配する諸原理[*1]と定義されている。それは国民経済の諸問題の解決に対し，政府介入の必要性が増し，問題解決のために政府活動と深く関係する，いわば公共経済政策を意味する[*2]。政策は，欲するものは何かという目的，どのようにしてそれが達成されるかという手段，そして政策に関係する組織や集団は誰かという性格が明確にされなければならない[*3]。

　本章では，商業・流通政策の概念とその範囲，そして日本の流通政策について考えていきたい。

第1節　商業政策

1　商業政策の性格

　日本の商業政策研究は，商品流通を研究対象とする社会経済的研究に端を発し，商業の中でもとりわけ対外商業である外国貿易政策への実践的要求から始

まった*4。これは第2次世界大戦前のドイツ経済学の影響から，日本では商業政策というと対外商業政策，つまり外国貿易に関する政策を意味していた時代背景がある*5。

このため商業政策は，当初は社会経済的あるいは国民経済的視点から，外国貿易に対し，可能な保護と干渉をすることで国民経済の望ましい方向性を示すものであった。つまり，商業政策は単に国内商業を保護するだけではなく，国際収支の均衡維持による外国為替の安定を図ることを目的に，輸出入貿易全体に対しさまざまな保護貿易や制限干渉を加えてきた*6。

一方，国内商業は，産業発展を図る目的から自由を制限する制度は撤廃され，営業自由の原則が確立された。基本的には商業活動は自由が保障され，自由競争が基本であった。また，政府の商業に対する助成策は，商品取引所の整備と公設市場の開設であった*7。

2 政策の必要性

(1) 政策の必要性

第2次世界大戦後，日本の経済状態が戦前のそれに戻ったのは，1950年代半ばである。この経済復興は，主に生産主導で実現したが，生産活動だけではなく，商業・流通の近代化も伴い，国民経済が豊かになってきた。

政府や地方公共団体は，1960年代から商業部門近代化の必要性から，中小零細商業の近代化政策に着手した。当時は大型商業組織はほとんどなく，百貨店や総合商社以外は，ほとんどが中小零細の商業者（流通業者）であった。

他方，政府は商業・流通の近代化も同時に図らなければならず，時代とともに物価安定，物資の円滑な流通，社会的環境整備，競争促進と調整などの課題が取り上げられた*8。つまり，政策の視点を中小零細の商業者に置きつつ，社会的レベルでの政策も必要となった。

(2) 政策主体

政策決定は，実施する経済主体により変化するため，政策主体の政策選好があり，主体による的確な把握が重要である*9。経済主体には，狭義の国家（政

府のみ），広義の国家（政府及び狭義の公共団体），主体拡大（政府公共団体の他，私人及び私人の団体）に分類できる[*10]。これらは政策対象により異なる。

(3) 政策目的

　政策目的は，理想を掲げて向かう目標ではなく，現在の生活の問題を具体的に解決するものである。一般的に複数目的が設定され，これらの目的は互いに排除せず，階層的，序列的関係にある。したがって，目的を同列に取り扱わず，多元的に目標を設定し，これらの目標に伴う異質的価値を多様な視点や基準により，調整，実施することが重要になる。

(4) 政策手段

　政策手段は，政策目的を達成するための方法である。政策手段の選択には技術的合理性だけでなく，社会的合理性がなければならない。つまり，政策目的に適応した実行可能な政策手段で，合理的に選択しなければならない。しかし，経済社会の高度化により政策手段も多様化し，政策体系の整合性が必要になる[*11]。ただ政策は，すべてのヒトに有効なもの，つまりすべてにプラスに働くものはほとんどない。ある政策がプラスに働くヒトもいれば，マイナスに働くヒトもいる。その上で，全体としてプラスに働くことを考えなければならない。

3　商業政策の対象

　経済政策は，工業，農業，商業政策からなる。商業政策は，経済政策の一分野であり，一国商業の完全な発達を目的とする国家または国民の一切の施策の総称である[*12]。商業政策の主体は政府であり，対象は商業（活動）である。商業政策は，個々の企業利益を目的とする特定企業の経営政策やマーケティング政策ではなく，国民経済の全体利益を目的とし，社会・人類の福祉を招来するように立案・運用される政策である[*13]。

　商業政策と混同される言葉に流通政策がある。本書では，さまざまなレベルにおける売買取引を商業ととらえている。また，流通を生産と消費間の社会的架橋としている。したがって，商業政策には，商業，金融業，保険業，物流業，

通信業，マスコミ業，広告業，リース・レンタル業，旅行業など，売買取引に関係するものもその対象となる。

他方，商業政策と流通政策の相違点を貿易政策を含めるか否かという視点もある。商業と流通という概念に相違を求めると，商業政策は売買取引が対象となり，流通政策は社会経済的視点から見た生産と消費との架橋に関わるものが対象である。本章では，これまでの商業政策で一般に取り上げられた貿易政策には言及せず，社会的な生産と消費間のモノの架橋に対する施策を中心に国内での流通政策を対象としたい。

第2節　流通政策とその体系

1　流通政策とその分類

(1)　流通政策

流通政策は，経済政策の一部門として，生産から消費に至る流通機能や活動を対象に実施される公共政策であり，その目的は流通の望ましい状態を達成するためにある[*14]。

流通政策は，経済政策の一部であるが，流通政策が前提とするのは，市場機能の完全性である。市場機能が完全に働く条件は，完全競争と市場の普遍性（すべてのモノやサービスに所有権が確立し，それら取引はすべて市場を介し，売手は自らの長期的な利潤最大化原理で行動し，買手は自らの効用関数で行動する状況）の2条件の成立による。ただ，この2条件が満たされることはほとんどない。それは市場機能の作用を歪める要因，市場機能だけでは解決できない要因があるためである[*15]。

(2)　流通政策の分類

流通政策は，その政策の主体，対象，活動で分類できる。これらの政策主体は，日本の国レベルの行政組織では，経済産業省，農林水産省，厚生労働省，中小企業庁，国税庁，公正取引委員会などが関係する。これらの組織が，法律，

政令・省令，規則・告示，通達，行政指導などにより政策を実践している。さらにこれら組織の下で，地方公共団体が独自に実施する場合もある。地方公共団体は，条例，要綱，通達，行政指導により実施する＊16。

2　流通政策方法に基づく体系

　流通政策は政策方法という視点から，一定のルールからの逸脱を禁止する方法（禁止型政策），特定の流通機能や流通活動の振興を図る方法（振興型政策），複数の主体の利害関係の調整や需給関係の調整を図る方法（調整型政策）に分類できる＊17。これらに政策目標の相違を組み合わせると，**図表13-1**のように流通政策は6つに分類される＊18。

<図表13-1　流通政策の方法に基づく体系化>

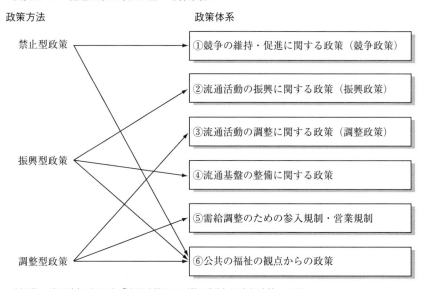

（出所）　渡辺達朗（2007）『流通政策入門（第2版）』中央経済社，31頁

第3節　政策体系における各政策

1　競争の維持・促進に関する政策（競争政策）

競争により，市場原理が働くことは，消費者利益につながる。それは集中の弊害を排除し，競争促進により，消費者利益を最大化するためである。競争政策は，個々の取引での消費者の権利保護を直接の目的とはしないが，その実現は消費者利益につながる[19]。したがって，競争政策は，市場原理を機能させるため，公正な競争ルールにより，それからの逸脱行為や状態を禁止し，競争秩序を維持する。その代表例が独占禁止法である。

(1) 独占禁止法（独禁法）

日本の独占禁止法は，正式名称を「私的独占の禁止及び公正取引の確保に関する法律」という。その目的は，固有の目的である市場の公正かつ自由な競争促進により，事業者の創意を発揮させ，事業活動を盛んにし，雇用及び国民実所得の水準を高めることである。究極的目的は，一般消費者の利益を確保し，国民経済の民主的で健全な発達を促進することにある[20]。独禁法は，第2次世界大戦後の経済民主化政策として，アメリカの反トラスト法を基に1947年に制定された。その後何度かの改正を経ている。

独占禁止法の中心規定は次のとおりである。

① 「私的独占の禁止」

ある事業者が，他の事業者を人為的にある市場から排除したり，それを支配して，市場における競争を実質的に制限してはならない。

② 「不当な取引制限の禁止」

「事業者が，契約，協定その他何らの名義をもってするかを問わず，他の事業者と共同して対価を決定し，維持し，若しくは引き上げ，または数量，技術，製品，設備若しくは取引の相手方を制限する等相互にその事業活動を拘束し，または遂行することにより，公共の利益に反して，一定の取引分野における競争を実質的に制限すること」をカルテル[21]として禁止している。

<図表13-2　独占禁止法の概要>

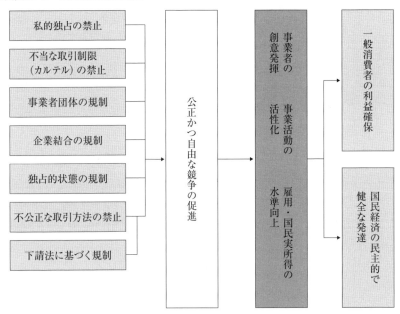

（出所）　http://www.jftc.go.jp/dk/dkgaiyo/gaiyo.html（公正取引委員会）

③　「不公正な取引方法[22]の禁止」

「公正な競争[23]」を阻害するような取引形態を禁止している。

(2)　独占禁止法の影響

　独占禁止法違反には，公正取引委員会が審査を行い，その上で手続きし，審決により，違反行為排除のために，事業者には独占禁止法違反行為の差し止めを命じる。その行政処分を排除措置[24]という。

　日本では，独占禁止法は，戦前の大手財閥が経済に大きな影響を与えたことから，制定以来，持ち株会社の設立と持ち株会社への転化を全面禁止してきた。しかし，1997年に独占禁止法が改正され，事業支配力が過度に集中しない持ち株会社設立が認められるようになった。そこで「＊＊ホールディングス」という名称での持ち株会社の設立が多くみられるようになった。

2 流通活動の振興に関する政策（振興政策）

　中小流通業者を取り巻く環境は，年を追うごとに厳しくなっている。しかし，中小流通業が，経営合理化や近代化を図り，大規模流通業者と共存し，環境対応，活性化を図ることが重要である。この政策には，商店街振興組合法，中小小売商業振興法，特定商業集積法などがある。

(1) 商店街振興組合法

　商店街振興組合法は，1962年に商店街を形成している地域の中小小売業者を活性化させるために制定された。これにより，仕入，販売，保管・運送，商品券の発行などの共同経済行為と街路灯，アーケード，カラー舗装，駐車場の設置などの環境整備事業が認められ，商店街のさまざまな事業に対し，資金面での助成措置が図られるようになった。

　商店街活性化の促進策は，商店街等の施設整備（商業基盤施設整備事業，商業環境改善施設整備事業）と商店街活性化に対する支援策（商店街賑わい創出事業，商店街等活性化実施計画策定指導事業，商店街活性化専門指導事業，商業集積整備基本構想等作成調査事業，新商業集積等構想策定事業，地域小売商業活性化指導事業，中小商業活性化推進事業，コミュニティーマート構想）に分けられる[*25]。

(2) 中小小売商業振興法

　中小小売商業振興法（以下「中振法」）は，1972年の産業構造審議会流通部会中間答申と，中小企業政策審議会の意見具申（「70年代の中小企業のあり方と中小企業政策の方向について」）により，1973年9月に制定された。中振法は，中小小売商業の総合的振興のため，中小小売商業の集積である旧来の商店街整備，店舗共同化事業など，主にハード面の高度化事業により，中小小売業者の経営近代化を図ることを目的とした。つまり，中振法は，大規模小売商業の活動を抑制し，中小小売商業を保護するものではなく，中小小売商業の純粋な振興を目的としたものである。

　中振法の指針は，1970年に制定された下請け中小企業振興法の振興基準に依

拠している。そこでは中小小売商業者が，経営近代化を業種・業態によらず，中小小売業全体の振興を効果的に達成できるという包括的・一般的視点からの経営近代化が方向づけられている。特に集団化や協業化により構造の高度化を図ろうとする高度化事業計画の認定[*26]やフランチャイズ事業などの特定連鎖化事業の運営などで構成されている。

(3) 特定商業集積法

特定商業集積には，さまざまな規模・形態がある。特定商業集積の整備の促進に関する特別措置法（特定商業集積法）は，1991年に当時の通産省，建設省，自治省により，共同提案され制定された[*27]。特定商業集積法は，特定商業集積の整備促進により，商業の振興と良好な都市環境の形成を目的としている。その上で，活性化計画策定に市町村が主体となり，ハード面だけでなく，商工会議所や民間事業者からの意見を尊重し，市場分析による商業施設の適正化，コミュニティ・アメニティ機能提供の施設づくりに配慮し，商業の本来的機能を拡大させようとしている。また，大型店と中小商業者を対立させるのではなく，大型店を核に，中小商業者がその周辺地域を形成するなど共存共栄を目指している[*28]。特定商業集積には中小小売業者の自助努力を支援した地域商業活性化型（商店街再開発）と大型店との共存共栄を目的とした高度商業集積型（ハイ・アメニティ・マート）が先行し，中心市街地活性化型が追加された。

これらの商業集積の整備形態には，①中小小売商業振興法の利用，②民活法（民間業者の能力の活用による特定施設の整備の促進に関する臨時措置法）と中小小売商業振興法の利用，③土地区画整理事業，市街地再開発事業，その他市街地の計画的な開発整備に関する事業等（面的整備事業）の利用，あるいは①，②を組み合わせた特定商業集積の整備がある。

全国各地でこの法律に基づく商業集積が開設されたが，既存商店街に悪影響を及ぼすなどの問題が起きたため，2006年6月に廃止された[*29]。

そして，1998年策定の中心市街地活性化法により，支援対象の重複を避け，法制度間の整合性のために，特定商業集積法による郊外型商業施設建設，中心市街地整備支援策の一部運用が凍結され，特定商業集積法の支援対象の大半は地域商業活性化型となった[*30]。

特定商業集積法制定後，わずかの間の急激な環境変化もあるが，中心市街地活性化法が制定され，一部が重複し，元々の特定商業集積法の成果を見る前に凍結され，限定されることには問題も残る。しかし，中小小売業者に自助努力を促し，また大型店と中小小売業者を含めた「まちづくり」の視角を出したことは評価がされよう。

3 流通活動の調整に関する政策（調整政策）

市場原理が十分に機能すると，資本力の脆弱な中小商業者は淘汰される。しかし長年，中小商業者は，消費者の生活を支え，自らも生業・家業により，生活してきた。ここに完全に競争原理を適用するのは現実的でなく，大規模小売業からの競争圧力を緩和し，中小商業者の事業機会を確保するため，大規模小売業との競争を調整しなければならない。そのための政策が，流通活動の調整に関する政策である。代表的なものは，小売商業特別措置法と2000年に廃止された大規模小売店舗法である。

(1) 小売商業調整特別措置法（商調法）

小売商業調整特別措置法（以下「商調法」）は，1959年に制定された小売市場の設置について規制などを定めている。東京都の特別区及び政令で定める都市は，小売市場開設には知事の設置許可を要する。この経緯は，制定当時，関西地区中心に小売市場が多く存在し，周辺の中小零細小売業者の経営を圧迫し，市場開設者と入居テナント間の紛争が多発していたためである。また，商調法は大店法の補完的役割も担った。商調法は，小売業を開業する際，その店舗面積が，大店法で定める規定の面積より小さいものでも，大きさに関わりなく，中小小売商の業種別団体や商店街団体が知事に事前調査や調整を申し出，知事が出店に勧告・命令できるというものである[*31]。

(2) 大規模小売店舗法

① 百貨店法から大規模小売店舗法へ

日本では大型店規制は，1937年の第1次百貨店法の公布，施行に始まった。第1次百貨店法では，百貨店業の営業，支店設置，増床，出張販売の許可制，

閉店時刻と休日が定められた。第1次百貨店法は，1947年に廃止された。

　第2次世界大戦後，中小小売業者の百貨店規制運動が起こり，1955年に百貨店業の営業，店舗の新・増設の許可制を定めた第2次百貨店法が公布，施行された。第2次百貨店法では，百貨店業者は1,500㎡（7大都市は3,000㎡）以上の大規模店舗で物品販売を営むものという企業主義がとられた[*32]。1960年代に顕著になったスーパーマーケットなどの成長により，百貨店のみを規制するだけでは大型店と中小小売店との利害対立の調整ができないため，1973年には「大規模小売店舗における小売業の事業活動の調整に関する法律」（「大規模小売店舗法（大店法）」）が公布され，1974年に施行された。

　大店法の施行と同時に，第2次百貨店法は廃止され，日本の小売業における大型店出店が大幅に規制強化される時代となった。大店法は廃止されるまでの約四半世紀の間，日本の小売業界では大型店の営業活動を大幅に規制した。

　大店法の目的は，消費者利益の保護も視野に入れられたが，中小小売業の事業活動の機会確保のため，大規模小売店舗における小売事業を調整（規制）するものであった。大店法の対象は，1つの建物で店舗面積の合計が1,500㎡（都の特別区と政令指定都市は3,000㎡）以上であった。大型店の出店審査は，通産大臣が商工会議所・商工会（「商業活動調整協議会」（商調協）に諮る），消費者，小売業者等の意見を取り入れる大規模小売店舗審議会（大店審）の意見により行われ，調整は開店日，店舗面積，閉店時刻，休業日（いわゆる「調整4項目」）についてであった。

　大店法は1978年に改正され，翌年に施行された。改正では，これまでの調整対象を第1種，新しく店舗面積が500㎡を超える店舗を第2種大規模小売店舗とし，都道府県知事が調整することになった。さらに調整期間を延長し，商調協を施行規則に位置づけ，大型店出店がさらに煩雑で厳しくなった。

　② 大店法の緩和

　この規制に変化が現れはじめたのは，当時の日銀総裁前川春雄によって1986年4月に出された「前川レポート」以降であった。1987年に大店審の会長談話として，大店法の基本的枠組みを維持しながらも，手続きの透明性確保，閉店時刻の調整見直し，事前説明の適正化，大店審の活用が盛り込まれた。1989年の産業構造審議会流通部会・中政審流通小委員会では「90年代における流通の

基本方向について（90年代の流通ビジョン）」が出され，大店法の運用等の適正化が明言された。そして1989年には日米構造協議において，アメリカが大店法の規制緩和を強く要請してきた。

　1990年代に入ると，流通規制緩和の方向は明確となった。1990年4月の日米構造協議中間報告では，大店法の3年後の見直しが盛り込まれ，流通規制緩和の期限が明示され，翌月には流通規制緩和の第1段階として，出店調整期間を1年半以内に短縮し，出店調整処理手続きの適正化が示された。1991年に，改正大店法が公布され，翌年1月末から施行された。

　改正大店法では，第1種大規模小売店舗と第2種小売店舗の境界面積を2倍にし，都道府県知事による調整を拡大した。さらに大店審の意見聴収対象に学識経験者を増やし，地方自治体の独自規制を制限した。これまで調整を行っていた商調協が廃止され，出店調整期間も1年以内に短縮された。また施行日から2年以内の見直しも盛り込まれた。

　③　大店法廃止の流れ

　1994年1月の産構審・中政審の合同会議では，中間報告で大店法の大幅緩和を打ち出し，5月に出された通産省令，及び商務流通審議官通達等による大幅な規制緩和となった。1,000㎡未満の案件の原則自由化，軽微増床の範囲の拡大，大型小売業者の定義，テナント入替の原則自由化，閉店時刻の午後8時までの延長，休日日数は年間24日に短縮された。1995年4月には政府は，規制緩和推進3カ年計画で大店法を1997年度末の見直しを決定した。1995年12月には，政府の行政改革委員会規制緩和小委員会が，大店法について大規模店と中小店を目的とする規制は将来的になくすことを答申した。

　大店法廃止の方向が見えはじめると，大店法規制緩和反対の動きなど反発も見られた。しかし，産構審・中政審の合同会議は1997年12月に大店法廃止を通産大臣に答申し，2000年5月に廃止された。

4　流通基盤の整備と需給調整のための参入規制・営業規制

(1)　需給調整のための参入規制・営業規制と流通基盤整備

　資本主義社会では，商業・流通活動は原則自由である。しかし，すべてが自

由になると，公共の福祉の観点から制約が課せられることがある。参入規制は，特定業種の商業の開業や特定商品の販売についての規制である。参入規制は，流通上の理由よりも，取扱品目に関わる保健，衛生，税収の確保，治安などを目的とする場合が多い*33。そして，参入規制や営業規制は，法律によって免許制，許可制，認可制，届出制の採用により行われる政策である。たとえば，酒税法，たばこ事業法，薬事法などがある。

　流通基盤の整備に関する政策は，流通活動が自由，円滑に行われるために共通する基盤を整備し，流通活動の高度化や効率化を図ることを目的とする。たとえば，物流システムの合理化や，情報システムの推進，道路など流通の社会基盤の条件整備などがある。

(2) 酒税法

　酒類の製造・販売は，製造・販売の過当競争防止のため，1953年に免許制となった。酒販免許は，酒類を販売するのに適格な人物であるか，その経営基盤を取り上げ，過当競争防止のために人口基準や距離基準を審査した。

　酒販免許制度は，参入規制となることから，大型店（売場面積1万m²以上）に対する免許交付が行われ，至近の酒販店との距離が一定距離以上あることなどが求められた距離基準は2001年1月に廃止された。そして，人口基準も基準人口の引き下げが行われ，2003年には一部の特区*34を除いて全廃され，酒販が自由となった。

(3) たばこ事業法

　たばこ事業法は，たばこの専売制度の廃止に伴い，1984年に制定された。製造たばこの原料用として，国内産の葉たばこ生産・買入，製造たばこの製造・販売の事業等に関し必要な調整を行い，日本のたばこ産業の健全な発展と財政収入の安定的確保，国民経済の健全な発展を目的とする。たばこ事業法は，製造たばこの製造，製造たばこの販売，小売定価などが主な内容である。小売定価は，政令により，その品目ごとに1つの小売定価を定め，その製造たばこを製造場から移出し，または輸入するときまでに財務大臣の許可を受けることなどが定められている。

(4) 薬事法

233頁を参照。

5 公共の福祉の観点からの政策

公共の福祉の視点からの政策は，流通活動により公共の福祉が脅かされないようにし，公共の福祉を増進するために一定ルールを定める政策である。消費者保護政策もこれに含めることができる[*35]。消費者基本法，食品衛生法，製造物責任法，消費者契約法などがある。この分野で注目されるのは，まちづくりに関する施策である。

第4節　商業・流通とまちづくり

商業・流通関連のまちづくり政策は，20世紀末から相次いで関連法が制定され，改正されてきた。(改正)都市計画法，中心市街地活性化法，大規模小売店舗立地法をあわせて，「まちづくり三法」という (図表13-3)。

1 都市計画法

(1) 改正都市計画法 (1998年施行)

1997年6月に都市計画中央審議会は，これまでの新市街地整備による量的拡大から，既成市街地の社会資本の再充実による質的転換を答申した。ここでは大型店立地の可否が，都市計画体系の中で，予めきめ細かく決定できるようにするため，用途に関わる規制を地域の実情や特性に応じて柔軟かつ機動的なものとなるよう，制度に関わる法改正を行う必要性を明確にした。それまでの都市計画体系は，用途地域，特別用途地域，地区計画などの用途制限をはじめ各種の制度があった[*36]。改正都市計画法は，1998年11月に施行され，都市の健全な発展と秩序ある整備を図り，それにより国土の均衡ある発展と公共の福祉の増進に寄与し，地域の実情に的確に対応したまちづくりの推進を目的とする。地方自治体は，中小小売商業地区，大型店地区などに指定し，大型店の出店で

<図表13-3　まちづくり三法の概念図>

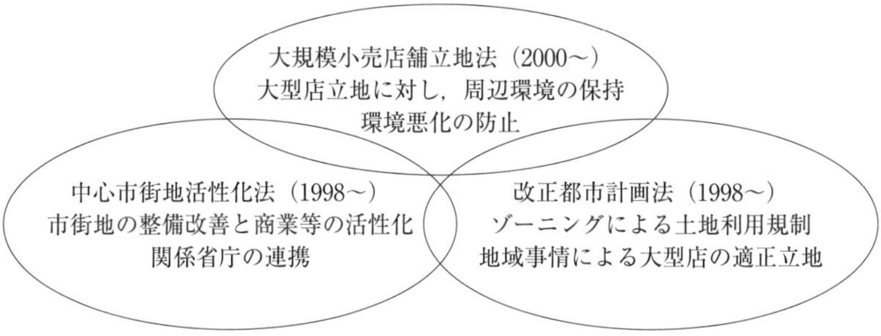

```
       ┌─────────────────────────┐
       │ 大規模小売店舗立地法（2000～）│
       │ 大型店立地に対し，周辺環境の保持│
       │      環境悪化の防止        │
       └─────────────────────────┘
┌──────────────────┐  ┌──────────────────┐
│中心市街地活性化法（1998～）│  │ 改正都市計画法（1998～）│
│市街地の整備改善と商業等の活性化│  │ ゾーニングによる土地利用規制│
│    関係省庁の連携      │  │ 地域事情による大型店の適正立地│
└──────────────────┘  └──────────────────┘
```

きない地域，出店可能な地域に分けての出店規制が可能になる。しかし，都市計画法は日本全国の土地を対象とするわけではないため，その規制地域は限られる[*37]。

(2) 改正都市計画法（2007年施行）

先の改正都市計画法における問題を克服するため，2006年改正では，延べ床面積1万㎡を超える大規模集客施設[*38]の郊外立地を「商業」「近隣商業」「準工業」の3つの対象地域に限定した。また，市街化調整区域で認めていた原則20ヘクタール以上の大規模開発の例外規定も廃止した。他方，規制地域でも大規模集客施設の立地を認める「開発整備促進地域」を設けた。これらの変更は，空間を用途別に分けて配置するゾーニングによって，秩序あるまちづくりを目指す目的による。そして，中心市街地活性化法との連動をより強める意図がある。これは2007年から施行され，改正都市計画法により郊外への出店が大幅に制限されたため，これまで国や地方公共団体が進めてきた規制緩和の流れに逆行する面もある（**図表13-4**）。

2　中心市街地活性化法

(1) 中心市街地活性化法（1998年施行）

中心市街地には住居，商業，業務，交通，公共サービス機関等のさまざまな都市機能が存在し，ヒト，モノ，カネ，情報が集積・交流する拠点としての役

<図表13-4　都市計画法と建築基準の一部改正による変化>

現　行（店舗）		改　正　後
用途地域	50m²超不可　第一種低層住居専用地域	同左
	150m²超不可　第二種低層住居専用地域	
	500m²超不可　第一種中高層住居専用地域	
	1,500m²超不可　第二種中高層住居専用地域	
	3,000m²超不可　第一種住居地域	
	第二種住居地域	大規模集客施設については，用途地域の変更又は用途を緩和する地区計画決定により立地可能
	制限なし　　　準住居地域	
	工業地域	
	近隣商業地域	
	商業地域	制限なし
	準工業地域	※
	用途地域の変更又は地区計画（再開発等促進区）決定が必要　工業専用地域	同左
原則不可 ただし，計画的大規模開発は許可（病院，福祉施設，学校等は開発許可不要）	市街化調整区域	大規模開発も含め，原則不可 地区計画を定めた場合，適合するものは許可（病院，福祉施設，学校等も開発許可を必要とする。）
制限なし	非線引き都市計画区域 準都市計画区域の 白地地域	大規模集客施設については，用途地域の指定により立地可能。また，非線引き都市計画区域では，用途を緩和する地区計画決定でも立地可能

大規模集客施設：床面積1万m²超の店舗，映画館，アミューズメント施設，展示場等。
※準工業地域では，特別用途地区を活用。特に地方都市においては，これを中活法の基本計画の国による認定の条件とすることを基本方針で明記。

（出所）　http://www.pref.toyama.jp/cms ＿ sec/1306/00002694/00048763（富山県庁ウェブサイト）

割がある。この中心市街地活性化には，①環境と調和した生活環境の実現，②高齢者等に優しい生活環境の実現，③文化や伝統を継承・発展させる地域づくり，④新規産業創出や新規事業展開の苗床としての機能を維持・向上させる意義がある。これを受け，1998年には中心市街地活性化法が成立，施行された。基本的な考え方は次のとおりである。

①　市町村のイニシアティブ
②　「市街地の整備改善」と「商業等の活性化」
③　「都市化社会」から「都市型社会」への転換での「都市の再構築」
④　個店や商店街に着目した点・線から面的な商業活性化策への転換
⑤　各省協会等，関係省庁の連携による各種措置の一体的推進

この枠組みでは，国が基本方針を作成し，市町村が基本方針に則して市街地の整備改善，及び商業等の活性化を中核とし，関連施策を総合的に実施するための基本計画を作成し，国及び都道府県が助言を行う。そして，市町村の基本

<図表13-5 中心市街地活性化法の枠組み>

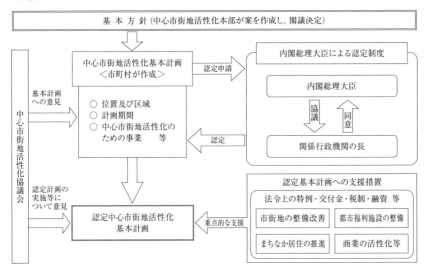

(出所) http://www.mlit.go.jp/crd/index/pamphlet/06/index.html (国土交通省ウェブサイト)

計画により中小小売商業の高度化を推進する機関として,タウンマネジメント機関 (TMO：town management organization)・民間事業者等が作成する商店街整備や中核的商業施設整備等に関する事業計画を国が認定し,支援を行う。国の主な支援措置は,商業・サービス業の立地促進,TMOを中心とする商店街等の整備,都市型新事業の立地促進である[*39]。

(2) 改正中心市街地活性化法

中心市街地活性化法が施行された後も,中心市街地は活性化するどころか,衰退の色はさらに濃くなった。そこで,国による「選択と集中」を強化するため,内閣官房に中心市街地活性化本部（本部長：内閣総理大臣）が創設された。そして,中心市街地における都市機能の増進及び経済活力の向上を総合的かつ一体的に推進するため,中心市街地の活性化に関する基本理念の創設,市町村が作成する基本計画の内閣総理大臣による認定制度の創設,支援措置の拡充,中心市街地活性化本部の設置等の所要の措置が講じられることになった。

以前の「中心市街地における市街地の整備改善及び商業等の活性化の一体的推進に関する法律」から，2006年には「中心市街地の活性化に関する法律」に変更された。目指すべき中心市街地の方向性，地域の関係者の取組みや国の支援のあり方は，基本理念を明確化し，国，地方公共団体及び事業者の責務規定を設けた。さらに多様な民間主体の参画を目指し，中心市街地整備推進機構，商工会または商工会議所等により組織される中心市街地活性化協議会を法制化し，市町村が基本計画を作成する際に意見を述べる手続きなどを設け，多様な関係者の参画による取り組みの実現を図ろうとしている。そして，まちづくりの合意形成の場として新たに「中心市街地活性化協議会」を法制化した。

　さらに2014年改正では，少子高齢化や都市機能の郊外移転により，中心市街地の公機能の衰退や空き店舗，未利用地の増加に歯止めがかからないため，「日本再興戦略」に定められたコンパクトシティ実現に向けた改正が行われた。そこでは①中心市街地への来訪者増加による経済活力向上のために事業認定を重点支援する制度創設，②中心市街地の事業活性化に資する事業と支援措置，道路占用許可の特例等の創設である。

3　大規模小売店舗立地法（2000年施行）

　大規模小売店舗立地法（以下「大店立地法」）は，大規模小売店舗法（以下「大店法」）に代わって，2000年6月から施行された。大規模店が地域社会と調和を保つには，来店する消費者や，トラックを中心とする物流による交通や環境問題など，周辺の生活環境への影響に注意を払う必要がある。大店立地法は，地域住民の意見を反映しながら，地方自治体が大規模小売店とその周辺の生活環境の調和を図るために適切な対応をすることを目的とする。大店法は，中小・零細小売業者と，大規模小売店との利害対立の調整がその法律の目的であったが，大店立地法は大規模小売店と周辺の生活環境の調和をその第一義として掲げ，大きく大規模店に対する考え方が変化した。

　大店立地法の対象は，店舗面積が1,000㎡超の小売店舗である。調整対象事項は，地域社会との調和・地域づくりに関する事項として，大きく次の2つに分かれる。

① 駐車需要の充足その他による周辺の地域の住民の利便及び商業その他の業務の利便の確保のために配慮すべき事項（交通渋滞，駐車・駐輪，交通安全その他）
② 騒音の発生その他による周辺の生活環境の悪化の防止のために配慮すべき事項

大店立地法の運用主体は，都道府県，政令指定都市であるが，同時に市町村の意思の反映を図り，後半に住民の意思表明の機会を確保するとしている。そして，大店立地法の基本的な手続きの流れを示したのが**図表13-6**である。

＜図表13-6　大規模小売店舗立地法の基本的な手続きの流れ＞

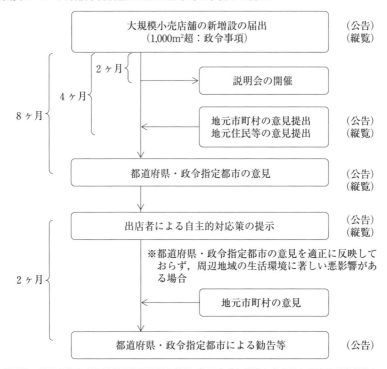

（出所）　経済産業省商務情報政策局流通政策課（2007）「大規模小売店舗立地法関係資料集」

4　まちづくり

　以前は「町（街）作り」と表記されていた。その後,「町（街）づくり」と一部平仮名表記にかわった。現在は「まちづくり」と, ほぼ平仮名表記されている。このような表記の変遷には,「まちづくり」に対する国民の見方, 考え方, それを主導する国や都道府県, 市町村の考え方の変化もあったのではないだろうか。それは「ハコモノ」つまり, ハードから「まち」を主導する人や行事などのソフトの重要性を認識し始めたことでもある。

　日本が第2次世界大戦後, 経済的に戦前時期の状態に戻ったのは戦後10年を経過した頃であった。その後, 所得倍増, 高度経済成長の言葉が示す通り, 日本経済は右肩上がりとなった。同時に人口も継続して増加した時代であった。小売商業に目を移すと, 日本には百貨店以外の大型店は1960年以前は存在せず, ほとんどが旧来の商店街といわれるところに零細な店舗を構えた小売業であった。商店街には小売店だけではなく, 床屋, 銭湯, 飲み屋, 大衆食堂など, 多くの人が集まる施設が形成されていた。最近は「昭和ブーム」である。昭和の町並みを再現した施設や店舗が日本中にできている。映画「3丁目の夕日」で映し出された光景はまさにこのようなものであった。

　しかし, スーパー（マーケット）の出現は, このような光景を変化させる1つの要因でもあった。スーパーが一気に日本中で建設, 開店したことで, 日本の小売風景は変化した。その後, 日本でも多くの小売業態が誕生した。このような中で, 大型店を規制し, 中小・零細小売店の利益を擁護する法律（大店法）が, 1970年代以降大きな影響を与えるようになった。旧来の商店街（商業集積）に出店していたスーパーは, 郊外の広い店舗立地へと移転し, 同時に顧客も郊外へ流出した。本来, 中小・零細小売店の利益を守るはずであった法律が, 振り返ってみるとその目的とは全く逆に作用していた。現在, 商店街として機能していないところも増え, 商店街全体がシャッターを下ろしているような状態になっている所もある。

　消費者には, 店舗が広く, その場所ですべての買い物ができ（ワンストップショッピング）, 広い駐車場があって車で行くことができる施設は, 買い物が楽であり, 便利である。消費者が旧来の商店街よりも大型店やショッピングセ

ンターを選択するのは当然かもしれない。このような場所でしか買い物をしない（できる）消費者には，旧来の商店街はなくてもよいものかもしれない。また，旧来の商店街に税金を注ぐのは無駄以外の何物でもないと感じているかもしれない。あるいは郊外立地を規制することは自由な経済活動を妨げることにつながると憤慨するかもしれない。ただ，このような考えを持った消費者も，自らも年をとり，自動車で乗り付け，自由に大型店内を歩き回れた時期は過去のものとなることだ。そのとき，自らの住宅近くにあった旧来の商店街が消滅していたら，一体どこで日々の生活用品を購入するのであろうか。インターネットの時代だから，何でも手に入ると考えるのは早計であろう。

　商業や流通の側面から見た「まち」は，壊す（壊れる）とほとんどが元に戻らない。戻るとしても何十年もかかるであろう。長期的な視点に立って，ハードとソフトの両面から「まちづくり」を考えることが重要である。

* 1 K. E. Boulding (1958), *Principles of Economic Policy*, (内田忠夫監訳 (1975) 『経済政策の原理』東洋経済新報社, 3頁)
* 2 熊谷尚夫 (1982) 『経済政策原理-混合経済の理論-』岩波書店, 10頁
* 3 K. E. Boulding (1958), (内田監訳 (1975) 『前掲書』, 3頁)
* 4 平野常治 (1967) 『商業政策概論』三和書房, 8頁
* 5 上田貞二郎 (1916) 『商業政策』日本評論社, 1頁
* 6 佐藤稔 (1997) 『現代商業の政策課題』白桃書房, 66頁
* 7 佐藤 (1997) 『前掲書』, 66-67頁
* 8 宮下正房 (1989)「政府の流通政策」清水滋, 宮下正房, 原田一郎, 住谷宏『流通入門 (新版)』有斐閣新書, 204-207頁
* 9 佐藤 (1997) 『前掲書』, 62頁
*10 加藤誠一 (1979) 『経済政策総論』税務経理協会, 1頁, 松原藤由 (1955) 『経済政策概論』法律文化社, 16頁
*11 熊谷尚夫, 篠原三代平編集 (1986) 『経済学大辞典』東洋経済新報社, 556頁
*12 津村秀松 (1911) 『商業政策 上巻』寳文館, 7頁
*13 田中由多加 (1988) 『入門商業政策』創成社, 43-44頁
*14 渡辺達朗 (2003) 『流通政策入門』中央経済社, 21頁
*15 渡辺 (2003) 『前掲書』, 23-24頁
*16 渡辺『前掲書』, 28-29頁
*17 石原武政 (2000)「商業政策の構造」石原武政, 池尾恭一, 佐藤善信, 『商業学 (新版)』有斐閣, 245-293頁
*18 渡辺達朗 (1999) 『現代流通政策-流通システムの再編成と政策展開』中央経済社, 79-81頁
*19 実方謙二『独占禁止法と現代経済』成文堂, 232頁
*20 野尻俊明 (1998) 『流通関係法-商流・物流の基本法規と解説』白桃書房, 9頁
*21 カルテルには様々な種類があるが, 独禁法では価格, 数量, 技術, 製品, 設備, 取引の相手方の制限があげられる。この中でも特に (市場価格を引き上げようとする) 価格カルテル, (同業者の共同による生産数量や販売数量を制限する) 数量カルテル, (得意先争奪の制限や受注予定者の決定, 共同販売などの) 取引先の制限が多い。
*22 1982年に不公正な取引として一般指定されたのは, ①共同の取引拒絶, ②その他の取引拒絶, ③差別対価, ④取引条件等の差別取扱, ⑤事業者団体 (事業者としての共通の利益を増進することを主たる目的とする2以上の事業者の結合体またはその連合体) における差別取扱等, ⑥不当廉売, ⑦不当高価購入, ⑧欺瞞的顧客誘引, ⑨不当

な利益による顧客誘引，⑩抱合せ販売等，⑪排他条件付取引，⑫再販売価格の拘束，⑬拘束条件付取引，⑭優越的地位の濫用，⑮競争者に対する取引妨害，⑯競争会社に対する内部干渉，である。

＊23 公正な競争とは，「自由な競争が確保されていること」（事業者間の自由な競争が妨げられていないこと），「競争手段の公正が確保されていること」（自由な競争が価格・品質を中心としたものよりも，自由な競争が秩序付けられていること），「自由競争の基盤が確保されていること」（取引主体が取引の諾否及び取引条件について自由かつ自主的に判断することにより取引が行なわれていること）である（野尻（1998）『前掲書』，18-19頁）。

＊24 排除措置の他に課徴金納付命令，刑事罰がある。

＊25 中小企業診断協会編（1994）『中小企業施策の手引き（平成6年版）』同友館，171頁，156-158頁，佐藤（1997）『前掲書』，92-93頁

＊26 中小小売商業振興法施行令により，高度化事業は商店街整備計画，店舗共同化計画の認定を規定している（通商産業省中小企業庁小売商業課（1992）『中小小売商業振興法の解説』通商産業調査会，120-126頁）。また1991年には中小小売商業の環境が厳しくなったことに伴い，法律を改正し，これまでの事業計画のほかに，店舗集団化計画，商店街支援整備計画，電算機利用経営管理計画が付加され，認定対象の拡充がなされ，さらに店舗共同化計画には商業基盤施設の整備や共同店舗の整備が追加され，近代化・高度化の支援策も強化された（佐藤（1997）『前掲書』，88頁）。

＊27 通産省商業集積推進室（1991）『特定商業集積法の解説―魅力ある商業集積づくり―』通商産業調査会，13-14頁

＊28 佐藤（1997）『前掲書』，96頁

＊29 斎藤忠志（2007）「流通政策」青木，石川，尾碕，斎藤『新流通論』創成社，177頁

＊30 渡辺（2003）『前掲書』，127頁

＊31 小宮路雅博（1999）「流通政策と現代流通」兼村栄哲，青木均，林一雄，鈴木孝，小宮路雅博『現代流通論』八千代出版，226頁

＊32 第1次百貨店法では，建物主義が採られたが，1つの建物に複数の企業（関連する複数の法人）が入居し，その合計が規制面積を超える「擬似百貨店」が登場した。擬似百貨店問題は，1968年には通産省企業局局長通達「擬似百貨店に関する指導方針」で，百貨店法による許可を受けるように指導が行われた。さらに1970年には通産省企業局局長通達「特定店舗の新増設について」により，擬似百貨店を特定店舗とし，その新増設についても事前届出と地元への事前説明をしなければならないとした。

＊33 鈴木安昭（2004）『新・流通と商業（第3版）』有斐閣，216-217頁

*34 2003年9月に酒類小売業者に対する規制は，完全撤廃される予定であったが，酒の小売に量販店が参入することによる競争激化で，経営困難になっているという中小業者主体の業界団体の圧力により，「酒類小売業者の経営の改善等に関する緊急措置法案」が，4月に成立した。この法案は，店舗数が過剰で経営難の店が過半数あり，経営改善計画を提出している地域を所管の税務署長が「緊急調整地域」として指定可能となる。そこでは1年間に限り新規小売免許を出さず，他地域からの移転も認めないというものである。この例のように酒類小売業者だけに逆行特区を認めるのは問題である。

*35 渡辺（2003）『前掲書』，32-33頁

*36 通商産業省産業政策局流通産業課（1998）「これからの大店対策－大店法からの政策転換－（産業構造審議会流通部会・中小企業政策審議会流通省委員会合同会議中間答申）」㈶通商産業調査会，12-13頁

*37 石川和男（1999）「これからの商業集積と街づくり－流通業績の新しい枠組みを中心として－」『日本産業科学学会研究論叢』日本産業科学学会，第4号，1-5頁

*38 大規模集客施設（法では特定大規模建築物という）立地に関する重要な変更点は，以下の通りである。
1）大規模集客施設立地が可能な用途地域を，現行の6地域から3地域へ限定する。
※大規模集客施設：床面積10,000㎡超の店舗，映画館，アミューズメント施設，展示場等をいう（従来の規制対象は物販店のみが対象⇒規制の対象が広がった）
※10,000㎡超の店舗が立地可能な地域は，商業地域，近隣商業地域，準工業地域となる
※準工業地域は，3大都市圏と政令指定都市を除いて，地方では原則規制する方向
2）市街化調整区域では，従来は計画的大規模開発の場合は立地が許可されたが，今後は原則禁止となる
3）白地地域においては，今後，大規模集客施設は原則禁止となる
(http://www.nomu.com/column/vol155.html 野村不動産アーバンネット 2007.4.14閲覧)

*39 中小企業庁編（1998）『平成10年度版 中小企業施策総覧（資料編）』㈶中小企業総合研究機構，91-93頁

補章

現代のマーケティング

　これまでの章において，商業や流通の理論（らしきもの）とその実際の動きを取り上げてきた。第1章で取り上げた通り，商業や商学と名のつく科目は，高校や大学の授業・講義科目からは次第に消えてしまい，マーケティングが含まれる科目名称へと変化している。

　たいていの学問はヨーロッパで誕生したが，マーケティングはその誕生の地をアメリカに求められる。特に日本語に訳した際に漢字1，2文字で表記される学問は，非常に長い歴史を持つが，マーケティングは1世紀以上の歴史を経てきたとはいえ，新しい学問あるいは技術としてとらえられることが多い。そのため，マーケティングの歩んできた歴史を簡単に振り返り，その独自の概念について考え，商業（論）・商学や流通（論）との相違を明確にしなければならない。

　そこで補章として，マーケティングの誕生した経緯，その概念，そしてこの半世紀にわたり，マーケティング・マネジメントとして取り上げられてきた4Ps（製品，価格，流通，広告・プロモーション）政策を取り上げていきたい。また，マーケティング・マネジメントの前段階としてとらえられるマーケティング戦略，20世紀の終わりから今世紀にかけて，新しいマーケティングの局面として取り上げられるソーシャル・マーケティング，関係性マーケティング，サービス・マーケティングについても考えていきたい。

第1節 マーケティングの誕生とマーケティング概念

1 マーケティングの誕生と導入

(1) マーケティングの生誕地アメリカ

　マーケティングという言葉が登場したのは，1902年のミシガン大学の学報であったとされる。また，マーケティングという名称が付けられて行われた講義は，1905年にペンシルバニア大学で行われた "Marketing of Product" が最初とされている。その後，1910年にはウィスコンシン大学で "Marketing Method" という講義が開講されていたといわれている。したがって，学問あるいは教育科目としてのマーケティングは，1世紀以上の歴史を有している。

　たいていの学問は，ヨーロッパをその誕生の地としているが，なぜアメリカでマーケティングという学問が誕生したのか。その答えは，アメリカという国の歴史に誕生背景があったといえよう。主にヨーロッパからの貧しい移民により形成されたアメリカ合衆国は，彼らに夢を実現させるための場所であった。その夢の追求は，ゴールドラッシュ，西部開拓という言葉に端的に表される。開拓者としての移民は，主に農業に従事し，その生産性向上に傾注した。こうした彼らの努力により，農業の生産性は向上し，次第に農産物生産が過剰になった。そこで過剰な農産物を加工する食品メーカーが誕生し，次第に北米市場という1つのまとまりをもった市場が形成されるようになった。そして，北米市場という巨大な市場に製品を送り続けるために，食品メーカーも次第に成長していった。

　20世紀になると，それまで農業国であったアメリカは，次第に工業生産も増加し，工業国へと発展した。農産物，さらには加工食品を市場へ送り出し，自然に吸収できなくなった市場にさらに押し込む技術として，マーケティングが誕生することとなった。

　この展開を端的に表すのが，自動車のマーケティングである。自動車は，19世紀終わりには，金持ちの道楽としての位置づけでしかなかった。その自動車

を20世紀初頭，ヘンリー・フォード（H. Ford）は大量生産（Model-T）により，生産効率を上げ，顧客に提供する価格も次第に引き下げ，発売から15年後には，3分の1にまで引き下げた。これは規模の経済が作用したためである。フォードが席捲したアメリカの自動車市場を大きく変化させたのが，General Motors（GM）であった。Model-T は，同じ型で同じ色（黒）であったため，次第に経済力を付け，豊かになり始めた顧客には不満が高まっていった。GMはこのような顧客に対応するため，さまざまなスタイルや色の自動車を提供し，一気にフォードが席捲していたアメリカ市場を変えていった。GM は，さまざまな顧客が持つニーズに対応するため，マーケティングを行い，世界一の自動車メーカーへと駆け上がった。

(2) マーケティングの日本への導入

いかに顧客に対応すべきかという活動は，当然，日本でも第2次世界大戦以前から行われていた。古くは，17世紀に越後屋呉服店（現在の三越）が店舗を開設した際に行った「店先売り」「現銀掛け値なし」という方法は，マーケティングの要素の1つといえよう。また日本で，20世紀に家族事業から企業へと飛躍した会社の中で，森永製菓，星製薬，キッコーマン，資生堂，松下電器などは，戦前からマーケティング活動を行っていたといってもよい。また，戦後すぐの時期からキリンビール，ソニー，トヨタ自動車，味の素などは，やはりマーケティング活動を行っていたといってもよい[1]。

しかし，日本に明確な形でマーケティングが導入されたのは，日本生産性本部がアメリカへマーケティング視察を行った1955年のことであった。この年以降，一気に日本ではマーケティングという言葉が流行し，マーケティングを手探りで導入しようとする企業が目立ちはじめた。一方，日本のマーケティング研究は，アメリカよりかなり遅れていた。それは，序章で取り上げたように商学，商業学（論），配給論，流通論などが，研究され講じられていたために，急速な浸透はなかったといってよいだろう。また研究者も，マーケティング・プロパーという研究者は，存在せず，先にあげた研究分野の研究者がマーケティングを研究し始めた状況であった。

2 マーケティング概念（コンセプト）

(1) マーケティング・コンセプト

　おおよそある1つの学問を，短く端的に表現することは難しいかもしれないが，マーケティングとは何か，つまり，その概念（コンセプト）を規定しておく必要があろう。マーケティングは，第1章でも取り上げた通り，簡単に言えば「市場対応」である。また，誤解が生まれることを承知で，「市場」を言い換えると「消費者，顧客」である。つまり，いかに消費者対応，顧客対応するかがマーケティングであると，簡単にいうことができよう。

　このような市場対応は，時代とともに大きく変化してきた。それはマーケティングを行う主な主体である企業の置かれた環境が大きく変化したことも関係している。他方で，企業が市場に対して持つべき考え方（姿勢）も大きく変化してきた。代表的なマーケティング・コンセプトの変遷は，製品志向→販売志向→顧客志向→社会志向の順であった。

(2) 製品（プロダクト）志向

　製品志向は，「はじめに製品ありき」という言葉で端的に表現される。モノづくりを志向する者は，自分自身のつくるモノを誰が消費・使用するのかを考えることなく，モノづくりに傾注する傾向にある。したがって，研究者が研究開発過程において，開発に成功したシーズを製品へと転換させることになる。その中で研究者は，これまでにないシーズを発見し，それを製品化したことで満足していた。また作り手は，自ら作りたいモノを市場や顧客とは関係なく，作る傾向がある。このように最終顧客を意識せずにモノづくりをしても，時に顧客に受容され，ヒットすることが多かった。ここでは，顧客が市場に提示された製品に興味・関心を抱き，ヒットにつながったという幸運がある。ただ，このように製品がヒットしたのは，市場に供給されるモノが少なく，顧客の製品知識や使用・消費経験が乏しかった時期に限ってである。現在の日本は，そのような社会ではないため，作り手の独りよがりの製品政策は成功することはほとんどなくなった。

(3) 販売志向の要請

　現在も，日本では製造業者，生産者，メーカーを崇拝する傾向は，強く残っている。これは製造している者の地位が高く，製造され完成した製品の販売（流通）を行う者の地位が低かった時代の名残である。

　市場に供給されるモノの量が少ない時代は，需要量が供給量を上回り，製造業者は，販売業者に対して商品を分け与えることが当然であった。しかし，製造業者の供給能力が高まると，市場に出す商品をはじめ，一気にこれまでの対応の変更を余儀なくされた。それは販売志向といわれ，「買ってもらう」ことに集中しなければならなくなったためである。また，製造業者の販売員が，個々に販売業者に接近して販売し，自ら割当販売量を売り切らなければいけなくなった。この状況になると，需要量が供給量を上回り，これまで何もしなくてもモノが売れていた時代から一変した。高価な耐久消費財は，販売信用を充実させるなど，いろいろな手段を駆使して何とか商品を販売しようとしたが，市場環境が大きく変化してしまったため，市場に製品を吸収する力がなくなってしまった。

　マーケティングの展開において，製品・販売志向は，次第に限界を迎えるようになった。それは市場が成長し，顧客の購買力も上昇しなければ，製品志向であれ，販売志向であれ，企業のマーケティングは変化しない。しかし，市場には競争業者が多く参入し，顧客もそれまでのように購買しなくなると，やがて製品志向，販売志向では限界を迎えた。製品志向や販売志向では，市場対応としてのマーケティングとはいえない。有名な経営学者であるP. F. ドラッカーは，「マーケティングの究極的目的は販売を不要にすること」という名言を残したが，まさしくマーケティングは，販売を不要にし，俗にいう売れる仕組み作りをするということである。

(4) ニーズ志向・顧客志向・社会志向とマーケティング

　売れる仕組みを構築するためには，販売する相手である買手のことをよく知らなければならない。マーケティングは一般に買手である最終消費者を想定してきたが，買手は最終消費者だけではなく，事業のために製品やサービスを購

買する産業用使用者や公的機関なども買手となる。したがって，消費者という表記よりも「顧客」という表記の方が適当であろう。顧客といえば，これまで買手であり，今後も買手であるような対象者をイメージするかもしれないが，当然これらも含めて，将来の買手となることを想定した対象も顧客という呼び方が適当である。

　したがって，マーケティングはこれら顧客を対象に製品やサービスを提供していくが，社会的に製品の供給量が需要量を上回ると，当然，顧客の研究をしなければならなくなる。特に顧客を最終消費者として想定した上で，最終消費者の行動を研究する分野として「消費者行動論」の研究が開始された。消費者行動論は，経済学的な視点から消費者を一括りにして考える「消費行動」ではなく，個別の消費者自身の行動を社会学，心理学，経済学，文化人類学，人工知能研究など学際的視点から研究される。最近の消費者行動研究は，微細な部分に入っている感があるが，基本はマーケティング実践に貢献するための研究ということを忘れてはならない。

　先にも取り上げたように，消費者自身の購買行動研究を深めなければならなくなったのは，商品の供給量が需要量を上回ったからであり，それまでの製品志向や販売志向では，解決できない問題が増えたためである。ここで，それまでの志向とは異なる志向が求められるようになった。マーケティングを行う個人や組織は顧客自身のニーズを把握しなければならなくなった。顧客のニーズを探求することを「ニーズ志向」と呼ぶ。換言すると，顧客が求めているモノは何かを起点に考えることになるために，それまでの製造業者がつくりたいモノ，つくれるモノをつくっていた段階，さらにそのような考えは，買手に商品を押しつけるという段階とは，全く発想が異なった志向である。さらにニーズ志向は，現在だけではなく，将来の買手となりそうな顧客までを想定しての行動が必要になる。

　さらにマーケティングは，製造業者による市場対応をその源流としていたために，企業活動の中で社会的なマイナスの活動も見受けられた。実際に，多くの社会的なダメージを与えた企業も多くある。そこで企業が存在するために発生するマイナスの影響をゼロの状態にまでもってくる社会責任，さらに企業が社会に対して，プラスの影響を与える社会貢献の側面でもマーケティングは影

響を持つことになる。このようなマーケティングの次元を社会志向と呼び，一般にソーシャル・マーケティングとして扱われる分野である。

第2節 マーケティング戦略

1 マーケティング戦略

(1) マーケティング戦略の位置づけ

マーケティングは，後で取り上げる経営者視点としてのマーケティング・マネジメント研究や実践が先行し，行われてきた感が強い。しかし，マーケティング・マネジメントを対市場に行うためには，それ以前にマーケターが深く考え，行わなければならない活動が多くある。それらを一括りにマーケティング戦略と呼んでおきたい。どのような分野でも，戦略は必要である。マーケティング戦略の場合，経営戦略と大きな相違はないという指摘もあるが，マーケティングの場合，対市場，さらには対顧客を対象としてきた実践の歴史が長いため，市場に対する戦略にはマーケティング戦略独自の視点がある。

(2) マーケティング戦略の手順

マーケティング戦略は，しばしば「STP」としてとらえられる。市場を細分化 (segmentation) し，それらの細分から標的を設定 (targeting) し，そのターゲットに対し，製品やサービスを位置づける (positioning) ことが中心となる。

市場細分化は，市場をさまざまな切り口で区分する作業である。その切り口は，人口動態的特性（性別・年齢・学歴・職業・ライフステージ・社会階層・地域など）と社会心理的特性（パーソナリティ・価値観・ライフスタイル・興味関心など）に分けられる。このような切り口で市場を細分化するが，細分化するに当たって気をつけなければならないのは，その市場の測定可能性，到達可能性，維持可能性，実行可能性である[*2]。そして，標的設定は，市場細分化した細分（セグメント）を単数もしくは複数を自社のマーケティング活動の

<図表補-1　基本戦略パターンとSTP>

STP	選択内容	基本戦略パターン			
		非集中/コスト・リーダーシップ	非集中/差別化	集中/コスト・リーダーシップ	集中/差別化
市場細分化 標的設定	標的市場				
ポジショニング	提供価値				
	提供方法				

（出所）　池尾・青木・南・井上（2010）『マーケティング』有斐閣，37頁

標的とすることである。こうして標的設定をしたセグメントを競争相手に対し，独自性と優位性を発揮しうる形で，価値を提供することになる。ここにおいてマーケターがどのような価値をどのような方法で提供するかがポジショニングである。これら3つの基本戦略のパターンは，マーケティング活動を行う大枠の選択肢を提供することになる[3]（**図表補-1**）。

したがって，マーケティング戦略は，製品中心に展開されるマーケティング・マネジメントを展開するための前段階としての位置づけとなる。「戦略の時代」といわれる現代にあって，マーケティングも至近の課題から考えるのではなく，中・長期的な視野をもったマーケティングを実践していくためには，マーケティング戦略を明確にした上で，マーケティング・マネジメントへと移行させなければならない。

2　基本戦略パターン

経営戦略の大家であるM. E. ポーターは，企業の競争戦略として，競争優位に立つことが肝要であるとしたが，大きくは生産の効率化によるコスト・リーダーシップと，需要側への効果的な対応による差別化に大別される。そして，ターゲットを狭く限定し，経営資源を集中することでも競争力が高まる。この場合も，集中しただけでは競争優位は得られず，コスト集中もしくは，差別化集中を達成してはじめて競争優位が得られる。

マーケティング戦略では，対象市場のうち，市場細分化を行ったどの市場細分を対象とするかを決定しなければならない。この作業を行った上で，複数の

市場細分あるいは単一の市場細分を対象とし，製品やサービスを提供することになる。これがポジショニングである。したがって，市場細分化と標的設定では市場標的，ポジショニングでは，価値提供，提供方法を選択し，意思決定する必要がある。

　これらの作業は，次に取り上げるマーケティング・マネジメントを実行するための前段階での重要な活動である。したがって，マーケティング戦略なきマーケティング・マネジメントは，基盤のないマーケティング実践となる可能性が高い。そのため，マーケティング・マネジメントから開始するマーケティング活動は，戦略不在の場当たり的な対応になるといわざるを得ない。

第3節　マーケティング・ミックスの諸要素

1　マーケティング・マネジメント

　前節ではマーケティング・マネジメントを行う前段階の活動として，マーケティング戦略を取り上げた。マーケティング戦略をつくりあげた後に，マーケティング・マネジメントが実践される。マーケティング・マネジメントは，マーケティング・ミックスをつくり上げることにより実践される。マーケティング・ミックスの諸要素は，一般的に製品（product），価格（price），流通（place），広告・販売促進（promotion）である。これら4つの要素は，その頭文字がpで始まることから，単純に4P（4Ps）といわれることが多い。このマーケティングの4PはE. J. マッカーシーが1960年に著した『ベーシック・マーケティング』で明確にされた。それ以降，「マーケティングとは4Pである」という流れが一般的となり，半世紀以上が経過した。

　これら4つのマーケティングの要素は，明確にされて以降，他のマーケティング要素が取り上げられ，組み合わされてもきたが，相変わらず現在においてもマーケティングの4つの要素として定着している。社会が大きく変化し，企業や消費者自身が半世紀前とは大きく変化している現在，本当にマーケティング・マネジメントの要素としてこれら4つで十分であるかどうかという問題はおくとして，4つの要素を中心として簡単に各要素を中心とした政策について

取り上げていきたい。

　4つの要素を考える上で，これら要素は並列に並べられるものではない。製品あるいはいわゆるサービスを中心に，それらの価格，流通，広告・販売促進政策を組み立てることを念頭に置かなければならない。それは製品やいわゆるサービスが存在してはじめて，その価格，流通，広告・販売促進政策が形成されるためである。先に取り上げた戦略的な思考からいえば，製品やいわゆるサービスを基軸としてマーケティング・マネジメントを展開することには違和感があるが，そもそも市場対応技術としてのマーケティングを考慮すると，特に製造業者の対市場対応活動は，製品やいわゆるサービスを起点として展開すると考えるのが素直であろう。

2　製品政策

(1)　マーケティング・ミックスの中心としての製品

　マーケティング・ミックス（4P）において，中心となるのが製品である。一般的に製品は，消費者や使用者（顧客）に対しては，さまざまな便益を提供する。製品をT. レビットが『マーケティング・マイオピア』のなかで，「便益の束」としたゆえんである。つまり，ある1つの製品は，ただ1つの便益（効用）を提供するのではなく，多くの便益を提供する。ある顧客が求め，期待する便益は，別の顧客のそれとは異なる。同じ顧客でも複数の便益を期待することも多くある。製品を便益の束とするのは，そのような状態を説明している。

　製品が持つ特性を属性というが，これらには，ブランド，パッケージ，ラベル，デザイン，色，大きさ，品質，アフターサービス，保証などが含まれる。特に最近は，製品に付けられたブランドが重要な役割を果たすようになった。

(2)　製品ライフサイクル

　製品は，一度市場に送り出すと，当然のことながら半永久的に市場で生きながらえるのではなく，どのような製品にも寿命が存在する。このことを前提とするのが，「製品ライフサイクル」の考え方である。製品には，時間の経過に

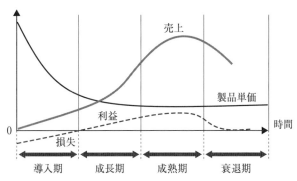

したがって，導入，成長，成熟，衰退という段階をたどる（**図表補-2**）。

　製品ライフサイクルは，縦軸には売上・利益がとられ，横軸には時間がとられるが，横軸の時間は，製品それぞれにより一定ではなく，全く規定することができない。したがって，製品ライフサイクルを明確な形で図示することができるのは，当該製品が市場から退出した後，あるいは確実に退出することが判明する時である。しかし，製品のライフサイクルを意識し，この図を念頭に置きながらマーケティング活動を行うことは重要である。

(3) 新製品開発

　製品にはライフサイクルがあるため，製造業者が企業の存続を目指すならば，新製品開発が重要となる。それは，創業時の製品のみで市場拡大を実現し，売上や利益が伸張している企業が非常に少ないためである。多くの企業にとっては，創業当時の製品の売上や利益の割合は現在では小さなものとなり，あるいは既に創業当時の製品を放棄していくことが少なくない。そこで新製品を開発する必要性に迫られることになる。新製品開発は，主に**図表補-3**の手順で進められるが，新製品のヒット率は非常に低く，製造業者にとってはヒット率の上昇にさまざまな努力を行うことになる。

　新製品開発プロセスは，一部が省略され，順序が前後することもある。このような手順を踏まえて市場導入した製品でも，わずかの期間で製品ライフサイクルを終えてしまい，市場から退出することもある。最近は，製品ライフサイ

<図表補-3　新製品開発プロセス>

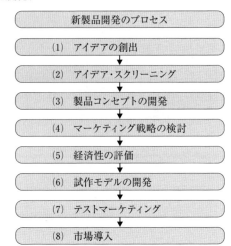

(出所)　http://kanauka.o-oku.jp/1_kigyokeiei/kigyo0350.html

クルの短縮化が顕著となっている。つまり，製品のライフサイクルが短くなることに拍車がかかっているのである。その背景にはいろいろな理由があろうが，社会的な無駄として批判されることもある。

さらに「コモディティ化」も叫ばれ，以前は競争業者の製品と比較すると差別化されていた製品が，すぐにコモディティ化する傾向が強くなった。耐久消費財分野においては，コモディティ化が急速に進んでいる。そこで，自社製品をコモディティ化させず，常に競争業者の製品とは差別化された製品であり続けるような努力も要求される。

3　価格政策

(1)　マーケティングにおける価格決定

一般的に価格は，市場価格と呼ばれる市場メカニズムによる需要と供給の関係で決まる。ただ，価格はこのように決定されるだけではなく，人為的に設定されることもある[*4]。製造業者が，価格を設定する場合，製造に要したコストをもとに設定する場合と競争により設定する場合がある。まず，製造に要す

るコストには,固定費と変動費がある。固定費は,設備の減価償却費,賃貸料,給与,光熱費など,生産量にかかわらず,発生する費用である。他方,変動費は,原材料費,仕入原価,消費税など生産量に応じて増加する費用である。コストを基準とした価格設定は,これら固定費と変動費を考慮し,マージンを加算して設定される。したがって,設定する価格の下限は,これら総コストを下回らない価格となる。

競争を意識した価格設定は,競争企業の同種・類似製品の価格を意識した価格設定である。つまり,市場での価格を基準とした価格設定である。ただ,競争企業に対し,価格で優位に立つには,ほとんど利益が出ないあるいは製造コストを下回る価格設定をすることが時折ある。しかし,このような競争は相互の企業体力を失わせ,長期的には顧客のためにならないことも多い。さらに製造業者や流通業者の視点,市場での価格を強く意識した競争による価格設定だけではなく,顧客が受け容れてくれる価格を基準として,価格を設定することが少なくない。つまり,顧客が1,000円では受け容れてくれず,980円であれば受け容れてくれるのであれば,この価格をスタートとして,さまざまなコスト計算を行い,利益が出るような方策を考慮しなければならないことが多くなっている。

このように,顧客の価格に対する意識を十分に踏まえた価格設定も多い。たとえば,慣習価格(ある商品の価格が長期的に一定であり,顧客が当該商品の価格をその価格であると思い込んでいる価格),端数価格(8や9を使用した価格を設定することで,ギリギリまで値引きされているというメッセージを発する価格),威光価格(高価格が高品質に結びつくことを意図した価格),段階価格(松・竹・梅や上・中・並のように段階別に明確にした価格)などである。

(2) 新製品の価格設定

新製品をどのように価格設定すればよいのかという課題もある。新製品の価格設定には,上層吸収価格政策と市場浸透価格政策がある。上層吸収価格政策は,初期高価格政策とも呼ばれ,発売当初高めに価格設定し,あまり価格にこだわらない顧客層を吸収しようとするものである。その後,価格は次第に引き下げていくことになる。他方,市場浸透価格政策は,初期低価格政策ともいわ

れ，新製品の価格を市場導入当初から低めに価格設定し，市場占有率を確保するものである。以前は，消費財の場合，上層吸収価格政策をとる新製品もあったが，最近ではどの新製品でもそれほど高い価格設定はなかなかできなくなった。それは顧客がおおよそのコスト計算が容易になったということ，顧客がそれまでの生活で本当に革新的であるという新製品がほとんどなくなったことにも原因があろう[*5]。ただ，これは消費財にいえることであるが，消費財以外の製品では，一部上層吸収価格政策も見られるようである。

(3) **価格管理**

価格は，一度設定すればよいのではなく，価格を設定した後も管理する必要がある。価格は，製造業者が自身が付与する価格を管理するだけではなく，流通チャネル全体を見渡す必要もある。この関係からは，差別価格（同一商品であるが，企業が取引条件と価格調整など，さまざまな理由で割引したり，リベートを支払うことで差をつけた価格）となる。割引は，現金割引（手形や掛けでなく，現金で決済された場合の割引），数量割引（大量に購買してくれる際に行う割引），機能割引（運搬など本来販売者が行わなければならない機能を購買者が行う場合にされる割引），季節割引（需要の少ない時期に購入者に対して行う割引）などがある。また，アロワンス（製造業者の販売促進にあたり，流通業者が協力した場合に支払い，値引きされたりする）やリベート（決済後，商品代金の一部をある事由で割り戻すもの）など，第11章で取り上げたように，わが国の価格設定には，取引当事者にもわかりにくい制度が多く存在している。

4 チャネル政策

(1) **マーケティング・チャネル選択**

各製造業者の販売経路をマーケティング・チャネルという。同種商品の販売経路全体を流通チャネルという。したがって，同種商品でも，流通チャネルは多様である。製造業者のマーケティング・チャネルの選択は，企業の政策によるものである。このようなチャネルの幅により，開放的チャネル，選択的チャ

ネル，閉鎖的（排他的）チャネルという3つのチャネルがある。

　製造業者が，自らの製品を扱ってくれる流通業者であれば，すべてと取引をしようとするチャネル政策が，開放的チャネル政策である。このようなチャネル政策をとるのは，食品，日用品など一般に最寄品といわれる商品を製造している企業である。次に，選択的チャネルは，製造業者に協力的な流通業者を選択し，優先的に商品の取扱いを任せる政策である。家電製品や衣料品，化粧品などで採用されることが多い。そして，製造業者は，選択された流通業者に対してさまざまな優遇政策を行うことになる。そして，閉鎖的（排他的）チャネルは，消費財の場合，流通業者に対し製造業者の製品だけしか取扱いを許さないものである。これまでわが国では自動車，楽器，家電製品などで採用されてきた。この政策が採用されるのは，ブランド・イメージと価格維持がその目的である。排他的マーケティング・チャネルに近づくほど，製造業者の流通業者に対するコントロール力が働く。このようなチャネル政策は，伝統的流通チャネルと呼ばれることが多い。

　最近は，伝統的流通チャネルに対して，垂直的マーケティング・システム（vertical marketing system：VMS）と呼ばれるチャネル管理中心の長期的な取引関係を重視したシステムの採用が見られるようになった。VMSは，企業型VMS，管理型VMS，契約型VMSに大別される。企業型VMSは，同一企業内で製造，卸売，小売の各段階が結合されているものである。これには，多額の費用がかかるが，マーケティング・チャネルを高度に操作したい企業が選択する。次に，管理型VMSは，製造業者，卸売業者，小売業者など，法的関係のない企業同士が，契約ではなく協調することにより，チャネルを管理しようとするものである。これまで流通系列化といわれたわが国のチャネル・システムはこれに属する。最後に，契約型VMSは，資本的に独立した製造業者，卸売業者，小売業者が，契約により結合するものである。これは，第8章で取り上げたが，ボランタリー・チェーンやフランチャイズ・チェーンなどがその典型である。

(2)　マーケティング・チャネル管理

　製造業者には，構築したマーケティング・チャネルをいかに長期的に管理す

るかが問題である。チャネル管理の目的は、価格維持と協力や提携である。価格維持のために行う建値制、リベートの支払いなどが主である。これらは、第11章で取り上げた。そして、協力や提携は、これまで流通（マーケティング）チャネルの構成者（チャネル・メンバー）は、各々目的が異なり、行動も異なることが多かった。つまり、同じ目標に向かって行動することが少なかった。それはチャネル・コンフリクトと呼ばれることが多かった。しかし、製販同盟や戦略的提携、リテール・サポートという言葉が日常使われるほど、管理という言葉の意味からは少し離れるが、協力や提携が進むようになってきた。

5　広告・販促政策

(1)　マーケティング・コミュニケーション

　第6章でも取り上げたが、広告・販売促進政策は、企業においてマーケティングの意思決定では、典型的なものといえる。広告とプロモーションの関係を示したのが**図表補-4**である。最近は、広告や販売促進により、顧客とのコミュニケーションを行うため、マーケティング・コミュニケーションといういわれることが多い。販売促進を目的としたマーケティング・コミュニケーションには、人的販売、広告、販売促進（sales promotion：SP）、パブリシティ、パブリック・リレーション（public relations：PR）に大別される。先の4つは、

＜図表補-4　広告とプロモーションの関係＞

	広　告	プロモーション
アプローチ	間接的・長期的	直接的・短期的
目標	ブランド知名・ブランド態度	ブランド知名・ブランド態度・購買意図
製品ライフサイクル	導入期・成長期	成熟期
限界	短期的露出・非ターゲット・セグメントに露出	製品・ブランドイメージを損なう危険性

（出所）　池尾・青木・南・井上（2010）『マーケティング』有斐閣、470頁

これまで取り上げてきたため，ここではPRを取り上げる。PRは，元来，企業の利害関係者との良好な関係を構築するためにされるコミュニケーション活動を指していた。最近は，この利害関係者の範囲は直接の顧客だけではなく，株主，供給業者（仕入先），流通業者，関係官庁，地域住民などいわゆるステークホルダーまで拡大し，彼らとの関係を良好に保つために行われるコミュニケーション活動と位置づけられる。これは，後に取り上げるソーシャル・マーケティングの活動につながるものである。

(2) 統合型マーケティング・コミュニケーション

1990年代になると，先にあげた5つのコミュニケーション活動を統合的にとらえ，「統合型マーケティング・コミュニケーション（integrated marketing communication：IMC）」として，位置づけられるようになった。その背景には，シナジー効果を得ようとする意図がある。

マーケティング・コミュニケーション活動は，人的販売を除いて，たいていの場合，複数の受け手に対して行われてきた。しかし最近は，さまざまなコミュニケーション手段が増加したことにより，個人を対象としたコミュニケーションが以前よりも可能になった。たとえば，ダイレクト・マーケティングなどがそれ以前よりも拡大していることに表れている。また，これまでは情報の送り手は，製造業者や流通業者などの売手であることが多かったが，消費者に代表される受手自身も，個人ブログやFacebook，Twitterなどのソーシャル・メディアを通し，情報発信が可能となった。したがって，これまで以上にマーケティング・コミュニケーションが複雑になり，コミュニケーション効果もさらに把握しづらくなってきた。

以上のように，4Pに基づくマーケティングは，経営者視点のマーケティングであり，マネジリアル・マーケティングといわれるものである。既に4Pの提示以降，半世紀以上が経過したが，この間にもさまざまなマーケティングの視点が提示された。

第4節　マネジリアル・マーケティング以降のマーケティング

1　ソーシャル・マーケティング

　約1世紀前のマーケティングの誕生により，消費者や消費が生産や流通の先にあることが明確にされた。それは消費者が，最も保護される弱い立場の者であることよりも，生産者（メーカー）同士の競争の激化により，その競争対応のための1つの手段として，消費者を意識せざるを得なくなってきたというのが実際であろう。

2　コンシューマリズムとソーシャル・マーケティング

(1)　コンシューマリズム

　コンシューマリズム（consumerism）は，現代の消費者運動とほぼ同じ意味を持ち，消費者権利の保護，強化を図ることが目的である。そして，政府，企業，独立した団体，消費者自身の活動を含んでいる[*6]。つまり，個人や組織がそれぞれの立場で，自ら消費者であることを意識したり，消費者以外の個人や組織は，それぞれの活動や思考の中に消費者を入れて考えることが，コンシューマリズムの出発点である。

　コトラー（P. Kotler）は，1960年代半ばにはじまった消費者運動が成功した要因を，構造的促進背景，構造的緊張要因，一般化された信念の増大，促進的要因，行動への起動，社会的統制などの要因について説明した。

(2)　ソーシャル・マーケティング

　ソーシャル・マーケティングの萌芽はコンシューマリズムの中で生まれた既存体制への不満や大企業批判の中にあった。ソーシャル・マーケティングには，通常は営利組織へのマーケティングの考え方を非営利組織へ導入する非営利組織のマーケティングと，「コンシューマリズムはマーケティングの恥」といわ

れるように，営利企業の活動の中に社会的な視点を導入していこうとする社会志向のマーケティングがある。

　社会志向のマーケティングには，2つのマーケティングがある。1つは，コンシューマリズムの高まりの中で批判された欠陥車などの製品欠陥や企業活動により自然環境が破壊されたことに対し，企業がその活動で最低限の責任を果たす社会責任のマーケティングである。もう1つは，企業は営利活動に専念するだけでなく，メセナといわれる文化支援や慈善行為であるフィランソロピーという活動を通し，社会に貢献する社会貢献のマーケティングである。したがって，コンシューマリズムは，企業に社会責任のマーケティングを意識させ，社会貢献のマーケティングを企業活動の視界へ入れた。

　日本では，21世紀になる頃から企業の社会責任を忘れたかのような事件が次々と発生した。これらは，突然発生するようになったというよりも，これまでは明るみに出なかったことが露見したのが現実である。たとえば，三菱自動車リコール隠し事件，雪印乳業による牛乳食中毒事件，雪印食品牛肉偽装事件，日本ハム牛肉偽装事件，不二家消費期限切れ材料使用事件，ミートホープ事件などである。これらは，企業人1人ひとりが社会責任のマーケティングを意識する必要がある。

3　企業の社会的責任

(1)　企業の社会的責任

　これまで企業は，法律を遵守し，利潤をあげ，株主に配当として還元し，経営者の地位保全を行ってきた。このなかで，ステークホルダー（従業員，取引先，金融機関，顧客，地域）への対応も重要になった。現在の企業は，企業倫理の重視や情報公開により，社会に対する影響力に見合った社会の期待に応えるべき責任があるというのが企業の社会的責任（corporate social responsibility：CSR）である。

　CSRの範囲は，**図表補-5**にあるように次第に高次化するピラミッド構造となっている。

<図表補-5　CSRの高次化>

①法的責任：営利組織を含むすべての社会構成員に要請される責任
②経済的責任：企業の社会的機能に関わる責任（ステークホルダーの期待に応える）
③制度的責任：社会的制度としての企業に関わる責任（倫理規範の遵守，情報公開など）
④社会貢献：自発的遂行が期待される社会関与やフィランソロピー

(出所)　森本三男（1995）『経営学』㈶放送大学教育振興会，111-113頁より作成

(2) 日本におけるCSR

日本でCSRが注目されはじめたのは，1960年代後半以降起こった公害問題からであった。企業に対する不信感が一気に高まり，最近起こった企業の不祥事などでも一般の消費者の企業に向ける目は変化していない。このような状況に対応するために，2002年に経団連と日経連が統合して発足した総合経済団体企業経営者の集まりである日本経済団体連合会は，会員企業に対して，「企業行動憲章」（企業倫理に関する経営トップのイニシアティブ強化，不祥事防止のための実効のある社内体制の整備促進，不祥事が起きた場合の対応の観点からの具体策の実施）や「地球環境憲章」の遵守を働きかけ，企業への信頼の確立に努めるとともに，各国の政府・経済団体ならびに国際機関との対話を通じて，国際的な問題の解決と諸外国との経済関係の緊密化を図ろうとしている。

4　関係性マーケティング

需要が供給を圧倒的に上回っていた時代には，売手と買手による取引は，1回の取引の成立，つまり1回の売買の完結が目的であった。しかし，供給が需要を上回るようになると，1回のみの取引よりも継続した取引が志向されるようになった。それは売手が，1回のみの取引を遂行するために要するコストが非常に大きくなり，継続した複数回の取引を行う買手と長期継続的に取引を行

う方が，1回のみの取引を行うためのコストと比較して少なくなり，利益額も多くなるためである。一般に80：20の法則と呼ばれ，製造業者でも流通業者でも，その売上の8割は，お得意さんとされる長期継続した2割の顧客によるものであることを示している。つまり，最近のマーケティングは，1回の取引，売買の成立よりも，長期継続的な取引関係の維持へと変化している。

　長期継続的な取引関係を維持するため，売り手はさまざまな方策を行う。最近，多くの小売業やサービス業が導入しているのがポイント・プログラムである。ポイント・プログラムの導入が可能になったのは，導入した企業の取り組み努力だけではなく，情報コミュニケーション技術（ICT）やデータベースの整備が行われ，またそれにかかるコストが低下してきた背景がある。また，顧客との関係管理はCRM（customer relationship management）と呼ばれる。これらの顧客関係管理には，膨大なデータベースを使用する。

　関係性マーケティングは，インダストリアル・マーケティングと呼ばれる生産財市場において行われる取引でも顕著に見られる。また，製品ではなく，いわゆるサービス業のマーケティングにおいて，それまでの製品マーケティングの論理とは異なる固有のマーケティングの説明論理が必要な分野において，関係性概念が形成され，独自の発展をとげてきた。その後，関係性マーケティングは，サービス・マーケティングから起こってきた関係性を志向する方向と産業財の企業間取引のネットワークに焦点を当てた研究という2つの系譜がある[7]。

　さらに関係性は，取引当事者の間だけに発生するものではなく，企業の利害関係者であるステークホルダーとの関係性も重要である。それらステークホルダーとの関係性を維持するための活動が，PRやIR（investor relations）である。これらの活動は，直接企業の売上高や利益額の増加にはつながらないと考えられがちであるが，長期的には影響を与えるものである。

5　サービス・マーケティング

(1)　サービス・マーケティングの特異性

　マーケティングは，その誕生から形あるモノ，製品を中心として展開されて

きた。そして,半世紀前にマッカーシーが提示した4Psにおいて,製品を中心とするマーケティング・マネジメントが展開されてきた。しかし,どの国でもサービス経済化が進み,顧客が購入(支払い)する対象が,形があるモノや製品とは限らなくなり,さらに購入の過半以上が形がないコトとしてとらえられることが多くなった。

そこで,これまで製品を中心として展開されてきたマーケティングは,サービスもその対象とし,サービス・マーケティングとして展開されるようになった。ただ,製品とサービスではかなり異なる点がある。サービスの特性として取り上げられる無形性,品質の変動性,生産と消費の不可分性,消滅性,需要の変動性などである。これらの製品とは異なる特性を踏まえた上で,サービスのマーケティングを行う必要がある。そして,サービス行為の本質に分類を図示したのが,**図表補-6**である。

<図表補-6 サービス行為の本質と分類>

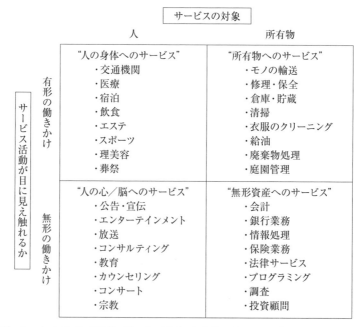

(出所) Lovelock, C., H., (1996):"Service Marketing", Prentice-Hall, p. 29

サービスを提供するサービス業のマーケティングについて，4 Ps にしたがって取り上げると，製品とは異なった面が浮上する。製品としてのサービスの幅も広く，サービスの受け手（人，所有物），サービス行為の本質（有形，無形）に分かれる。また，これらの価格には，さまざまな用語が用いられる。そして，マーケティング・チャネルは，製品については製造業者が直接顧客に販売することは少ないが，サービスの場合，直接顧客に提供することも多く，非常に短く単純である。さらにプロモーションは，製品はそれ自体プロモーションになるが，サービスの場合，非常に抽象的な存在であるために非常に難しい。

そして，サービス業では提供の面が重要になる。ここで4 Ps に Process が加えられるのは，サービスは製品とは異なり，顧客とのインタラクティブな作業を経るという特徴があり，この双方の過程が顧客満足を形成する上で重要なためである[*8]。

このようにマーケティングは，製品だけではなく，サービスもその範疇に入れることで，マーケティング活動と対象の幅が拡大している。サービス・マーケティングでも貫かれているのは，いかに市場対応を行うかというマーケティングの基本である。

(2) サービス・ドミナント・ロジック

2004年以降，「サービス・ドミナント・ロジック」といわれる新たなマーケティング思想が形成され始めた。Vargo と Lusch により提唱されたが，彼らが執筆した論文は，今世紀ではマーケティング関連では最も引用回数が多くなっている。サービス・ドミナント・ロジックの主張は，製品もサービスも区別しないことである。それは顧客が購入しているのは製品ではなく，彼らがいうところのサービスを購入しているためである。したがって，マーケターが提供するのは，すべてサービスであるととらえている。

*1　マーケティング史研究会編（2010）『日本企業のマーケティング』同文舘出版
*2　コトラー，アームストロング（1995）297頁
*3　池尾恭一・青木幸弘・南知恵子・井上哲浩（2010）『マーケティング』有斐閣，36-37頁
*4　小原博（1999）『マーケティング』新世社，131頁
*5　石川和男（2004）「価格政策」奥本勝彦・林田博光編『マーケティング概論』中央大学出版部，118-120頁
*6　David A. Aaker, George S. Day (eds) (1982), *Consumerism-search for the consumer interest*-4th Edition, The Free Press, New York，(邦訳　谷原修身，今尾雅博，中村勝久（1984）『コンシューマリズム』千倉書房，1頁)
*7　池尾他『前掲書』，533頁
*8　南方建明・酒井理（2006）『サービス産業の構造とマーケティング』中央経済社，123頁

索　　引

あ行

ICタグ（RFID）／103
相対取引／178
相対売買／61
アウトレット・ストア／154
アウトレット・センター／154
アウトレット・モール／154
青山楚一／8
アダム・スミス（A. Smith）／6, 20
後払／59
EOS／102, 209
eコマース／63
ECR／83, 219
EDI／63, 83
石川文吾／7
医師法／233
委託仕入／138
委託販売／206, 207
委託販売制／206
板寄せ取引／126
市／25
1次データ／95
一店一帳合制／208
インターネット調査／97
インターネット・バンキング／68
内池廉吉／7
内金／60
売れ筋／51, 102
運転資金／109
営業規制／254

SM／143
SCM／86, 87
SPA／216
SPA型／217
NB商品／132
FOB／57
大口需要者／178
オープン価格／133
オープン価格制／208
卸売／129, 161, 162, 163
卸売活動／162, 165
卸売機関／162
卸売業／163, 165, 168, 213, 217, 221
卸売業者／161, 165
卸売市場／27, 175, 177, 178, 180
卸売市場法／177, 178, 179
卸売商人／27, 28
卸売取引／162
卸売人／175, 177, 179
卸団地／220

か行

海外出店／216
外資系流通業／216
回収物流／75
外商活動／138
改正都市計画法／256, 257
外装／77
開発輸入／215
買回品／152, 189
買物費用／131

価格管理／280
価格政策／278
掛取引／108
貸金業／235
仮想通貨／67
割賦販売／114
割賦販売法／235
家庭用品品質表示法／232
カテゴリー・マネジメント／84
株式会社／108
株仲間／31
貨幣／23, 24
為替／34
関係性マーケティング／286
観察法／96
間接金融／110
間接流通／12, 44
完全機能卸売業者／171
企業の社会的責任／285
危険回避機能／122
危険の発生／115
危険負担／167
危険負担機能／43
希望小売価格／133
規模と範囲の経済／52
QR／84, 87
協賛金／209
競争政策／248
競争売買／62
業態／190
協同組合／151
共同仕入／218
共同商品開発／218
共同情報システム／219
共同販売促進／219

共同物流／219
業務用使用者／161
禁止型政策／247
金融／29
金融機関／111
近隣型商業集積／152
空間的懸隔／38
クラーク／40
クレジットカード／64, 114
クロス・ドッキング／85
経営学／16
経済政策／245
ケネー／7
現金問屋／133, 172
現金持ち帰り卸売業者／172
限定卸売業者／168
限定機能卸売業者／172
広域型商業集積／152
交換／2, 5, 6, 22, 55
交換活動／7
交換即商業説／9
公共の福祉／256
航空輸送／79
広告／99
広告・販売促進政策／282
公正取引委員会／234, 249
公正な価格形成／125
公正な価格形成機能／122
小売／129, 161
小売アコーディオンの仮説／196
小売機構／136
小売業／132
小売業者／130
小売業種／189
小売業態／136, 199

小売業態変化／191
小売兼営卸売業／171
小売商／130
小売商業集積／152
小売商業調整特別措置法（商調法）／252
小売商人／28
小売中心地／152
小売取引／162
小売の輪（wheel of retailing）の仮説／191, 193
小売マーケティング／136, 137
小売ミックス／136
小売ライフサイクル論／197
コーペラティブ・チェーン／149
顧客吸引モデル／155
国際商品調達／215
国民生活センター／231
固定費／279
個人面接法／96
個装／77
コトラー／130, 284
コンシューマリズム／225, 284
コンビニエンス・ストア／141

さ行

サード・パーティー・ロジスティクス／81, 218
サービス・ドミナント・ロジック／289
サービス・マーケティング／287
在庫管理／134
最終卸／174
最終消費者／227
再販売／163
再販売価格／208
再販売購入説／9

先物取引／30, 121
ザラバ取引／126
産業用使用者／73, 165, 213
三種の神器／237
産地卸／169
産地直送／179
産地問屋／169
産地仲買人／169
参入規制／254
CIF／57
CSR／285, 286
GMS／141, 143
C to C／63, 64
シェーア／6
時間的懸隔／38
直渡（じきわたし）／58
資金調達／112
資金流／42
自己資本／107
市場（しじょう）／55
市場外流通／179, 180
市場原理／252
市場情報／93
市場調査／94
悉皆（しっかい）調査／95
実験法／97
実需売買／61
質問法／96
私的独占の禁止／248
自動販売／146
品揃え／132, 165
死に筋／51
社会貢献／272
社会責任／272
車積販売卸売業者／172

集荷卸／170
集荷分散／165
集散地卸／169
需給結合／164, 166
需給結合（接合）機能／55
酒税法／255
出荷組合／175
出荷団体／175, 178
出資法／235
純粋危険／115
商学／2, 3, 5, 10, 14, 16
商慣行／205, 206, 208
商業／8, 11, 16
商業概念／9
商業学／6, 7, 10, 14
商業者／12
商業政策／243, 245
商業地／152
商業手形／109
商業統計調査／130, 184, 185, 188, 189, 190, 199
商圏／152
証券取引所／30
商的流通／42, 55
商店街／152, 153
商店街振興組合法／250
商人／2, 3, 4, 7, 9, 26, 29
消費者関連法／228
消費者基本法／229
消費者教育／241
消費者金融／112
消費者契約法／231
消費者行動論／272
消費者主権／226
消費者信用／112

消費者の権利／225
消費者保護／239
消費者問題／227, 228
消費生活協同組合（生協）／151
消費生活用製品安全法／232
消費地卸／169
商品／24, 57
商品先物取引／121, 123, 125
商品取引所／30, 56, 57, 121, 122, 123, 125, 126
情報縮約・整合（斉合）の原理／51
情報伝達機能／43
情報の懸隔／39
情報非対称性／225, 236, 237, 239
情報流／42
情報流通／91
情報流通機能／166
昭和ブーム／262
ショー（A. W. Shaw）／40
食品衛生法／231
ショッピング・センター／153, 154, 189
ショッピング・モール／153
所有権移転／55
所有権移転機能／43
所有権の懸隔／38
真空地帯の仮説／194, 195
振興型政策／247
新製品開発／277
人的販売／98
信用販売／112
水上輸送／79
垂直的分化／47
水平的分化／46
スーパー／140
スーパーマーケット／139, 140
数量の懸隔／39

索引 *295*

鈴木安昭／8
ステークホルダー／285
政策主体／244
政策手段／245
政策目的／245
生産・加工機能／168
生産者／13
生産物流／75
製造卸／168, 170
製造業者, メーカー／14
製造物責任法／230, 231
製品志向／270
製品政策／276
製品物流／75
製品ライフサイクル／276, 277
セールス・プロモーション／99
設備資金／110
セリ／176
セリ売買／62
セルフ・サービス／139
全国卸売業／169
専門卸売業／168
専門店／145
専門品／145
戦略的提携／218
倉庫／79
総合卸売業／168
総合商社／171, 213, 214
総合スーパー／140
双務契約／56
ソーシャル・マーケティング／284
即時払／59
即時渡／58
組織化小売業／147

た行

大規模小売店舗法（大店法）／140, 253
大規模小売店舗立地法／260
大数の法則／118
代理商／164, 173, 212
タウンマネジメント機関／259
諾成契約／56
建／57
建値制／207
他人資本／108
たばこ事業法／255
田村正紀／9
W/R 比率（warehouse-retailer ratio）／202
W/W 比率（warehouse-warehouse ratio）／202
地域卸売業／169
地域型商業集積／152
地方卸売業／170
地方卸売市場／176, 178
チャネル政策／280
中央卸売市場／177, 180
中間商人／212
中間商人排除論（問屋無用論）／183, 212
中小卸売業／214
中小企業／209
中小企業基本法／209
中小小売商業振興法／250
中小商業者／252
中小流通業者／250
中小・零細小売業者／266
中心市街地活性化法／252, 257, 259
注文取次卸売業者／172
帳合卸売業者／172
超広域型商業集積／152
調整型政策／247

調整政策／250
調整4項目／253
調達物流／75
直接卸／174
直接金融／110
直接流通／12, 44
貯蔵倉庫／79
沈黙交換／21
通信販売／146
通信販売卸売業／173
DCM／87
定価販売／137
ディスカウント・ストア／143
手形借入／109, 110
手形払／108
手付金（てつけきん）／60
デビットカード／64
電子商取引／63, 64
電子マネー／65, 67
電話調査法／96
問丸／163
投機的危険／115
投機売買／61
当座借越／110
独占禁止法（独禁法）／207, 234, 248, 249
特定商業集積法／251
特定商取引に関する法律／230
独立小売業／147
ドラッグストア／144, 188
取引／10
取引慣行／138
取引情報／92, 93
取引総数単純化の原理（取引総数最小化の原理）／47
取引流通機能／55

問屋／30, 162, 174, 175
問屋有用論／212

な行

内装／77
仲買人／175, 177
仲立業／164
仲立人／174
仲継卸／170
ニーズ志向／272
ニールセン（O. Nielsen）／194
荷為替／60
2次データ／95
荷役（にやく）／74, 77
入札売買／62

は行

バーコード／51, 100
配給／8
配給組織説／9
配給組織体説／10
売買／2
売買営業説／9
売買契約／56, 58
売買取引／8, 11, 19, 23, 24, 55, 121
パイプライン／78
薄利多売／137
派遣店員／138
派遣店員制／208
ハフ（D. H. Huff）のモデル／156
パブリシティ／100
パレット／74
販売会社／163, 175
販売志向／271
販売信用／112

索　引

B to C／63
B to B／63
PB／169, 216
PB 商品／132
百貨店／137
百貨店法／252
標本調査／95
品質の懸隔／39
ファイナンス機能／122
フォード（P. Ford）／190
フォード効果／189, 190
不確実性プールの原理（集中貯蔵の原理）／49
不完全機能卸売業者／172
福田敬太郎／9
不公正な取引方法の禁止／249
物的流通（物流）／42, 73
物々交換／22, 23
物流機能／43, 166, 217
物流情報／93
不当景品類及び不当表示防止法／234
不当な取引制限の禁止／248
部門別管理／138
フランチャイザー／149
フランチャイジー／149, 150
フランチャイズ・システム／149
フランチャイズ・チェーン／149, 211
プロモーション情報／98
分業／20
分業・分散構造／213
分散卸／170
閉鎖的構造／213
弁証法的仮説／198
ベンダー管理在庫方式／84
変動費／279

返品／207
片務契約／56
ポイント・プログラム／287
貿易政策／246
包装／76
訪問販売／146
ホームセンター／144
保管／79
保管・貯蔵／73
保険／117, 119
POS システム／100, 102, 142
ボランタリー・チェーン／148, 211
堀新一／8
ボン・マルシェ（Bon Marche）／137

ま行

マーガレット・ホール（M. Hall）／48, 190
マーケティング／15, 267, 268
マーケティング（論）／14, 15
マーケティング・コミュニケーション／282
マーケティング・コンセプト／270
マーケティング経路（チャネル）／46, 280, 281
マーケティング戦略／273, 274
マーケティング・マネジメント／267, 273, 275
マーケティング・リサーチ／94
マーチャンダイジング／132, 211
前払／60
増地庸治郎／8
まちづくり／252, 256, 260, 262
三浦新七／7
三越呉服店／137
向井鹿松／9
無店舗小売業／145

ムロン（Melon）／6
メーカー希望小売価格／133, 207
メンガー（C. Menger）／7
最寄品／281

や行

薬事法／233, 256
郵送調査法／97
輸送／73
輸送・配送／78
ユニット・ロード・システム／77
輸入総代理店制度／206
余剰生産物／20
4 P（4 Ps）／275

ら行

ライリー（W. Reilly）の小売引力の法則／155
ラック・ジョバー／173
リーガン（W. J. Regan）／193
リーガンの仮説／193
リース／69, 70
陸上輸送／78
利息制限法／234
リテール・サポート／167, 221
リベート／60, 207

留置調査法／97
流通／8, 16, 37, 38, 39, 40
流通革命論／183, 212
流通加工／80
流通過程／170
流通機関／43
流通機構／43, 132, 217
流通機能／40, 41, 43, 132, 165
流通基盤整備／254
流通業者／13, 38
流通金融／108, 109, 112, 167
流通経路（チャネル）／45, 162
流通在庫／50
流通情報システム／100
流通政策／245, 246, 247
流通倉庫／75, 80, 134
流通費用／47, 50, 52
流通フロー／42
流通補助機関／109
流通論／14
レンタル／70
ローコスト・オペレーション／192, 218
ローコスト物流／220
ロードサイド・ショップ／154
ロードサイド・リテーラー／154
ロジスティクス／81, 82, 83, 87, 220

〈著者紹介〉

石川　和男（いしかわ　かずお）

1968年　愛媛県出身
中央大学商学部，同大学大学院商学研究科博士前期課程修了。
同大学大学院商学研究科博士後期課程単位取得退学。
東北大学大学院経済学研究科博士課程後期修了。博士（経営学）
2009年　専修大学商学部教授

kazz@isc.senshu-u.ac.jp

基礎からの商業と流通（第4版）

2004年10月15日　第1版第1刷発行	
2006年5月25日　第1版第2刷発行	
2007年10月20日　第2版第1刷発行	
2012年3月10日　第2版第7刷発行	
2013年3月25日　第3版第1刷発行	
2017年2月25日　第3版第4刷発行	
2018年4月1日　第4版第1刷発行	

著　者　石　川　和　男
発行者　山　本　　　継
発行所　㈱中央経済社
発売元　㈱中央経済グループ
　　　　パブリッシング

〒101-0051　東京都千代田区神田神保町1-31-2
電話 03（3293）3371（編集代表）
　　 03（3293）3381（営業代表）
http://www.chuokeizai.co.jp/
製　版／東光整版印刷㈱
製　本／誠　製　本㈱

© 2018
Printed in Japan

＊頁の「欠落」や「順序違い」などがありましたらお取り替えいた
しますので発売元までご送付ください。（送料小社負担）

ISBN978-4-502-26151-0 C3034

JCOPY〈出版者著作権管理機構委託出版物〉本書を無断で複写複製（コピー）すること
は，著作権法上の例外を除き，禁じられています。本書をコピーされる場合は事前
に出版者著作権管理機構（JCOPY）の許諾を受けてください。
JCOPY〈http://www.jcopy.or.jp　eメール：info@jcopy.or.jp　電話：03-3513-6969〉

ベーシック＋プラス
Basic Plus

 ミクロ経済学の基礎
 マクロ経済学の基礎
 経営学入門
 経営管理論

 財政学
 公共経済学
 企業統治
 技術経営

 金融論
 金融政策
 人的資源管理
 国際人的資源管理

 日本経済論
 地域政策
 消費者行動論
 物流論

いま新しい時代を切り開く基礎力と応用力を兼ね備えた人材が求められています。
このシリーズは，各学問分野の基本的な知識や標準的な考え方を学ぶことにプラスして，
一人ひとりが主体的に思考し，行動できるような「学び」をサポートしています。

中央経済社

Let's START!
学びにプラス！
成長にプラス！
ベーシック＋で
はじめよう！